Arlette Lebigre

LISELOTTE VON DER PFALZ

Eine Wittelsbacherin am Hofe Ludwigs XIV.

Aus dem Französischen von
Andrea Spingler

WILHELM HEYNE VERLAG
MÜNCHEN

HEYNE SACHBUCH
Nr. 19/437

Titel der französischen Originalausgabe:
LA PRINCESSE PALATINE
Erschienen 1986 bei Editions Albin Michel S.A., Paris

Dieser Titel erschien bereits in der Reihe Heyne Biographien
unter der Bandnummer 12/202.

6. Auflage
2. Auflage dieser Ausgabe

Taschenbuchausgabe im Wilhelm Heyne Verlag GmbH & Co. KG, München

Printed in Germany 1997
Innenbilder: Süddeutscher Verlag, Bilderdienst München; Bildarchiv Preußischer Kulturbesitz, Berlin; Archiv für Kunst und Geschichte, Berlin
Umschlagillustration: Archiv für Kunst und Geschichte, Berlin
Umschlaggestaltung: Atelier Adolf Bachmann, Reischach
Gesamtherstellung: Presse-Druck Augsburg

ISBN 3-453-09759-9

Inhalt

Elisabeth Charlotte,
Herzogin von Orléans, genannt ›Liselotte von der Pfalz‹;
Gemälde eines unbekannten zeitgenössischen Künstlers.

An Ihre Allerhöchste Königliche Hoheit, die Herzogin von Orléans, Pfalzgräfin bei Rhein

Madame,
In dem Augenblick, da ich der Leserschaft den Bericht von Ihrem Leben übergebe, fürchtete ich, Ihren gerechten Zorn zu erregen, wenn ich mich nicht zuerst Ihnen gegenüber für ein so kühnes Unternehmen rechtfertigte. Daher entschließe ich mich, Ihnen diesen Brief zu schreiben, indem ich zu hoffen wage, daß Eure Königliche Hoheit, die so viele Briefe von den Vornehmsten an Geburt oder Wissen aus Königreichen und Fürstentümern erhalten hat, diese Zeilen, die von der Achtung eingegeben wurden, der Achtung, die meine geringfügige Person der großen Fürstin, die Sie waren, schuldet, mit wohlwollendem Blick zu betrachten geruhen.

Sie sind als Deutsche geboren, Madame, und es im Herzen geblieben während der fünfzig Jahre, die Sie durch eine Ihnen vom Kurfürsten von der Pfalz, Ihrem Vater, auferlegte Ehe in Frankreich lebten, zunächst am Hof des Sonnenkönigs, dessen einzigen Bruder Sie geheiratet haben, dann in enger Verbundenheit mit Ihrem Sohn, dem Herzog von Orléans, der für die Zeit der Minderjährigkeit König Ludwigs XV. Regent geworden war.

Deutschland hat Sie so wenig vergessen, wie Sie ihm untreu geworden sind, und zahllos sind die Schriften, die Ihr besonderes Schicksal, die Weite Ihres Geistes und der Adel Ihres Charakters, schließlich die Fülle Ihrer Korrespondenz – dieser wahrhaft universellen Chronik Ihrer Zeit – auf der rechten Seite des Rheins angeregt haben.

Auf der linken Seite dagegen scheinen Sie kaum bekannt, wenn nicht sogar verkannt zu sein. Gewiß, Ihre Briefe sind mehrmals veröffentlicht worden, versehen mit Bemerkungen über Ihre Person und Ihr Leben, das sich dem erschließt, der gelesen hat, was einige im übrigen sehr schätzenswerte Gelehrte des vorigen Jahrhunderts aus jenen Tausenden von Seiten ausgewählt, für gut befunden und übersetzt haben. Welche Mühe und Sorgfalt hat das gekostet! Welche rot aufflammenden Gesichter, wenn ihnen zufällig – nicht irgendeine »dieser schmutzigen Silben..., mit denen man die Scham der Frauen verletzt«, wie Molières Philaminte sagt, unter die keuschen Augen kam, sondern eines dieser derben Wörter, die Sie so gerne gebrauchten und die von der männlichen Scham durch Punkte ersetzt wurden! Lassen wir die Scham beiseite: Sie hatten genug für zwei, und die Wörter ändern nichts daran.

Doch die Franzosen, leichtfertige Menschen par excellence, haben Sie nach diesen Späßen beurteilt. Sie hielten Sie für eine Art Mannweib, einen Landsknecht in Brokatröcken, der sich an den gesittetsten Hof der Welt verirrt hatte. Das Porträt von Rigaud tat ein übriges: »Das Gesicht und die Bäurischkeit eines Schweizers«, sagte schon Saint-Simon. Man sieht aus, wie man kann, und obwohl Sie wenig Wesens um Ihr Aussehen machten, hätten Sie es lieber gehabt, wenn Ihnen die Natur die strahlende Anmut der Madame de Montespan oder die unveränderliche Schönheit der Madame de Maintenon, Ihrer getreuen Feindin, verliehen hätte.

Manche, die weiter blickten als bis zu Ihrer mißlungenen Nase, haben unter Ihrer Schroffheit und Offenherzigkeit, der falsche Verstellung fremd war, den gerechten Sinn und das aufrichtige Herz, die echte Freundschaft, den mannhaften Mut entdeckt, all die »männlichen« Tugenden, die sie Ihnen gerne zuerkennen im Glauben, Sie damit zu ehren. Die Ahnungslosen wissen nicht, daß sich unter Ihren zahlreichen Büchern auch das *Lob der Frauen* und *Berühmte Frauen* befand, ja sogar eine Abhandlung zur *Überlegenheit der Frauen über die Männer ...*

Andere – manchmal sind es dieselben – suchten in Ihren Briefen die Ursachen für den Untergang der absoluten Monarchie, die vor zweihundert Jahren zu Grabe getragen wurde. Denn Sie hatten, Madame, scharfe Augen und eine spitze Zunge und schonten weder die Großen noch ihre Diener. Hätten Sie die Regierenden unserer Republiken verschont? Böse gibt es zu allen Zeiten, würden Sie sagen, und welchen Ranges und Standes sie auch seien, Sie empfänden für sie stets »jenen unerbittlichen Haß, den das Laster in tugendhaften Seelen erregt«. Ich kenne Sie gut genug, um das behaupten zu können.

Ja, Madame, ich kenne Sie, vielleicht besser, als Sie sich selbst kannten. Ihre Briefe haben nicht genügt, meine Neugier zu stillen, und ich habe Sie bei all denen gesucht, die die außerordentliche Ehre hatten, in Ihre Nähe zu kommen. Mit der Indiskretion eines Monsieur de la Reynie, des Polizeikommandanten, der Sie bespitzeln und Ihre Briefe öffnen ließ, habe ich Sie verfolgt, beobachtet, belauscht.

Ich befragte den Marquis de Sourches, den obersten Richter Frankreichs, dem nichts, was am Hof vor sich ging, unbekannt blieb, den Marquis de Dangeau, der aussah wie ein Puter mit Perücke, aber ein sehr ehrenhafter Mann und ein zuverlässiger Zeuge war, und den Herzog von Saint-Simon, den seine Phantasie manchmal irreführt, der aber so viel weiß. Ich ließ Madame de Sévigné plaudern (das war ein leichtes), konsultierte den Gesandten Spanheim, Ihren Landsmann, lauschte Madame de Caylus und noch vielen anderen. Ich habe nichts erfunden.

Soll ich es gestehen? Ich wühlte in Ihren Papieren, las die Abrechnungen Ihres Kämmerers, prüfte Ihre Bücher und zählte Ihre Leibchen, entzifferte Ihren Heiratsvertrag und studierte Ihr Testament.

Ich lebte so lange in Ihrem Schatten, daß ich, Ihrem Beispiel folgend, meine Feder nicht spreizte, als ich dieses Buch schrieb; ich ließ sie hier eine saloppe Wendung, da eine Frechheit, dort eines der Sprichwörter hinschreiben, die Sie so gerne benutzten.

Diese Natürlichkeit, von der Sie selbst so reichlich Gebrauch machten, und die Offenheit, auf die ich sehr wohl achtete, indem ich Ihre Fehler genausowenig verschwieg wie Ihre Qualitäten, sind meine besten Anwälte und lassen mich hoffen, Madame, daß Sie die Güte haben werden, dieses Werk, so unvollkommen es auch sein mag, anzunehmen von derjenigen, die es Ihnen ehrerbietig widmet, von

Ihrer untertänigsten Dienerin

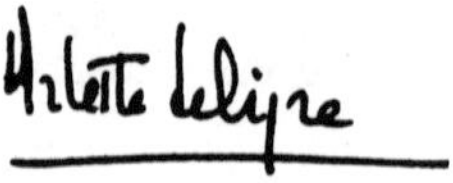

1

Das Drama von Saint-Cloud

In der Nacht vom 29. auf den 30. Juni 1670 liegt im Schloß von Saint-Cloud eine junge Frau von sechsundzwanzig Jahren im Todeskampf, die in wenigen Stunden von einem seltsamen Leiden dahingerafft wird. So seltsam und so brutal, daß sich aus der Menge der Höflinge, die sich flüsternd in den Galerien und Vorzimmern drängen, ein Raunen erhebt, wie es zu der Zeit jedesmal ertönt, wenn ein Großer dieser Welt zu früh oder zu schnell stirbt: »Madame ist vergiftet worden!« Die Ärzte haben alles versucht, Aderlaß, Abführmittel, Brechmittel. Vergeblich. Es gibt keine Hoffnung mehr für Henriette-Anne von England, die Gemahlin von Monsieur, dem Bruder Ludwigs XIV.

In dieser selben warmen Sommernacht schläft im Schloß von Heidelberg eine achtzehnjährige Prinzessin müde und friedlich ein, nachdem sie den ganzen Tag durch Wiesen und Wälder gelaufen ist. Am nächsten Morgen wird sie früh um fünf durch das obere Tor schlüpfen, um Kirschen essen zu gehen auf den Berg. Elisabeth Charlotte, die Tochter des Kurfürsten von der Pfalz, ahnt nicht, daß Hunderte von Meilen entfernt ihr Schicksal besiegelt wird: In etwas mehr als einem Jahr wird sie es sein, die man »Madame« nennt.

Sie hätten sich kennen können, die junge Sterbende von Saint-Cloud und die kleine Pfälzerin: Die Großmutter väterlicherseits von Elisabeth Charlotte war eine Stuart, die Schwester des Königs Karl I. von England, dessen Tochter Henriette-Anne ist. Eine Tochter, die ihren Vater kaum gekannt hat; er wurde 1649 – da war sie gerade fünf – von den Parteigängern Cromwells enthauptet. Die glückliche Kindheit ist vorbei. Für die englische Königsfamilie beginnt die Flucht, das Exil, die Armut. In Frankreich, wohin die Königin, die Schwester Ludwigs XIII., geflohen ist, kommt es vor, daß Henriette-Anne und ihre Mutter ganze Tage lang im Bett bleiben, weil das Holz fehlt, um die Gemächer im Louvre-Palast zu heizen, die ihnen die Regentin Anna von Österreich zur Verfügung gestellt hat. Die Fronde, die damals gegen die Regierung Mazarins aufsteht, schränkt die Möglichkeiten, den Flüchtlingen

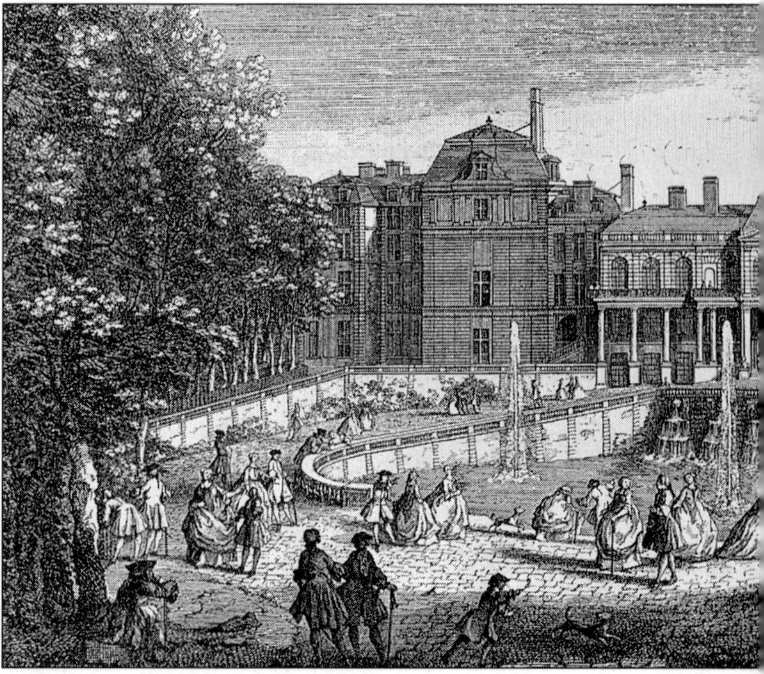

Das Schloß St. Cloud; Kupferstich von Jean Rigaud.

einen ihrem Rang würdigen Empfang zu bereiten, drastisch ein.

Henriette-Anne verlebt in Frankreich eine strenge Jugend neben einer übermäßig frommen Mutter, die in der Religion ihren einzigen Trost findet. Doch welche Überraschung, als sie mit sechzehn Jahren offiziell bei Hofe eingeführt wird! Man erwartete ein Klosterfräulein, es erscheint ein strahlendes junges Mädchen. Sie ist mehr als schön. Ein in seiner Zartheit vollkommener Körper, ein außerordentlicher Charme. Fröhlich, lebhaft, zugleich sanft und reizvoll, mit einer unendlichen Anmut und einer Kunst zu gefallen, der keiner widerstehen kann. Mit wem soll man dieses Wunderwerk

vermählen? Der König wird die Infantin Maria Theresia heiraten; für sie ist der Bruder des Königs, Philipp, Herzog von Orléans, vorgesehen. Offenkundig »galten Monsieurs Neigungen nicht den Frauen«, doch was macht das schon? An den europäischen Höfen ist es nicht üblich, die künftigen Gatten vorher um ihre Meinung zu fragen.

Sie wird also Madame, die erste Madame, wie man später sagen wird, um sie von Elisabeth Charlotte zu unterscheiden, die die zweifelhafte Ehre haben wird, ihr nachzufolgen. Sie ist die Seele des Hofes, die Königin der Herzen und der Feste. Ihre Schwägerin, die gute, in fromme Andacht und Zuckerwerk versunkene Maria Theresia, macht ihr den ersten Platz gewiß nicht streitig. Auch nicht im zärtlichen Herzen des Königs, flüstern die bösen Zungen ... Henriette-Anne hat nur noch neun Jahre zu leben, und es ist, als ahnte sie im Innersten die berühmten Worte, die Bossuet in seiner Grabrede in Saint-Denis sprechen sollte und die die Anwesenden erschüttern werden: »Madame ist zwischen Morgen und Abend verwelkt wie das Grün auf den Feldern.« Neun Jahre Freuden, Erfolge, deren letzter, einige Monate vor dem Drama von Saint-Cloud, ihr Schwanengesang sein wird. Ludwig XIV., der ihr vertraut, ihre Intelligenz schätzt und weiß, welche Zuneigung König Karl II. von England, ihr Bruder, seit 1660 wieder auf dem Thron der Stuart, ihr entgegenbringt, hat sie beauftragt, von ihrem Bruder zu erlangen, daß er die Tripelallianz aufkündigt, die zwei Jahre zuvor mit den Vereinigten Niederlanden und Schweden gegen Frankreich geschlossen worden war. Eine heikle Aufgabe, die sie glänzend erfüllt und die ihr die zunehmende Anerkennung aller, die im Königreich zählen, einbringt.

Warum mußte es ihr am späten Nachmittag des 29. Juni in Saint-Cloud plötzlich so heiß werden? Sie fühlte

Henriette-Anne von England,
erste Gemahlin Philipps I. von Orléans;
Gemälde aus der Schule von Pierre Mignard, um 1665.

sich fiebrig, durstig, verlangte ein Glas eisgekühlte Zichorie. Sie trank es in einem Zug aus, und sofort ging es ihr sehr schlecht. Jetzt ist alles vorüber. »Madame stirbt! Madame ist tot!«

Der König ist in Tränen aufgelöst, ihm ist so beklommen ums Herz, daß er nicht mehr sprechen kann. Sie ermuntert ihn: »Küssen Sie mich, Monsieur, zum letztenmal. Ach, Monsieur, weinen Sie nicht, Sie würden mich rühren. Sie verlieren eine gute Dienerin.« Und dann noch: »Ich möchte lieber sterben, als Ihre Achtung verlieren.«

Und Philipp, ihr Mann? Auch er ist da, erstarrt in einer Haltung trauriger Würde. Er liebt sie nicht, er hat sie nie geliebt. Sie weiß es und wirft es ihm sanft vor, einige Minuten, bevor sie stirbt: »Ach, Monsieur! Sie lieben mich schon lange nicht mehr; aber das ist ungerecht, ich habe Sie nie betrogen.« Es wurde ja so viel geklatscht... Der König selbst mußte den Verdacht, den sein Bruder aus seinen allzu häufigen Tête-à-têtes mit Henriette-Anne schöpfte, abwenden, indem er Louise de la Baume le Blanc, die zukünftige Duchesse de la Vallière, zu seiner Mätresse machte. Es wurden noch andere Namen genannt, der verführerische Guiche, der schöne Vardes, Namen, die Monsieurs Zorn erregen, denn Monsieur ist zwar den Reizen seiner Gattin gegenüber vollkommen gleichgültig, nichts destoweniger aber schrecklich eifersüchtig.

Eifersüchtig ist er auch in anderer Weise, die vielleicht schlimmer ist als die erstere. Die Mission in England, deren wirkliches Ziel und geheime Absichten ihm zunächst verschwiegen wurden, hat ihn gekränkt. Er, der seit der Kindheit zur Bedeutungslosigkeit verdammt war, der dazu erzogen worden war, in allem vor dem Sonnenkönig zurückzutreten, der stets vom politischen Leben ferngehalten wurde, er hat die höchste Demütigung erlitten: den Triumph Henriette-Annes, der Vertrauten und Bevollmächtigten des Königs, in einem Staatsgeschäft.

Deshalb redet man so viel von Gift in den Fluren von Saint-Cloud und wird es noch lange tun. Nichts kann daran etwas ändern. Weder das offizielle Gutachten der Hofärzte, die von einem heftigen Choleraanfall sprechen, noch, beweiskräftiger, das Überleben jener, die von demselben Zichorienwasser getrunken hatten, ohne irgendein Unwohlsein zu spüren. »Natürlich«, werden die Skeptiker erwidern. »Nicht das Wasser wurde vergiftet! In IHRE Tasse, die, aus der sie getrunken hat, tat man das Gift!«

Da die Tasse verschwunden war, konnte unmöglich eine Untersuchung vorgenommen werden. Das perfekte Verbrechen.

Philipp I.,
Herzog von Orléans, Bruder König Ludwigs XIV;
Porträtstich von Robert Nanteuil.

Bleibt die Frage, wer es beging oder ausführen ließ. Ein Name, den niemand auszusprechen wagt, ist auf vielen Lippen: Sollte vielleicht Monsieur...? Man wird so weit gehen zu behaupten, daß der König in der Nacht nach Henriettes Tod, von einem entsetzlichen Verdacht gequält, einen gewissen Purnon zu sich führen ließ und selbst verhörte. Purnon war der Haushofmeister von Madame, eine zweifelhafte Person, die bekanntermaßen eng befreundet war mit dem Chevalier de Lorraine und dem Marquis d'Effiat, den Todfeinden der Prinzessin. In seinem Schrecken soll er alles gestanden haben. Alles, außer was Ludwig XIV. zu hören fürchtete, nämlich die Komplizenschaft seines Bruders. Nein, Monsieur kann nichts dafür, er wußte von nichts: »Wir kennen ihn zu gut und haben uns gehütet, ihm das Geheimnis anzuvertrauen.« Außerstande zu schweigen, hätte er früher oder später alles verraten.

»Wir«? Das ist zunächst der Chevalier de Lorraine, seit ihrer gemeinsamen Jugend der Busenfreund von Monsieur. Henriette-Anne hatte vom König erwirkt, daß er ihn vom Hof verjagte. Im Exil in Italien schwor er Rache. Das ist außerdem der Marquis d'Effiat, das Alter ego des Chevaliers, ein »seelenloses und vollkommen niederträchtiges« Individuum. Aus Rom, wo der in Ungnade Gefallene lebte, soll der Chevalier das Gift Effiat geschickt haben durch die Vermittlung eines provenzalischen Edelmanns namens Morel, dem Purnon drei Jahre später sein Haushofmeisteramt verkaufen wird. Nachdem das Gift so in sicheren Händen von Rom nach Saint-Cloud befördert worden war, mußte nur noch eine günstige Gelegenheit abgewartet werden, um es mit Purnons Beihilfe in die Tasse der Prinzessin zu schmuggeln. Effiat soll sich selbst dieser heiklen Aufgabe angenommen haben.

Lorraine, Effiat, Purnon, Morel: Auch Elisabeth Charlotte von der Pfalz wird den beiden verderbten Aristokraten und ihren finsteren Dienern bald begegnen. Sie werden sie nicht vergiften, so wenig wie sie zweifellos Henriette-Anne von England vergiftet haben, die wahrscheinlich von einer banalen akuten Bauchfellentzündung dahingerafft wurde, einer Krankheit, die man zu jener Zeit weder erkennen noch behandeln konnte. Von den beiden Untergebenen, Purnon und Morel, wird sie alsbald befreit werden. Doch der Chevalier de Lorraine und der Marquis d'Effiat werden ihr die dreißig Jahre vergällen, die sie mit Monsieur verbringen wird. Warum sollte Monsieur die Liebe des Chevalier de Lorraine und die Freundschaft des Marquis d'Effiat seiner zweiten Gattin lieber opfern als der ersten?

Ludwig XIV., König von Frankreich;
Gemälde von Hyacinthe Rigaud, 1701.

Monsieur hat übrigens im Augenblick gar keine Lust, wieder zu heiraten. In den neun Jahren, die er mit Henriette-Anne verbrachte, hat er nie das geringste Begehren, die geringste Zärtlichkeit für diejenige verspürt, um die alle Männer, vom König, seinem Bruder, angefangen, ihn beneideten, als die Staatsraison sie ihm ins Bett legte. Einziges Zugeständnis an die ehelichen Pflichten: die drei Kinder, die aus dem, was man kaum wagt, ihre Verbindung zu nennen, hervorgegangen sind; ein Sohn, der schon 1666 im Kindesalter starb, und zwei Töchter, eine im März 1662, die andere im August 1669 geboren. Und nun dieser unverhoffte Witwerstand!... Die Pest über die, die von Wiederverheiratung sprechen! Mit seinen dreißig Jahren hätte Philipp noch so viele schöne Jahre vor sich, wenn man ihm nur die Freiheit ließe, auf seine Art zu leben...

Auf seine Art zu leben ist nicht immer so einfach, wenn man der Bruder des Königs von Frankreich ist. Philipp hatte das Pech, daß er zwei Jahre jünger war als Ludwig, und mit ihm wiederholte sich, was der vorangegangenen Generation schon so viele schwierige Situationen heraufbeschworen hatte: das Schicksal eines von der Macht ausgeschlossenen, im Schatten des Königs stehenden jüngeren Bruders, den die unvermeidlichen Störenfriede im geeigneten Augenblick als Fahnenträger für ihre eigenen Beschwerden benutzen. Wie oft hatte man nicht Gaston von Orléans in eine jener Verschwörungen verwickelt gefunden, aus denen er sich rasch zurückzog, sobald sie eine üble Wendung nahmen, die jedoch Ludwig XIII. und Richelieu ernsthaft beunruhigt hatten! Es war wirklich ein besonderes Mißgeschick, daß Philipp nicht als Mädchen geboren worden war.

Daher der feste Wille Annas von Österreich und Mazarins, in diesem hübschen kleinen Jungen mit dem wachen Geist jeden persönlichen Ehrgeiz, jedes Interesse für die Staatsgeschäfte abzuwürgen. Man würde ein goldenes Netz um ihn knüpfen, in dem er sich verfinge, seinem Hang zu Luxus und Vergnügen schmeicheln, seine natürliche Trägheit pflegen, kurzum, in ihm den eventuellen Rivalen dessen töten, der der Sonnenkönig werden würde.

Unnötig, weiterzugehen und, indem man die Psychoanalyse zweieinhalb Jahrhunderte vor Freud erfindet, die Regentin und ihren ersten Minister zu beschuldigen, die Homosexualität Monsieurs absichtlich herbeigeführt zu haben. Daß man ihn lange Zeit Mädchenkleider tragen ließ, bedeutet sicher nichts anderes für Anna von Österreich als die Sehnsucht nach der Tochter, die sie nie gehabt hat: denken wir an jene alten Fotos, auf denen neben den Größeren im Matrosenanzug der Kleinste, gelockt und mit Schleifen geschmückt, im langen Spitzenkleid posiert... Er wurde inmitten von Mädchen erzogen, von denen eines charmanter war als das andere. Insofern hätte er genauso gut ein Don Juan werden können. Der Weg ist ihm geradezu vorgezeichnet, wenn man dem Dichter Isaac de Benserade glauben soll, der in seinem im Jahr 1663 vom Hof aufgeführten *Ballett der Nacht* den damals dreizehnjährigen Philipp unzweideutige Verse deklamieren läßt:

Den Schönsten dieses Hofes dienend
Versuche ich mein Glück zu machen.
Das ist's, womit ich hervortreten will.

Vielleicht sollten wir das väterliche Erbe berücksichtigen: Ludwigs XIII., des Keuschen, Zurückhaltung gegenüber Frauen und seine Vorliebe für männliche Schönheit, wenn wir nach der Ausrichtung einer Sexualität suchen, der Philipp im Gegensatz zu seinem Vater in aller Öffentlichkeit nachgeben wird.

Und wieso sollte er absichtlich zum Homosexuellen gemacht werden? Daß jemand den Frauen die Männer vorzog, hat denjenigen noch nie unfähig gemacht, politische Verantwortung zu übernehmen, Heere zu führen oder Komplotte zu schmieden. Hätten die Regentin und Mazarin auch nur einen Augenblick das Gegenteil gedacht, würde das jüngste Beispiel Heinrichs III. genügt haben, sie eines Besseren zu belehren. Damit Monsieur ungefährlich war, genügte es, aus ihm eine oberflächliche und verschwenderische Person zu machen. Seine Erziehung, die seinem Temperament entgegenkam, glückte vollkommen. Ob er sich nunmehr für seine Mätressen ruinierte oder seine Günstlinge mit Juwelen überhäufte, änderte nichts an seiner notwendigen Abhängigkeit und Fügsamkeit in bezug auf den König, seinen Bruder.

Anna von Österreich,
Königin und Regentin von Frankreich;
Kupferstich von P. de Jode nach P. van Mol.

Es kommt allerdings vor, daß ihm diese Fügsamkeit schwerfällt. So als Ludwig XIV. trotz inständiger Bitten seinen lieben Chevalier de Lorraine, seinen schönen Freund, der »aussieht, wie man Engel malt«, vom Hof verbannt. Monsieur hat für ihn eine Leidenschaft, die sein ganzes Leben dauern wird, abgesehen von gelegentlichen Abenteuern, von denen aber weder der eine noch der andere viel Aufhebens machen. Philipp von Lothringen, Ritter von Malta, der Sohn Heinrichs von Lothringen, des Herzogs von Harcourt, der einer der mutigsten Feldherren seiner Zeit gewesen war, ist drei Jahre jünger als Philipp von Orléans. Er ist das Musterbeispiel eines zynischen, skrupellosen, trotz enormer Einkünfte ewig verschuldeten Granden. »Seine Macht über Monsieur«, schreibt Saint-Simon, »bedeutete für ihn nur, daß er die Mittel hatte, verschwenderisch zu leben, und zwar sein ganzes Leben lang auf fremde Kosten.« In dem Paar der beiden Philippe ist er der beherrschende Teil. So sehr, daß der König, der die Homosexuellen doch verabscheut, sich bei Gelegenheit des Geliebten seines Bruders bedient, um dessen Unabhängigkeitsgelüste zu ersticken: Monsieur, der fähig ist, sich Ludwig XIV. zu widersetzen, kann dem Chevalier de Lorraine nichts abschlagen.

Nun fordert der König aber, daß Philipp so bald wie möglich wieder heiratet. Es ist nicht vorstellbar, daß ein dreißigjähriger Prinz Witwer bleibt, die hohe Gesellschaft läßt den Zölibat praktisch nur zwischen den vier Wänden eines Klosters zu. Monsieur braucht eine Gattin, die an seiner Seite würdig die jüngere Linie der königlichen Familie repräsentiert und ihm, wenn möglich, männliche Kinder schenkt für den Fall, Gott möge es verhüten!, daß die ältere Linie aussterben sollte. Zwei der vier Kinder von Ludwig und Marie-Thérèse sind bereits in zartem Alter gestorben. Ein weiteres, ein Junge von drei Jahren, wird einige Tage nach dem Drama von Saint-Cloud sterben. Dem König bleibt nur noch sein ältester Sohn. Da Monsieur aus seiner ersten Ehe nur Töchter hat, ist die Nachkommenschaft der Bourbonen ungesichert.

Ein anderer Grund, sofort eine neue Verbindung zu schließen, sind die Vergiftungsgerüchte, die über den Tod der armen Henriette-Anne weiterhin umgehen. Wer weiß, wie ein längerer Witwenstand in Philipps Alter interpretiert werden könnte! Es gibt schon allzu viele Lästerzungen, die scheinheilig murmeln, daß der Herr in seiner Güte Monsieur kein allzu schweres Kreuz zu tragen gab... Schließlich ist der Bruder des Königs von Frankreich ein Trumpf, der in der Diplomatie ausgespielt werden muß. Traditionellerweise sind die Prinzen und Prinzessinnen der königlichen Familien dazu bestimmt, politisch-eheliche Bündnisse mit denjenigen fremden Mächten zu schließen, deren Unterstützung oder zumindest wohlwollende Neutralität ihr Land sich zu sichern genötigt ist. In neun von zehn Fällen geht die Rechnung nicht auf. Sowohl in privater Hinsicht, worüber sich keiner Sorgen macht, als auch für die internationalen Beziehungen: Mehr als eine *fille de France* wurde so bei lebendigem Leib am finsteren Hof der spanischen Könige begraben oder mußte in Chambéry die Tyrannei der Herzöge von Savoyen erdulden, ohne daß das Opfer dieser Unschuldigen je etwas am Madrider Herrschaftsanspruch oder an der sprichwörtlichen savoyardischen Doppelzüngigkeit geändert hätte. Dennoch glaubt man weiterhin daran oder tut so, als glaubte man daran. Die Tochter mit dem jüngeren Bruder des Sonnenkönigs zu verheiraten mag mehr als einen ausländischen Fürsten reizen und dazu bringen, die Interessen Frankreichs zu unterstützen.

Doch einen Mann von dreißig Jahren, der der eigene Bruder ist, gegen seinen Willen wiederzuverheiraten, ist selbst für Ludwig XIV. schwieriger, als eine Jungfer der Autorität ihres Vaters zu unterwerfen. Gott sei Dank hat der König etwas dafür zu bieten: die Begnadigung des Chevalier de Lorraine. Der langweilt sich immer noch in Italien, und Monsieur, der trotz der Bemühungen seines Hofes in Saint-Cloud untröstlich ist, ergeht sich in schlechter Laune, wie er es stets tut, wenn er unglücklich ist. Wenn er bereit wäre, wieder zu heiraten, könnte man ins Auge fassen, den Verbannten zurückzurufen, ihn ihm zurückzugeben... Nicht sofort, natürlich, das wäre zu auffallend. Sagen wir, einige Zeit nach der Hochzeit.

Selbstverständlich wurde Philipp nicht so brutal vor die Wahl gestellt. Man ahnt die über ein Jahr lang währenden Vorarbeiten, die vorsichtigen Andeutungen, die Verhandlungen durch Mittelspersonen – die ganze Maschinerie königlicher Erpressung bis zur »Erklärung« der Heirat im August 1671. »Was sagen Sie zur Heirat von Monsieur?« fragt zu diesem Zeitpunkt Madame de Sévigné, die nie eine Gelegenheit zum Spott ausläßt und hinzufügt: »Sie können sich vorstellen, wie Monsieur sich freuen wird, mit großem Gepränge zu heiraten!« Gepränge wird es, wie man im voraus weiß, nicht geben. Und was Monsieurs Freude betrifft...

Wieder ist es die Marquise, die uns im Februar 1672 – Monsieur ist seit drei Wochen der Gatte von Elisabeth Charlotte – den Epilog der Geschichte in seiner offiziellen Version schildert. Ein Epilog, der nicht viele überrascht haben wird.

Als die beiden Brüder miteinander plauderten, soll Philipp eine schüchterne Anspielung auf seinen Günstling gewagt haben, die der König sofort aufgriff.

»Denkt Ihr noch an diesen Chevalier de Lorraine? Sorgt Ihr Euch um ihn? Hättet Ihr gern jemanden, der ihn Euch wiedergäbe?«

»Wahrhaftig, Monsieur«, erwiderte Monsieur, »das wäre die allergrößte Freude, die mir in meinem Leben zuteil werden könnte.«

»Nun«, sagte der König, »ich will Euch dieses Geschenk machen. Vor zwei Tagen ist der Kurier aufgebrochen; er wird wiederkommen, ich gebe ihn Euch wieder und will, daß Ihr Euer ganzes Leben diese Schuldigkeit mir gegenüber habt und daß Ihr ihn liebt um meinetwillen.«

Und als genügte das noch nicht: »Ich tue noch mehr, denn ich mache ihn zum Brigadegeneral in meiner Armee.«

Freudenausbruch Philipps, der sich Ludwig zu Füßen wirft; dieser hebt ihn auf:

»Mein Bruder, so sollen Brüder sich nicht küssen.«

Lange gerührte Umarmung der beiden und spöttisches Schlußwort von Madame de Sévigné: »All diese Einzelheiten kommen aus sehr guter Quelle, und nichts ist wahrer.« Das Drama ist zu Ende, es lebe die Komödie!

2

Eine gute Partie

Monsieur zu überzeugen war eines. Etwas anderes war, ihm innerhalb einer angemessenen Frist eine Gattin zu finden, die »seiner hohen Geburt entsprach« und den Interessen des Königreichs dienen konnte. Die Frankreich gewogenen Höfe haben nicht unbedingt auf Anfrage heiratsfähige Prinzessinnen zu liefern. Jene, die welche haben, mögen wiederum gar keine Eile zeigen, sich von ihnen zu trennen: Der Devolutionskrieg ist seit 1668 beendet, der Holländische wird erst 1672 anfangen, doch schon beunruhigt der Ehrgeiz Ludwigs XIV. eine gewisse Anzahl von Mächten. Wessen Partei sollen sie ergreifen? Sich gegen ihn verbünden, wie es unlängst England, Holland und Schweden taten? Oder sich ihm annähern, auf die Gefahr hin, sich den gefährlichen Nachbarn zu entfremden? Wenn, wie es das Sprichwort will, die Ehe ein Glücksspiel ist, so gleichen diese zwischen Staaten geschlossenen Verbindungen einer Schachpartie.

Seit dem Tod Henriette-Annes hatte jemand begonnen, seine Figuren zu setzen, um des bloßen Vergnügens willen sich einzumischen, und ohne das geringste persönliche Interesse dabei zu haben. Anna Gonzaga, Witwe des Pfalzgrafen Eduard, war in Frankfurt, als sie die traurige Nachricht vernahm. Sofort dachte sie an ihre Nichte Elisabeth Charlotte, die Tochter des Kurfürsten von der Pfalz, des Bruders ihres verstorbenen Mannes. »Monsieur ist eine gute Partie«, schrieb sie an den Schwager, zu dem sie immer freundschaftliche Beziehungen unterhielt. Sobald sie nach Frankreich zurückgekehrt ist, preist sie jedem, der es hören will, die Verdienste von »Liselotte« sowie den Vorteil, den es bedeutet, sich mit dem Kurfürsten von der Pfalz zu verbünden, dessen Besitzungen ein Glacis zwischen den mehr oder weniger dem Einfluß des Kaisers unterliegenden anderen deutschen Fürstentümern und den östlichen Gebieten des Königsreichs bilden.

Anna Gonzaga ist eine ungewöhnliche Persönlichkeit, die lange Zeit für Klatsch und Tratsch sorgt, bevor sie ein so erbauliches Ende nimmt, daß sie, als sie 1684 stirbt, Bossuet Gelegenheit gibt, eine ebenso berühmte Grabrede zu halten wie die für Henriette-Anne von England: die große Sünderin, die von der göttlichen Gnade berührt wird und ihre Tage in der aufrichtigsten Entsagung, in der gottesfürchtigsten Nächstenliebe beschließt, welch gefundenes Fressen für den Adler von Meaux!

Ihre Eltern, die entschlossen sind, die jüngeren Töchter zugunsten der ältesten (die Königin von Polen werden wird) Verzicht üben zu lassen, haben sie fürs Kloster bestimmt, doch Anna entflieht mit zwanzig Jahren und kommt an den Hof, wo ihre hohe Geburt, ihre ausnehmende Schönheit und ihr Geist ihr eine bevorzugte Stellung sichern. Sie führt dort ein sehr freies Leben, an dem ihre Heirat mit einem Verbannten aus fürstlicher Familie, dem Pfalzgrafen Eduard, Sohn des kurzzeitigen böhmischen Königs Friedrich V. und der Elisabeth Stuart, nicht viel geändert zu haben scheint. Während der Fronde wird sie, wie die Herzogin von Longueville, Madame de Chevreuse und andere überspannte Aristokratinnen, begeistert Politik mit Galanterie verwechseln, 1670 hat sie alles erlebt, stürmische Lieben, den Witwenstand, die Vertreibung von Hofe und die Rückkehr in Gnaden, zuverlässige Freundschaften und die Feindseligkeit der Kirchentreuen.

Denn sie ist Atheistin geworden und macht keinen Hehl daraus, zieht religiöse Übungen und Überzeugungen öffentlich ins Lächerliche. Eines Tages macht sie sich in Gesellschaft ihres großen Freundes, des Prince de Condé, einen Spaß daraus, ein Stück Holz ins Feuer zu werfen, das angeblich vom echten Kreuz stammte. Man würde ja sehen, ob das Holz des echten Kreuzes, wie die Priester behaupten, nicht brennt...

Dieses Original, diese Provokateurin, die später, durch die Lektüre des Propheten Jesaia und einen Traum bekehrt, wieder zur Kirche zurückfindet, ist auch eine Frau mit Herz und Verstand, auf die man zählen kann. Die Königin Maria Theresia, die der Sympathie mit den »Freidenkern« kaum verdächtig ist, wird sagen, daß sie noch nie eine so treue Person gefunden habe wie sie und daß man ihr blind vertrauen könne. Monsieur, den sie zur Welt kommen sah, betet sie an und hat sie zu seiner Vertrauten gemacht. Seit seiner Jugend, wird er gestehen, sei ihm nichts in den Sinn gekommen, das er ihr nicht anvertraut hätte.

Niemand konnte besser als sie die Wiederverheiratung ihres lieben Philipp vermitteln. Ein doppelter Gewinn stand in Aussicht: ihn auf den Weg der Schicklichkeit und der guten Sitten zurückzuführen und Elisabeth Charlotte, der übermütigen kleinen Pfalzgräfin, deren heiteres Wesen und Vitalität sie bezaubert haben, eine glänzende Zukunft zu sichern.

Anna Gonzaga hat keine Mühe, ihren Schwager, den Kurfürsten Karl Ludwig, zu überzeugen, der findet, daß Liselotte mit sechzehn Jahren bereits untergebracht sein sollte. Sie hatte den Herzog von Kurland unter dem Vorwand abgewiesen, er gefalle ihr nicht, und sie wisse, daß er in die Tochter des Herzogs von Württemberg verliebt sei! Als hätte in dieser Art von Geschäften das Herz etwas zu suchen... Gipfel der Dreistigkeit: Das freche Ding übernahm es selbst, den Freier abzu-

Karl Ludwig von der Pfalz; zeitgenössischer Kupferstich.

wimmeln, als sie eines Tages zusammen in der Nähe des Heidelberger Schlosses spazierengingen, und sie tat es so derb, daß er seinen Eltern sogleich erklärte, er wolle von dieser Heirat nichts mehr hören, um keinen Preis.

Kurze Zeit später schlägt eine andere Verlobung fehl, diesmal mit dem jungen Markgrafen von Baden-Durlach. Der Vater des jungen Mannes wollte, nachdem er die Zustimmung von Karl Ludwig erhalten hatte, aus Höflichkeit auch die Mutter der Zukünftigen fragen, Charlotte von Hessen-Kassel, die von ihrem Mann getrennt lebte. Unglücklicherweise glaubten auf dem Rückweg Bauern eines pfälzischen Dorfes, das gerade von einem Trupp lothringischer Reiter geplündert worden war, an den langen Pelzen der Offiziere des Gefolges ihre Angreifer vom Vortag zu erkennen. Sie stürzten sich auf die Hochzeitsgesandtschaft. Der alte Markgraf, rasend vor Wut, nachdem seine Pferde von dem Bauerngesindel gestohlen, er selbst und sein Gefolge mit Knüppeln verprügelt worden waren, empörte sich über das abgekartete Spiel: Karl Ludwig sei ein Verräter und habe alles angezettelt, weil er sich über die Demarche bei seiner Ehefrau geärgert habe. Sosehr der Kurfürst auch schwört, daß er nichts damit zu tun habe, sein entrüstetes Leugnen kann den Zorn des Markgrafen nicht mildern. Sofortige Auflösung der Verlobung. Liselotte biegt sich vor Lachen, doch ihr Vater beginnt sich zu fragen, was er mit einem Mädchen anfangen könne, dessen Hang zur Unabhängigkeit vom Schicksal offensichtlich mit boshaftem Vergnügen gefördert werde.

Es gibt zwar noch den Herzog von Kreuznach, einen Cousin, der sich unter die Bewerber eingereiht hat... Sicher würde Elisabeth Charlotte ihn schließlich akzeptieren, obwohl sie ihn »klein und häßlich« findet. Doch es ist keine glänzende Verbindung. Karl Ludwig zögert.

Da taucht unverhofft der Vorschlag von Anna Gonzaga auf. Ja gewiß, Monsieur ist eine gute Partie! Besser als alle Herzöge und Markgrafen zusammen. Vor allem für die Pfalz, deren Situation als Pufferstaat zur Folge hat, daß sie ständig den Ausschreitungen der französischen Armeen ausgesetzt ist, wenn diese wegen eines Konflikts den Rhein überqueren. Der König von Frankreich wird von nun an zweimal hinschauen müssen, bevor er seine Soldateska auf das Fürstentum des Vaters seiner Schwägerin losläßt. Im Vergleich dazu haben die Gefühle Elisabeth Charlottes wenig Gewicht. »Meine Tochter, ich bestimme Euch den Gatten, den ich als Schwiegersohn brauche«: Man denkt an die schlechten Väter Molières.

Liselotte will nichts hören. Der französische Hof lockt sie nicht. Genausowenig wie irgendein anderer Hof. Und was die Ehe angeht, so macht sie das, was sie in ihrer Umgebung beobachten kann, eher geneigt, ledig zu bleiben. Aber wenn schon unbedingt geheiratet werden muß, dann möchte sie niemals ihr Land verlassen, sondern einen Landedelmann heiraten, einen guten Deutschen, der ihre Liebe zur Natur, zum einfachen Leben und zu langen Spaziergängen an der frischen Luft teilen würde. Und ausgerechnet sie soll nach Paris geschickt werden! Schlimmer noch als alles andere: Karl Ludwig eröffnet ihr, daß sie dem Calvinismus abschwören muß, um zum römisch-katholischen Glauben überzutreten. Dieses Detail hatte die Heiratsstifterin Anna Gonzaga in ihrem Eifer vergessen.

Ludwig XIV. hatte sofort Einspruch erhoben: Es sei unmöglich, eine Hugenottin in die königliche Familie aufzunehmen. Ihre Konversion verlangen? Der König ist zurückhaltend: Diese Anhänger der sogenannten reformierten Religion sind oft so hartnäckig in ihren Irrtümern... Das kann lange dauern, unangenehme Schritte notwendig machen. Wäre es unter diesen Bedingungen – Wiederverheiratung um der Wiederverheiratung willen und da Philipp im Prinzip einverstanden ist – nicht einfacher, ihm seine Cousine vorzuschlagen, Mademoiselle de Montpensier, Grande Mademoiselle, wie sie genannt wird, die Tochter Gastons von Orléans? Die ist wenigstens keine Hugenottin, und außerdem ist sie die reichste Erbin Europas.

Doch Philipp begehrt auf: nein, nicht Mademoiselle! Er empfindet viel Zuneigung zu ihr, viel Achtung vor dem König, aber man soll nichts Unmögliches von ihm verlangen. Anne-Marie ist dreiundvierzig, sie ist doppelt so groß wie er – eine echte Schweizergardistin – und jedermann weiß, daß sie sich in den Kopf gesetzt hat, ihren kleinen Lauzun zu heiraten, diesen gascognischen Laffen, der ihr schon seit Jahren am Rockzipfel hängt. Wenn Ludwig diese Cousine so liebt, warum hat er sie dann nicht geheiratet, als sie noch davon träumte, Königin von Frankreich zu werden! Philipp legt keinen Wert darauf, sich zum Gespött des Hofes und der Stadt zu machen, indem er sich mit dem begnügt, was ein intriganter Knabe aus der Gascogne übrigläßt.

Der König besteht nicht weiter darauf. Man wendet sich erneut der Pfalz zu, und Anna Gonzaga, über die Konversion ihrer Nichte befragt, antwortet mit schönem Selbstvertrauen, daß man »die Dinge in Ordnung bringen wird«. Anders gesagt, sie selbst und der Kurfürst werden sich darum kümmern. Sie sind sich beide vollkommen einig: Es wäre ein großes Unglück, wenn eine solche Gelegenheit durch eine »so geringfügige Sache« versäumt würde. Die Manen Calvins müssen vor Entsetzen erschauert sein.

Karl Ludwig ist kein Rabenvater. Bloß ein Vater des 17. Jahrhunderts, dem die Versorgung seiner Kinder wichtiger ist als ihre innersten Sehnsüchte. Und er ist auch der Souverän eines kleinen, schwachen, ständig von den Großmächten bedrohten Landes. Indem er die Einwilligung seiner Tochter erzwingt, ist er gutgläubig davon überzeugt, zu ihrem und seiner Untertanen Wohl zu handeln – ein doppelter Irrtum, wie die Zukunft bald zeigen wird. Da er selbst ein guter Calvinist ist, läßt ihn Liselottes Widerstand gegen eine Bekehrung zum Katholizismus nicht ungerührt: Wenige junge Mädchen hätten den Mut, lieber auf das Gepränge am Hof des Sonnenkönigs zu verzichten, als den Glauben der Reformation zu verraten. Aber schließlich, wenn es nicht zu umgehen ist... Monsieur und die Pfalz sind eine Messe wert!

Um bei seinen Untertanen keinen Anstoß zu erregen, stellt der Kurfürst jedoch eine Bedingung: Die Konversion Elisabeth Charlottes darf erst nach ihrer Ankunft auf französischem Boden bekanntgemacht werden. Sie wird nur ihrem Vater schreiben müssen, daß sie endlich die Wahrheit des römisch-katholischen Dogmas erkannt hat und ihn um Verzeihung bittet dafür, daß sie »um ihres Seelenheiles willen« ihrem Glauben abgeschworen hat. Nur um ihres Seelenheiles willen: »Man würde sie für wenig fromm halten«, schreibt er an Anna Gonzaga, »wenn sie die Religion wechseln würde, um einen Mann zu bekommen, von welchem Stand er auch immer sein mag.« Inzwischen wird man sie behutsam in ihrer neuen Religion unterweisen.

Auf den Rat von Anna Gonzaga wird ein französischer Gelehrter, Urbain Chevreau, gewählt, um die Prinzessin auf ihre Konversion vorzubereiten. Chevreau, ehemaliger Sekretär der Königin Christina von Schweden, ist einer der größten Gelehrten seiner Zeit. Gegenwärtig steht er im Dienst des Herzogs Ernst August von Hannover und der Herzogin Sophie, der Schwester Karl Ludwigs, die gern bereit sind, ihn nach Heidelberg zu schicken. Die Wahl ist ausgezeichnet. Statt eines Jesuiten oder eines Kapuziners, die Elisabeth Charlotte mit ihrer üblichen Schroffheit imstande wäre, vor die Tür zu setzen, ohne sie angehört zu haben, gibt man ihr einen weltlichen Intellektuellen, der seine Äußerungen über die Religion in Gespräche einzubetten weiß, in denen Wissenschaft und Literatur eine große Rolle spielen. Ihr lebhaftes Interesse an den Dingen des Geistes läßt sie die Gelegenheiten, sich mit ihm zu unterhalten, schätzen. Zudem kommt er von Tante Sophie, bei der sie in Hannover die fünf glücklichsten Jahre ihrer Kindheit verlebt hat und die sie als ihre eigentliche Mutter betrachtet. Eine Konversion also, die »angenehm und ohne Zwang« vor sich gehen sollte.

Des Kämpfens müde, von der liebevollen Verschwörung all derer, die sie schätzt, geschlagen, gibt Elisabeth Charlotte schließlich nach. Ihr Vater war für sie immer ein Held, dem sie eine unerschütterliche Liebe und Bewunderung entgegenbringt. Ja, es war nicht recht von ihr, sich ihm zu widersetzen. Sie muß gehorchen. Wie Racines Iphigenie, die sie drei Jahre später in Frankreich hören wird, könnte sie sagen:

Welchem Vater seines Bluts gefällt es zu entsagen?
Warum verlör' er mich, könnte er mich denn retten?

Sie muß auch noch die heftigen Vorwürfe ihres älteren Bruders Karl, ihres besten Freundes, einstecken, der ihr als einziger der Familie nicht verzeiht, daß sie sich vom protestantischen Glauben lossagt, und sie ungerechterweise beschuldigt, der Versuchung des Glanzes zu erliegen. Karls Zorn wird mit der Zeit vergehen, doch niemals wird sich Elisabeth Charlotte ganz und gar mit sich selbst versöhnen. Noch am Ende ihres Lebens wird sie sich vorwerfen, nicht genug Standhaftigkeit bewiesen zu haben, und die Blindheit ihres Vaters beklagen. Zu spät.

Der Sommer 1671 vergeht mit Verhandlungen, in denen die unvermeidliche Anna Gonzaga weiterhin die Vermittlerin spielt. Nichts macht ihr größeres Vergnügen. Mazarin, der sie gut kannte, sagte von ihr, daß »sie nicht ruhte, bevor sie nicht denen, die sie liebte, zu Diensten gewesen war«. Der König hat den Marquis de Béthune nach Heidelberg geschickt, um mit dem Kurfürsten zu verhandeln, doch es ist Anna Gonzaga, die unter der Hand mit ihrem Schwager über die Höhe der Mitgift diskutiert, die Lösungen vorschlägt, um Protokollschwierigkeiten zu beheben, und die sich um ihre Nichte kümmern wird, wenn diese in Frankreich eintrifft.

Sie hat übrigens nicht immer gute Ideen. So wenn es darum geht, im Heiratsvertrag die notwendigen Vorkehrungen zu treffen, um im Fall des Todes des Ehemannes die Interessen der Gattin geltend zu machen. Zumindest muß man sagen, daß Elisabeth Charlottes Interessen sehr unzulänglich gewahrt sind. Sie wird es viele Jahre später merken, wenn Monsieurs Tod sie in einer prekären finanziellen Situation zurücklassen wird. »Meine Tante hat das alles arrangiert«, wird sie sagen. Sie selbst, zu jung, verstand nichts von all dem und unterschrieb die Dokumente, die ihr vorgelegt wurden, ohne ihren Inhalt zu begreifen.

Die Höhe der Mitgift wird im Vertrag nicht genannt, der Kurfürst verspricht nur, seinem Schwiegersohn in dem Jahr, das auf die Vollziehung der Ehe folgt, die den Prinzessinnen seines Hauses zustehende »übliche Summe« auszuzahlen. Sie wird sich als eher bescheiden erweisen (32 000 Florin), vor allem im Vergleich zu den 50 000 Goldjakobus, mit denen elf Jahre zuvor der König von England die erste Gattin von Monsieur ausgestattet hatte. Karl Ludwig ist nicht reich und hat den Ruf, gelegentlich ziemlich geizig zu sein, und insgesamt erscheinen diese Vorbereitungen in einem tristen

Grau in Grau. Alles läuft ab, als würde sich der Kurfürst, befriedigt, seine Tochter wohlfeil untergebracht zu haben, für das übrige nicht mehr interessieren.

Die Zeitgenossen haben es wohl bemerkt: Bei Unterzeichnung des Heiratsvertrags war niemand zugegen, obgleich es für die Verwandten und Freunde der Verlobten ein Anlaß gewesen wäre, sich zu versammeln. »Es gab noch nie eine Zeremonie, wo man so wenige Leute sah«, bemerkt Mademoiselle de Montpensier in ihren *Memoiren*. Eine andere für den Vater der Braut wenig ehrenvolle Bemerkung gilt ihrer »Equipage«. Er hatte sich verpflichtet, sie auf seine Kosten nach Metz zu schicken, »mit Equipage, Möbeln und Kleidern, wie sie ihrem Stand angemessen sind«: Mademoiselle de Montpensier beurteilt das Ganze ohne weiteren Kommentar als »dürftig«; und einige Jahre später wird Elisabeth Charlotte selbst den abgeschabten Zobel erwähnen, den sie aus Deutschland mitgebracht hatte und über den sich bei ihrer Ankunft alle Hofdamen lustig machten.

Eine kleine Hochzeit, wahrlich, und ein wenig traurig für ein neunzehnjähriges Mädchen, dessen Unterwerfung unter den väterlichen Willen etwas Besseres verdient hätte als diesen Ausverkauf.

Der geringe Glanz des Ereignisses steht in keinem Verhältnis zu dem Aufsehen, das es erregt; den ganzen Sommer 1671, noch vor der offiziellen Bekanntmachung im August, herrscht große Aufregung vor allem bei den Freunden und Freundinnen von Monsieur, all denen, die er mit wahnsinniger Verschwendungssucht und auserlesenem Geschmack verwöhnt, die er in seinem Märchenschloß von Saint-Cloud, seiner Lieblingsresidenz, wo er die ganze schöne Jahreszeit verbringt, mit Festen und Lustbarkeiten erfreut.

»Stets heiter und lebhaft«, guter Laune und von Natur aus wohltätig, liebt Philipp es, wenn man ihn liebt, wenn man sich um ihn versammelt, wenn man ihm schmeichelt. Das übrige kümmert ihn wenig: Da er nie beansprucht hat, ein Vorbild an Tugend zu sein, fordert dieser liebenswürdige Epikureer es auch nicht von den anderen. In Saint-Cloud – »dem Zufluchtsort der verrufensten Vertreter beider Geschlechter«, wird der Herzog von Saint-Simon sagen – drängt sich um ihn eine eigenartige Schar von Hofschranzen, fanatischen Spielern, nicht gerade schüchternen Schönheiten und Epheben von zweideutiger Anmut, verschuldeten Aristokraten und Zuhältern aus vornehmer Familie.

In Ermangelung des Chevalier de Lorraine, dessen römische Verbannung noch nicht zu Ende ist, findet man dort seine letzte weibliche Eroberung, Mademoiselle de Fiennes, eine der Hofdamen der Königin. Sie hat ein Kind von ihm, doch das Abenteuer ist bereits beiderseits vergessen. Bald wird sie den Chevalier durch seinen Busenfreund, den Marquis d'Effiat, ersetzen. Er wird ihr ein hübsches kleines Haus einrichten, in das sie andere Paare zu Viererpartien einladen werden. Die Mutter von Mademoiselle de Fiennes, eine Feministin vor der Zeit, die nie den Namen ihres Mannes tragen wollte, ist eine große Freundin von Monsieur und amüsiert ihn mit geistreichen Bosheiten, mit denen sie ihre ganze Umgebung quält. Eigennützig und ehrgeizig, nichts und niemanden fürchtend, wacht Madame de Fiennes mit rührender mütterlicher Fürsorge über die Liebesaffären ihrer Tochter.

Eine andere um die Zukunft ihrer Kinder besorgte Mutter ist die Marschallin de Grancey, die Monsieur zur Erzieherin von Mademoiselle ernannt hat, der älteren der beiden kleinen Prinzessinnen aus seiner Ehe mit Henriette-Anne. Die Marschallin ist außerordentlich dumm und unfähig, irgend jemanden zu erziehen, aber sie besitzt Reste von Schönheit, sie versteht sich bestens mit dem Chevalier de Lorraine, und vor allem hat sie zwei prächtige Töchter, die von so unwirklicher Schönheit sind, daß man sie die Engel nennt. Die jüngere der Engel, Marie-Louise, eine Witwe von zwanzig Jahren, ist die erklärte Mätresse des Herzogs von Bourbon, »Monsieur le Duc«, des Sohns des Großen Condé. Er ist sehr häßlich, hat eine grauenhafte Art, aber er ist Prinz von Geblüt...

Die ältere Grancey, Elisabeth, hat die Ehre, offiziell die Mätresse von Monsieur zu sein, denn nach dem Sittenkodex der Zeit muß ein Prinz eine Mätresse haben. Auch wenn er nicht weiß, was er mit ihr machen soll, und sich plötzlich sehr schwach, sehr müde fühlt, sobald er mit ihr allein ist. Elisabeth de Grancey wird nicht zögern, diese ebenso schmeichelhafte wie platonische Situation gegen eine solidere Realität einzutauschen: Wenn der Chevalier de Lorraine aus Rom zurückkommt, wird sie den Platz neben ihm einnehmen, den die zum Marquis d'Effiat übergelaufene Mademoiselle de Fiennes freigegeben hat. Mit der Erlaubnis Monsieurs und vielleicht dem Segen seines Beichtvaters, des Abbé de Grancey, der der Bruder der Engel ist...

Die Ankündigung der baldigen Wiederverheiratung versetzt die Gemüter in Erregung. Wenn Madame nur nicht zuviel Einfluß auf ihren Gatten nimmt, daß es ihr bloß nicht einfällt, ihre Ruhe zu stören, ihnen die Lustbarkeiten zu verderben! Monsieur ist in seinen Freundschaften der treueste Mensch der Welt, doch man kann immer in Ungnade fallen...

Philipp, der fühlt, wie sich die Nervosität und Unruhe um ihn herum steigern, versucht zumindest, seine angebliche Mätresse zu beruhigen. Im Juli macht er ihr eine Charge in seinem Hofstaat im Wert von 20000 Talern zum Geschenk, die sie zu ihrem Vorteil wiederverkaufen kann. Verlorene Liebesmüh. Als im folgenden Monat die Heirat endlich »erklärt« wird, tun die

Engel ihre Mißbilligung kund, indem sie acht Tage lang aus Saint-Cloud verschwinden. Großer Kummer von Monsieur, dem es schrecklich ist, seinen Lieben Leid zuzufügen.

Je näher das schicksalhafte Datum rückt, desto mehr wird über die Verlobte spekuliert. Stimmt es, daß sie nur Deutsch versteht? »Welche Freude«, bemerkt Madame de Sévigné ironisch, »eine Frau zu haben, die nicht Französisch versteht!« Und wie sieht sie aus? »Man sagt, sie sei schön.« Bildnisse sind zwischen Heidelberg und Paris ausgetauscht worden, wie es immer geschieht bei solchen auf die Entfernung geschlossenen Ehen zwischen Gatten, die sich noch nie gesehen haben. Bildnisse, die von den Hofmalern natürlich ein bißchen »geschönt« werden. Doch es stimmt, daß die kleine Pfalzgräfin in der ganzen Frische ihrer neunzehn Jahre keineswegs häßlich ist: eine Blonde mit blauen Augen und hellem Teint, von »schönem freiem Wuchs, lockerer Haltung, offenem und ungezwungenem Wesen«. Ihre Züge sind ziemlich unregelmäßig, doch der Blick ist intelligent und lebhaft, das Gesicht voller »Anmut, Adel und Sanftmut«. So beschreibt sie der Botschafter Spanheim, der sie von klein auf kennt.

Schön oder nicht, sie wird von vornherein schlechtgemacht. Man weiß bereits, daß sie nicht reich ist, ein unverzeihlicher Mangel, und eins steht fest: Für den Hof Monsieurs ist Elisabeth Charlotte eine Spielverderberin, und für die über den Tod von Henriette-Anne Untröstlichen wird »diese Madame jene, die wir verloren haben, kaum würdig vertreten können«.

Die Tage vergehen, und auf die Neugier folgt Gereiztheit. Von ihren Gütern in der Bretagne aus, wo sie sich damals aufhält, macht Madame de Sévigné sich zum Sprachrohr der allgemeinen Ermüdung. Es wird zuviel geredet über diese Heirat, man hat genug davon, »sowohl von der Palatine [Anna Gonzaga], die die

Marie Marquise de Sevigné;
Gemälde von Pierre Mignard.

Prinzessin abholen wird, als auch vom Marschall du Plessis, der sie in Metz heiraten wird, als auch von Monsieur, der die Ehe in Chalons vollziehen wird, als auch vom König, der sie in Villers-Cotterêts sehen wird«.

Das war in der Tat das Programm, so wird es ablaufen. In Straßburg sagt Elisabeth Charlotte unter Tränen ihrem Vater Lebewohl, der sie bis zur Grenze gebracht hat. Sie wird ihn nicht wiedersehen. Anna Gonzaga bringt sie nach Metz, wo die Trauung, der die Abschwörung vorangeht, per procurationem – so will es das Protokoll – mit dem Marschall de Choiseul, dem Grafen du Plessis-Praslin, der den Ehegatten vertritt, zelebriert wird. An einem einzigen Tag hat sie alles verloren, ihr Land, ihre Familie, ihre Religion. Es gibt keine Liselotte von der Pfalz mehr.

3

Liselotte von der Pfalz

Aus goldenem Rahmen blickt uns das kleine Mädchen finster an. Ein Nonnenschleier reicht ihm bis zum Kinn, eine riesige Haube verhüllt seine Haare, ohne eine einzige Strähne entwischen zu lassen: Rotkäppchen, verkleidet als Großmutter, möchte man meinen. Solange die Kinder wie Miniaturerwachsene gekleidet werden, haben sie auf den Bildnissen alle die gleiche steife Würde, den gleichen ihrem Alter unangemessenen Ernst. Doch Liselotte, die ohne den Anflug eines Lächelns unter ihrer Haube die Stirn runzelt, fügt noch eine vorwurfsvolle Nuance hinzu. Erstarrt vor dem Künstler, der letzte Hand an seine Skizze legt, langweilt sie sich zu Tode. Man hat ihr befohlen, brav zu sein, sich gerade zu halten (daß man ja nicht glaubt, sie sei bucklig wie so viele andere!) und sich nicht zu bewegen.

Sich nicht zu bewegen, eine wahre Marter für sie, die so unruhig ist, daß sie in der Familie den Beinamen »Rauschenblattenknecht« bekommen hat. Das Kind Liselotte ist ein Schlingel, ein Wirbelwind, eine lebende Herausforderung an die guten Manieren und die Zurückhaltung, die man den jungen Damen einschärft. Wenn sie sich dennoch einmal Zwang auferlegen muß, sagt sie sich innerlich einen Lieblingssatz ihres Vaters vor: »Je prends patience en enrageant [Ich gedulde mich wütend].«

Da Wut und Geduld sich schlecht vertragen, widerstehen ihre Beschlüsse nicht lange der Lebhaftigkeit des »recht schroffen Naturells«, das ihr all jene, die sie gekannt haben, übereinstimmend zuschreiben. »In meiner Kindheit war ich ein wenig mutwillig«, wird sie, sich erinnernd, zugeben. Man glaubt es gern. Als ihre erste Gouvernante, Fräulein von Quadt, eine mürrische alte Jungfer, ihr eines Tages Schläge verpassen wollte, wehrte sie sich, anstatt gefügig ihre Röcke zu heben, so energisch, daß Fräulein von Quadt der Länge nach hinfiel. Voller blauer Flecken und schreiend, sie wäre fast gestorben, beklagte sie sich beim Kurfürsten, der sie höflich bat, sich einen anderen Zögling zu suchen: Mit Gewalt, das wußte er, würde man von Liselotte keine Genugtuung erlangen. Tatsächlich wird sie der Nachfolgerin des Fräulein von Quadt, der »lieben Jungfer Uffeln«, eine aufrichtige und dauerhafte Zuneigung entgegenbringen, denn diese ist den Erziehungsmethoden ihrer Zeit weit voraus und wird es verstehen, den kleinen Wildfang zu zähmen, indem sie sich an sein Herz und seinen Verstand wendet.

Wenn es wenigstens nur die Porträt-Sitzungen und die Streitereien mit der mürrischen Gouvernante gegeben hätte... Doch im Heidelberger Schloß herrscht nicht alle Tage eitel Sonnenschein für ein fünf- oder sechsjähriges Kind, das, ohne zu begreifen, Zeuge der Zwietracht seiner Eltern ist. Alles ist aus zwischen dem Kurfürsten Karl Ludwig und seiner Frau Charlotte, Tochter des Landgrafen von Hessen-Kassel. Sie ist hübsch, elegant und legt Wert auf Kleider, Schminke – von der sie reichlich Gebrauch macht – und Schmuck. Das übrige hat für sie wenig Bedeutung. Um ihre Kinder, den 1651 geborenen Karl und die 1652 geborene Liselotte, kümmert sie sich nicht mehr als die anderen großen Damen des 17. Jahrhunderts, außerdem hat sie beschlossen, daß ihr diese beiden genügen: Sie hat keine Lust, jedes Jahr einen kleinen Pfalzgrafen zur Welt zu bringen, sich »die Figur zu verderben«. Weshalb sie ihrem Gatten den Zutritt zu ihrem Zimmer verwehrt.

Heidelberg; Stahlstich; Zeichnung von W. L. Leich.

Die Folgen waren leicht vorauszusehen. Der frustrierte Gatte bemerkt unter den Hofdamen der Kurfürstin Charlotte eine reizende Zwanzigjährige, Luise von Degenfeld. Sie gehört einer württembergischen Adelsfamilie an; ihr Vater hatte unter den größten Feldherren des Dreißigjährigen Krieges gedient. Luise, die wie die meisten Hofdamen auf eine schöne Hochzeit oder, falls das nicht klappt, einen seriösen Liebhaber wartet, hat das Glück, in der Person Karl Ludwigs beides zu finden: er nimmt sie nicht nur offiziell zur Mätresse, sondern schließt mit ihr eine morganatische Ehe, aus der acht Kinder, fünf Knaben und drei Mädchen, hervorgehen, denn Luise von Degenfeld teilt offenbar nicht die Abneigung der Kurfürstin Charlotte gegen kinderreiche Familien.

Um darzutun, daß er die Vaterschaft anerkennt, wird Karl Ludwig seinen ersten Vornamen, den er bereits seinem legitimen Sohn gegeben hat, als Bestandteil von Doppelnamen auch den Kindern Luises verleihen. Daher die ein bißchen drollige Folge von fünf Bastarden mit Namen Karl: Karl Ludwig, Karl Eduard, Karl August, Karl Kasimir und Karl Moritz.

So ist Liselotte von frühester Kindheit an in einen schweren Familienkonflikt verwickelt, der das Alltagsleben im Heidelberger Schloß überschattet. Davon wird sie die Erinnerung an ein »kleines Schwedenhaus aus Holz« bewahren, »das vor dem ersten Pavillon stand« und wo Karl Ludwig seine Favoritin beherbergte, bis die Kurfürstin weichen würde und er sie bei sich unterbringen könnte. Auch wenn eine morganatische Ehe unter diesen Bedingungen nichts anderes ist als Bigamie, hat die Bigamie doch Grenzen: Unmöglich kann man zwei Gattinnen unter einem Dach wohnen lassen. Charlotte von Hessen muß also nach Hause, nach Kassel zurückkehren. Man wird sie zu zwingen wissen. Gleichzeitig hat der Kurfürst die glückliche Eingebung,

Liselotte seiner Schwester Sophie anzuvertrauen, deren Mann, Ernst August, Herzog von Hannover ist.

Man kann sich fragen, was der Zweck dieser Trennung war. Sollten dem Kind die Szenen erspart werden, die seine Eltern sich gegenseitig lieferten? Wollte man die Sorge seiner Erziehung loswerden? Es endgültig von seiner Mutter entfernen und in der Familie des Vaters aufziehen, wo alle Schuld für das Scheitern der Ehe der Kurfürstin angelastet wird? Diese drei Gründe dürften die Entscheidung Karl Ludwigs bestimmt haben, der seine Tochter liebt, seine Frau haßt und in seinem Privatleben und mit seinen Verantwortlichkeiten als Staatsoberhaupt Sorgen genug hat; sich von einem sechsjährigen Kind zu entlasten, das in Hannover glücklicher sein würde als in Heidelberg, ist unter diesen Umständen verständlich.

Der pfälzische Kurfürst ist einer jener deutschen Kleinfürsten des 17. Jahrhunderts, die man sich in Frankreich gern als unaufgeklärte Despoten, Säufer und Schürzenjäger vorstellt, als gekrönte Dorftrottel, die ihre Operettenfürstentümer tyrannisieren. In Wirklichkeit entspricht er kaum dieser Karikatur, auch wenn er kein reiner Geistesmensch ist und eine hübsche Frau genausowenig verachtet wie ein gutes Glas Rheinwein. Er hat von den Wittelsbach-Simmern, von denen er abstammt, die intellektuelle Neugier und eine gewisse Originalität geerbt, die bei ihm zum Glück nicht bis zu der für die Wittelsbacher kennzeichnenden geistigen Zerrüttung geht. Eine im Exil verbrachte Jugend, eine verspätete Machtübernahme in einem vom Dreißigjährigen Krieg verwüsteten Land, eine schwierige politische Situation zwischen den Großmächten, die sich um die Hegemonie in Europa streiten, haben ihn für seine Pflichten einem Land gegenüber empfindlich gemacht, das ihm um so teurer ist, als es für ihn lange unerreichbar war.

Sein Vater, Kurfürst Friedrich V., hatte den Fehler begangen, die böhmische Krone anzunehmen, die ihm die gegen Kaiser Ferdinand II. sich erhebenden böhmischen Untertanen angetragen hatten. Die zeitgenössischen Historiker versichern, daß Friedrichs Frau, Elisabeth Stuart, die Tochter Jakobs I. von England, ihn aus Ehrgeiz gedrängt habe, König zu werden. Was ihre Enkelin Elisabeth Charlotte, die sich für Geschichte begeistert und alles weiß, was es über die Pfalz zu wissen gibt, entrüstet widerlegen wird. Ihre Großmutter ehrgeizig? Sie war viel zu oberflächlich, um so große Pläne zu hegen! Sie dachte nur daran, Komödien und Ballette zu sehen und Romane zu lesen! Wie dem auch sei, das Abenteuer nahm für Friedrich ein schlechtes Ende. In der Schlacht am Weißen Berg bei Prag vom Kaiser besiegt, mußte er mit seiner Familie nach Holland ins Exil gehen, verfolgt vom hartnäckigen Groll Ferdinands II., der ihn in die Reichsacht erklärte, ihm seinen Kurfürstentitel entzog, ihm seine Staaten wegnahm und sie seinem Verwandten und Rivalen, dem Herzog von Bayern, gab.

Der 1617 geborene Karl Ludwig erlangt das Ganze, Titel und Staaten, erst wieder im Westfälischen Frieden von 1648. Sein Vater ist sechzehn Jahre zuvor, immer noch in der Verbannung, gestorben. In der Zwischenzeit hat er selbst die unsichere Existenz der Exilfürsten kennengelernt, die genötigt sind, um die Gastfreundschaft der ausländischen Höfe zu betteln. 1639 finden wir ihn auf Befehl Richelieus als Gefangenen im Turm von Vincennes. Die Häscher des Kardinals haben ihn entführt, als er Frankreich in Richtung Elsaß durchquerte, wo der überraschende Tod des Herzogs von Sachsen-Weimar, Frankreichs Verbündeter gegen den Kaiser, eine herrenlose Armee zurückgelassen hatte, zur freien Verfügung des erstbesten, der sich ihrer bemächtigen würde. Der Plan des umherirrenden Pfälzers war einfach: die Führung dieser Armee zu übernehmen und mit ihr das Elsaß zu erobern, das er als Entschädigung für das ihm vom Kaiser weggenommene Erbland behalten wollte. Da Richelieu dies anders sah, wurde Karl Ludwig, bevor er seinen Plan ausführen konnte, festgenommen und hatte in Vincennes dann viel Zeit, über die Eitelkeit der Dinge dieser Welt nachzudenken. Dort tat er mehrmals den Ausspruch: »Ich gedulde mich wütend«, der seiner Tochter später so gefallen sollte.

Nach dem Frieden von 1648 verwendet er alle Kraft darauf, die vom Krieg verheerte Pfalz wiederaufzurichten und einen modernen, blühenden Staat daraus zu machen, der Gelehrten und Wissenschaftlern offensteht. Pufendorf widmet ihm 1660 sein erstes Werk, *Elementa jurisprudentiae universalis,* eine Ehrung, die er erwidert, indem er den ersten deutschen Lehrstuhl für Naturrecht und Völkerrecht an der Universität Heidelberg einrichtet, wo der große Jurist zehn Jahre lang lehren wird. Ebenso kümmert er sich um die Ausbildung seines Erben Prinz Karl, des ältesten Bruders von Liselotte, für den er 1654 als Hauslehrer Ezechiel Spanheim engagiert, einen bekannten Hellenisten und Latinisten, Numismatiker und Inhaber eines Lehrstuhls für Philosophie an der Akademie von Genf. Spanheim wird, vielleicht unter Pufendorfs Einfluß, bald ein Spezialist für internationales Recht, den sein Herr bei zahlreichen diplomatischen Missionen einsetzen wird.

Für seine Tochter dagegen hat der Kurfürst nicht den gleichen Ehrgeiz. »Macht keine gelehrte Frau aus ihr«, schreibt er seiner Schwester, der Herzogin Sophie, die fünf Jahre lang Liselotte die Mutter ersetzen wird. Er hätte hinzufügen können, daß es schon genug Gelehrte in der Familie gab. Sein Bruder Rupert, ein Original, betreibt in England physikalische und chemische Forschung: auf Grund seines eigenartigen Auftretens und

Sophie, Kurfürstin von Hannover.

weil ihm stets ein großer schwarzer Hund folgt, gilt er als Magier oder Hexer. Seine Schwester Luise Hollandine, zum Katholizismus übergetreten und Äbtissin von Maubuisson in Frankreich, ist ebenfalls eine Frau »von seltener Gelehrsamkeit«, wie ihre Zeitgenossen sagen.

Doch vor allem ist da seine andere Schwester, Elisabeth, deren Beispiel Liselotte versucht sein könnte zu folgen, wenn sie zuviel lernt, so fürchtet wohl Karl Ludwig. Elisabeth, die sich für Mathematik, Physik und Astronomie begeistert und eine glänzende Schülerin Descartes' ist – er sagte, sie allein sei imstande, alle seine Werke zu verstehen –, hat den polnischen König Wladislaw IV. abgewiesen, um sich ausschließlich ihren Studien zu widmen, und sich in die lutherische Abtei Hervorden zurückgezogen, wo sie als gute Wittelsbacherin Wissen anhäuft... und Absonderlichkeiten:

Sie nimmt ihren Nachttopf als Maske und stülpt ihn sich übers Gesicht mit den Worten: »Diese Maske hat keine Augen und stinkt!« Eines Tages schilt sie ihre Kammerfrau, als diese ihr ein Leibtuch bringt, das vorne ein Loch hat, und zwar an einer Stelle, die die Scham zu benennen verbietet: »Seid Ihr nicht die schmutzigsten und nachlässigsten Leute von der Welt, Ihr gebt mir da ein Leibtuch mit einem großen Tintenflecke!« Die Kammerfrau fing an zu lachen und sagte: »Madame legen nur die Hand auf den Tintenfleck, so werden Sie schon sehen, was für ein Flecken es ist.« Es kam sogar vor, daß sie sich anstatt auf den Nachtstuhl in den brennenden Kamin setzte. Sie wird ihre Tage im Zustand vollkommener Verwirrung beschließen.

Sophie von Hannover, die Jüngste der Familie, hat das Glück, dem Schicksal der Wittelsbacher zu entgehen: Sie ist durch und durch normal. Als ihr die Nichte Liselotte anvertraut wird, hat sie gerade den Herzog von Hannover geheiratet und noch keine Kinder. Sie gewinnt diesen lustigen, übermütigen Blondschopf sogleich lieb, den die Uneinigkeit seiner Eltern quasi zur Waise gemacht hat. Die Zuneigung ist gegenseitig; Liselotte überträgt die zärtlichen Regungen, die an der Gleichgültigkeit ihrer richtigen Mutter abgeprallt waren, auf die Tante. Als die Herzogin Sophie 1714 im ehrwürdigen Alter von vierundachtzig Jahren stirbt, wird man nicht wissen, wie man es ihrer Nichte beibringen soll, die durch die Nachricht in Verzweiflung gestürzt werden und einen ganzen Tag lang weinen wird, wenn sie den Ring erhält, den die Verstorbene ihr hinterläßt.

In Hannover beginnt ein anderes Leben. Elisabeth Charlotte wird bis ans Ende ihrer Tage eine strahlende Erinnerung an diese Zeit behalten, die entscheidend war für die Entwicklung ihrer Intelligenz und ihrer Sensibilität. Die Herzogin Sophie begnügt sich nicht mit einer untergeordneten Rolle neben ihrem Ehemann. Sie ist es, die Leibniz, den sie lebhaft bewundert, 1677 das Amt des Bibliothekars von Hannover anbietet, wo er alle Freiheit haben wird, seine persönlichen Arbeiten voranzutreiben. Zu diesem Zeitpunkt wird Liselotte Deutschland schon lange verlassen haben und am französischen Hof leben, doch der eifrige Briefwechsel, den sie mit ihrer Adoptivmutter unterhält, wird jener Gelegenheit geben, ihre Nichte mit der Begeisterung für den berühmten Philosophen anzustecken. Vierzig Jahre später wird Leibniz im Lauf eines brieflichen Austauschs mit Elisabeth Charlotte bewegt »die unvergleichliche Fürstin«, die »so geistvolle« Frau beschwören, die ihn einst nach Hannover berufen hatte.

Geistvoll und gelehrt, eine treue Leserin Montaignes, hat die junge Herzogin jedoch nichts von einem strengen Blaustrumpf. Ihre Wissenschaft ist fröhlich, ja frech. Auf der Rückkehr von einer Italienreise trifft sie Spanheim, den Erzieher und Botschafter, der in einer Mission für ihren Bruder nach Italien gereist war, und die beiden vertreiben sich unterwegs die Langeweile, indem sie Rabelais lesen. Montaigne, Rabelais – ihre Bücher stehen nicht nur in Elisabeth Charlottes Bibliothek an bevorzugter Stelle, sondern spielen auch in ihrem Leben eine Rolle (ihre Briefe zeigen es) und zeugen von dem Einfluß der Herzogin Sophie, auch wenn Liselotte während ihres Aufenthalts in Hannover natürlich zu jung war, um sich solche Lektüre vorzunehmen.

Die Erziehung, die sie von ihrer Tante und dem vortrefflichen Fräulein Uffeln, ihrer neuen Gouvernante, erhält, ist übrigens ein wenig eine Erziehung im Motaigneschen Sinn: frei, offen, so daß sie der Persönlichkeit des Kindes erlaubt, sich zu entfalten, anstatt sie unter Verboten zu erdrücken, die es nicht verstehen

Gottfried Wilhelm Leibniz am Hof der Kurfürstin Sophie von Hannover im Park des Herrenhauses; Kupferstich von Schule, 1976.

kann. Möglichst wenig körperliche Züchtigung und eine amüsierte Nachsicht für die Streiche eines pfiffigen kleinen Mädchens, das sich durch die Schliche der Erwachsenen nicht täuschen läßt. Bei der Geburt ihres Cousins Georg Ludwig hat man für sie – sie ist acht Jahre alt – eine Puppe in einen Rosmarinbusch gesetzt, eine poetische Variante des gemeinen französischen Kohlkopfs, damit sie glauben sollte, dies sei das Baby, das ihre Tante bekommen würde. Doch ein entsetzlicher Schrei aus dem Zimmer der Herzogin weckt Zweifel in ihr: »Das wollte sich nicht zum Kinde im Rosmarinstrauch schicken.« Sie nützt die allgemeine Unaufmerksamkeit aus, schlüpft in das Zimmer, kauert sich hinter einen Wandschirm beim Kamin, und da sieht sie das Kind, das eine Zofe vor das Feuer trägt, um es zu baden. So wollte man sie zum Narren halten! Sie hatte nur recht, den Großen zu mißtrauen! Ja, aber... und die Schläge? Ein wenig ängstlich kommt sie aus ihrem Versteck. Großzügig ließen der Herzog und die Herzogin »wegen des glücklichen Tages« Gnade walten, und man begnügte sich damit, sie auszuschelten.

Eine glückliche Kindheit inmitten einer Umgebung, die in ihr eine das ganze Leben lang währende Leseleidenschaft entfacht, in einem Haus, wo das Zeremoniell für sie auf ein Minimum reduziert wird. Wie wird sie später unter den Fesseln und Zwängen von Versailles leiden!

Die Herzogin Sophie will keine Hofpuppe aus ihr machen, sondern ein aufrechtes, freimütiges, zur Heuchelei unfähiges Mädchen, und sie wird nicht allzu ärgerlich, wenn Liselotte einmal gegen den Anstand verstößt. So als sie ihre Großmutter, die ehemalige Königin von Böhmen, Elisabeth Stuart, auf einer Reise nach Den Haag begleitet; der Besuch gilt Elisabeths Nichte, der »Kronprinzessin«, Witwe Wilhelms II. von Nassau, einer sehr stolzen und sich ihres Ranges sehr bewußten Person, die auf ihre ganze Familie herabsieht. Trotz der Ermahnungen von Tante Sophie wird Liselotte keine Torheit auslassen, angefangen damit, daß sie den Sohn der Betreffenden fragt: »Wer ist die Dame mit der großen Nase?« – es war natürlich die Kronprinzessin! –, um dann die Dame mit der großen Nase am Rock zu ziehen, damit sie ihren schönsten Knicks bewundere. Der Besuch endet mit dem triumphalen Abgang der jungen Heldin, die sich plötzlich erinnert, daß sie versprochen hatte, ihre Großmutter nicht zu verlassen, und zu ihr stürzt, indem sie sich vor die Kronprinzessin drängt, die sie um ein Haar überrannt hätte, und weiter vor ihr her gehend Schritt für Schritt der Königin von Böhmen bis zu ihrer Kutsche folgt. »Alle lachten, ich wußte nicht warum.« Jedes andere junge Mädchen hätte für so viele Verstöße gegen Anstand und Höflichkeit den Hintern versohlt bekommen. Doch die alte Königin und ihre Tochter, die Herzogin Sophie, fanden den Auftritt so komisch, daß sie beide schallend darüber lachten, und die Herzogin sagte zu ihr: »Lisette, Ihr habt's wohl gemacht, Ihr habt uns an der stolzen Prinzeß gerochen.«

Den Haag, Utrecht, Amsterdam, wo sie 1661 eine sehr angenehme Zeit verbringt: Holland ist ihr jetzt so vertraut wie ihrer Tante, die dort geboren ist und ihre ganze Jugend verbracht hat. Ebenso die niederländische Sprache, die sie fließend spricht und aus der sie in ihrer Korrespondenz oft Ausdrücke verwendet, so, als wolle sie einen Lebensabschnitt festhalten, den sie nie vergessen wird.

Schnell vergehen die Jahre zwischen Reisen, Studien, Besuchen bei der zahlreichen Verwandtschaft, die die Höfe der für die Reformation gewonnenen Länder bevölkert. Die Wittelsbach-Simmern haben wie die Braunschweig-Celle, von denen Herzog Ernst August abstammt, über einen großen Teil Europas verstreut

Brüder, Schwestern und mehr oder weniger entfernte Cousins, und in jeder Generation wird durch die Heiraten das Familiennetz etwas enger. Ein Bruder des Herzogs namens Johann Friedrich heiratet Benedicta, eine der drei Töchter von Anna Gonzaga. Ein anderer, Georg Wilhelm, wird seine einzige Tochter, Sophie Dorothea, mit seinem Cousin ersten Grades, Georg Ludwig von Hannover, dem Sohn Sophies und Ernst Augusts, verheiraten. In Zukunft wird man von Elisabeth Charlotte sagen können, was man von einer ihrer Tanten, der Fürstin von Tarent, geborene Amalie von Hessen-Kassel, Schwester der Kurfürstin Charlotte und der Königin von Dänemark, sagte: daß es genügte, sie zu sehen, um zu wissen, ob es in irgendeiner Fürstenfamilie Europas einen Trauerfall gäbe.

Doch in Hannover ist die Zeit der Trauerfälle noch nicht gekommen. Es ist die Zeit der Familienfeste, der fröhlichen Treffen unter Cousins, der Possen, die man selbst inszeniert. Man schminkt sich das Gesicht, um wie eine Leiche auszusehen, und spielt abends auf den Treppen des Schlosses Gespenst, um die Leute zu erschrecken, während man vor Angst zittert bei dem Gedanken, einem echten Gespenst zu begegnen, dem Geist eines Verstorbenen, der in dem Augenblick erschiene, da es zwölfmal zur Mitternacht schlägt. Leider hat kein Wittelsbacher, so wird gesagt, je das Glück gehabt, einen Geist zu sehen. Schade... Ach was, das hindert einen nicht daran, auf Kosten der Furchtsamen zu lachen, die man hinters Licht geführt hat. »Früher habe ich mehr als jeder andere gelacht«, wird sie fünfundzwanzig Jahre später schreiben. Und in einem Brief an eine ihrer Halbschwestern wird stehen: »Ich weiß nicht, ob Ihr Euch erinnert, wie lustig ich in meiner Jugend war.« Sie wird es bleiben, was sie auch immer sagen mag, wenn die Prüfungen ihren Optimismus untergraben haben.

Die erste dieser Prüfungen wird nicht lange auf sich warten lassen. Sie ist zwölf, als der Kurfürst von der Pfalz beschließt, sie wieder zu sich zu nehmen. Seine Verhältnisse sind durch die morganatische Ehe mit seiner Mätresse Luise von Degenfeld sozusagen wieder geordnet, nachdem Kurfürstin Charlotte schließlich nach Kassel zurückgekehrt ist; und das Heidelberger Schloß erlebt, wie die jungen Raugrafen – das ist ihr Titel – und ihre drei Schwestern, Caroline, Amalie und Luise, geboren werden und heranwachsen. Warum soll man nicht alle Kinder, die der verstoßenen Gemahlin und die der ehemaligen Hofdame, zusammen aufziehen? Übrigens fehlt nur Liselotte, denn ihr Bruder Karl war nicht von zu Hause weggegangen. In ihrem Alter ist es an der Zeit, daß sie wieder ihren Platz im Kreis der nächsten Verwandten findet.

Ein harter Schlag für sie, die verzweifelt ist darüber, sich von ihrer Adoptivfamilie losreißen zu müssen und von der lieben Jungfer Uffeln, die sich in Hannover niedergelassen hat und dort heiraten wird, von allem, was sie in diesen fünf Jahren kennengelernt und liebgewonnen hat. »Ich bin zu früh von Euer Liebden weggenommen worden!« Wie oft wird dieser Aufschrei des Herzens in ihren Briefen an die Herzogin Sophie zu lesen sein!

Als sie Hannover verläßt, kann sie nicht ahnen, daß ihre Freude, erneut bei ihrem Vater und ihrem Bruder Karl zu leben, zum Teil durch die aufdringliche Gegenwart der Degenfeld verdorben werden wird, die sie auf ausdrückliche Anordnung Karl Ludwigs »Madame« nennen und mit aller ihrem Rang gebührenden Achtung behandeln muß. Nicht daß sie ihre eigene Mutter vermißt; sie kannte sie ja kaum, und in Hannover hatte man sich gewiß nicht darum bemüht, daß sie sie in guter Erinnerung behielt. Aber das Getue der neuen Schloßherrin erträgt sie nur schlecht. Wenn die Kurfür-

Liselotte von der Pfalz;
nach einem Gemälde von Jan Weenix.

stin Charlotte an ihre Tochter schreibt, muß der Brief, der zuerst durch die Hände Karl Ludwigs geht, anschließend die Degenfeld passieren, bevor er schließlich der Adressatin ausgehändigt wird. Wie sollte man sich da nicht der Zeit erinnern, da die Hofdame sich mit dem »kleinen Holzhaus vor dem ersten Pavillon« begnügen mußte?

Der Kurfürst selbst ist mit den Jahren nicht besser geworden. Er hatte immer einen schwierigen, aufbrausenden Charakter, und sein »unbesonnener Stolz« hatte seinen treuen Botschafter Spanheim mehr als einmal genötigt, gegenüber ausländischen Fürsten für die Launen seines jähzornigen Herrn geradezustehen. Hinzu kommt nun, da er alt wird, eine krankhafte Eifersucht auf seine zweite Frau, die viel jünger ist als er. Das führt zu peinlichen Szenen, in die er Liselotte mit hineinzieht, ohne zu ahnen, was er ihr damit antut. Da Karl Moritz, der jüngste Sohn der Degenfeld, mit einem schwarzumrandeten Auge auf die Welt gekommen war, bildete er sich ein, daß das Kind diese Eigentümlichkeit von einem gewissen blinden Oberst hätte, einem Freund des Hauses, dessen leere Augenhöhle mit einer schwarzen Binde bedeckt war. Sollte »Madame« diesen Oberst zu oft angeschaut haben? Er rief seine Tochter und zeigte ihr das Baby: »Liselotte, seht dies Aug! Ist es nicht wie das Pflaster von Eurem guten Freund, dem Obersten Webenheim?« Sie fing an zu lachen: »Ach nein, Ihro Gnaden, ich sehe wohl, was es ist!« »Sacrement, was ist es denn?«

Und das Mädchen erinnert ihn daran, daß Ihro Gnaden, als »Madame« mit Karl Moritz schwanger war, ihr aus Versehen mit einer jähen Handbewegung einen so heftigen Stoß ins Auge versetzt hatte, daß es noch den ganzen nächsten Tag schwarz gewesen war. »Mein Gott«, sagt der Kurfürst, »Liselotte, wie soulagiert Ihr mich, Euch dieses zu erinnern! Um Gottes willen, sagt's der Madame nicht!« Seltsame Unterhaltung zwischen Vater und Tochter...

Die Zuneigung, die sie ihm entgegenbringt, scheint indessen unter der schiefen Situation, in der sie leben muß, nicht gelitten zu haben. An ihren Halbbrüdern und -schwestern hängt sie genauso wie an ihrem ältesten Bruder Karl. »Das ist das Blut«, wird sie naiv erklären und hinzufügen: »Ich habe eine solche Achtung vor Seiner Hoheit, unserem Vater, daß ich alle liebe, die seine Kinder sind.«

Es ist nicht sicher, ob Karl Ludwig so viel kindliche Liebe richtig gewürdigt hat. Er ist nicht besonders rücksichtsvoll zu seiner Liselotte, die allzuoft die nachsichtige Zärtlichkeit von Tante Sophie vermissen muß. Eines Tages hatte er sie in seiner Karosse mitgenommen, als er einen Gesandten des Kaisers von Mannheim nach Heidelberg begleitete. Eine Unebenheit des Weges, vielleicht auch eine ruckartige Bewegung von ihr, und sie fällt dem hohen Herrn in den Schoß. Mager und leicht, wie sie damals war, tat sie ihm bestimmt nicht sehr weh. Doch der Kurfürst verstand keinen Spaß, wenn es um schickliches Benehmen ging, und sie wurde streng getadelt.

Er hätte sich, wenn er wünschte, daß sie ein untadeliges junges Mädchen würde, damit begnügen können, ihre angeborene Ausgelassenheit zu zügeln, und sei es um den Preis äußerster Strenge. Aber was bewog ihn dazu, ihr einzureden, daß sie häßlich sei? Eine unbewußte Rache an der Kurfürstin Charlotte, die den Kult um ihre Schönheit bis zum Narzißmus trieb? Der ebenso obskure Wunsch, das Mädchen möge in nichts der Mutter gleichen? Jedenfalls verblüfft die Ungeschicklichkeit dieses Vaters, der sich über die unregelmäßigen Züge einer Heranwachsenden im Backfischalter lustig macht, indem er von ihrem Bärenkatzenaffengesicht spricht. Ihr ganzes Leben lang wird sie sich und den anderen einreden, sie sei häßlich, und fast böse werden, wenn ihr versichert wird, sie sei in ihrer Jugend hübsch gewesen. Nein. Ihr Vater hat gesagt, sie sei häßlich, also ist sie häßlich!

Im übrigen ist es ihr egal, ob sie häßlich ist. Zumindest behauptet sie das. Mit einer Überzeugungskraft, die verdächtig ist. Sie besteht so hartnäckig darauf, daß man eine geheime, tief in den Kindheitserinnerungen vergrabene Wunde ahnt. Es ist eine Möglichkeit, sich vom Bild der Mutter zu befreien, sie zu leugnen, indem alle Ähnlichkeit mit ihr abgestritten wird. Die Kurfürstin schminkte sich maßlos und verbrachte Stunden vor dem Spiegel. Die Tochter stellt stolz einen von Wind und Wetter gebräunten Teint zur Schau und zieht das erstbeste Kleidungsstück an, das ihr unter die Finger kommt.

Unter diesen Umständen erstaunt es nicht, daß sie bedauerte, ein Mädchen zu sein. So sehr, daß sie es machen wollte »wie Marie Germain«, von deren Verwandlung Montaigne berichtet – Herzogin Sophie muß ihr davon erzählt haben: Marie Germain war so hoch Seil gesprungen, daß sie sich in einen Jungen verwandelt hatte! Sie versuchte, es nachzumachen, auf die Gefahr hin, sich den Hals zu brechen. Wenn sie ein Junge wäre, erlaubte ihr der Vater, zu jagen und zu reiten, aber ihr verweigert er es, und sie hätte keine dumme Gouvernante, wie diese Kolb, die so oft ausruft: »Es geht nirgends wunderlicher her, als in der Welt.« Sie wäre wie ihr Bruder Karl Zögling von Ezechiel Spanheim, der so viel weiß.

Zum Glück nehmen Karl und sie gemeinsam die Mahlzeiten ein und vertreiben sich gemeinsam die Zeit, unter der Aufsicht des Hauslehrers und der Gouvernante (die trotz der Dummheit des Fräuleins schließlich heiraten werden), und sie nützt das Interesse, das Spanheim ihr entgegenbringt, um sich in die Numismatik einweihen zu lassen. Unter seiner Anleitung wird sie eine begeisterte Sammlerin von alten Münzen und Medaillen.

Alles in allem ist das Leben in Heidelberg nicht unangenehm. Sie verschlingt weiterhin Bücher, sie studiert die Lebensweise der Tiere – sie liebt die Tiere, alle, und züchtet sogar Schlangen in Glaskästen, die sie vor die Fenster ihres Zimmers stellt –, sie macht endlose Spaziergänge aufs Land. Die Bauern kennen sie; sie mögen die Einfachheit dieses jungen Mädchens, das sie dabei überraschen, wie es lesend auf einem Baumstamm am Wasser sitzt, und das ungeniert mit ihnen plaudert. Auch ihr macht es großes Vergnügen. Und was für eine schöne Stadt, dieses Heidelberg, mit seinen Störchen auf den Dächern, welch herrliches Pfälzer Land! Die Luft ist hier so rein, daß man über hundert Jahre alt werden kann, die Bachforellen sind besser als anderswo, und selbst die Butter hat einen unvergleichlichen Geschmack. Je mehr Jahre vergehen, desto weniger hat sie Lust, die Pfalz zu verlassen. Im Land zu bleiben, mit den Ihren zu leben, das ist ihr größter Wunsch.

Die Staatsraison aber hat anders entschieden. Als sie sich an einem düsteren Novembertag in Straßburg von ihrem Vater verabschiedet, schluchzt sie ebenso sehr über ihre verlorene Pfalz wie über ihre Familie. Eine ganze Nacht lang schluchzt sie in ihrer Karosse und heult wie ein gefangenes Tier, das man seinem Wald entrissen hat. In Châlons kann sie gerade noch die Tränen trocknen; ein kleiner brünetter, rundlicher Mann mit ansprechendem Gesicht kommt auf sie zu: Monsieur, der Bruder des Sonnenkönigs, ihr zukünftiger Gemahl.

4

»Der beste Mensch der Welt«

»Er war ein kleiner untersetzter Mann, der wie auf Stelzen ging, so hoch waren seine Schuhe, stets herausgeputzt wie eine Frau, über und über voller Ringe, Armbänder, Geschmeide, mit einer ganz nach vorn gebreiteten, schwarzen und gepuderten Perücke und Schleifen überall, wo er sie anbringen konnte.«

Diese Karikatur, die der Herzog von Saint-Simon in seinen *Memoiren* zeichnet, ist nicht übertrieben. Wo ist der anmutige Jüngling, der die Zierde der höfischen Ballette war und die Bewunderung der Damen erregte? Mit zweiunddreißig Jahren hat der von den ausschweifenden Tafelfreuden aufgedunsene und mit Firlefanz behängte Philipp auf seinen zu hohen Absätzen das lächerliche Aussehen eines gealterten jungen Mannes, der glaubt, er könne den Lauf der Zeit aufhalten, indem er die Launen der Mode übertreibt.

Doch das Gesicht ist schön und anmutig geblieben mit seinen großen schwarzen Augen, einem wohlgezeichneten Mund, der langen geraden Nase. Wenn Elisabeth Charlotte auch einen Moment lang überrascht gewesen sein mag beim Anblick dieses Gatten, dem, wie sie kurz darauf sagen wird, keines seiner Bildnisse glich, so scheint sie doch seinen Kleidungsticks keine große Bedeutung beigemessen zu haben. Ist es letztlich nicht besser, anstatt einem widerwärtigen Greis ausgeliefert zu werden wie so viele junge Mädchen ihres Alters, die Gefährtin eines eleganten, gepflegten (und sei es im Übermaß) Mannes zu sein, der nur zwölf Jahre älter ist als sie? Wenn er sie nur nicht zwingt, dasselbe wie er zu tun, nämlich Stunden vor dem Spiegel zu verbringen...

Ohne daß er so weit gegangen wäre, bemühte sich Philipp jedoch in der ersten Zeit, der jungen Deutschen, deren etwas bäurische Frische am französischen Hof unpassend wirkte, die Anfangsgründe der Koketterie beizubringen. Das ist seine Art, Interesse an ihr zu bekunden, die ungezwungene und oberflächliche Nettigkeit zu zeigen, die er an jeden beliebigen verschwendet. Und er mag so gern, wenn alles um ihn schön ist, er versteht sich so gut »auf die Auswahl der Kleidung« und auf »all die Zierden, die die Kunst hervorhebt«! Geduldig macht er sich daran, sie zu verwandeln, läßt ihr Locken drehen, überwacht persönlich die Anprobe ihrer Kleider, wobei er hier eine Spitzenmanschette zurechtzupft, dort einen Diamantknopf befestigt. Ohne Erfolg. Elisabeth Charlotte ist prinzipiell unzugänglich für all diese Nichtigkeiten. Wenn sie ihm zu Gefallen sich einmal der Mode unterwirft, kann sie sich nicht verkneifen, in ihren Briefen darüber zu scherzen (»wie würden Euer Liebden dann lachen, wenn sie mich mit den dinde-touffetten sehen sollten!«) und Monsieur mit Heinrich III. zu vergleichen, der sich um Königin Louise bemühte in der vergeblichen Hoffnung, sie möge seine Vorliebe für Luxus und Eleganz teilen.

Es kommt aber auch vor, daß sie die Verschönerungsversuche ihres Mannes entschieden zurückweist, der, »stets voll von aller Art Parfüm«, ein Meister der Schönheitspflege ist und angeblich das Strahlen seines Teints durch eine unauffällige Schicht Schminke verstärkt. An dem Tag, als Monsieur ihr »weißen Balsam« aufs Gesicht auftragen wollte – eine Wundercreme auf Weingeistbasis, unfehlbar gegen Falten! –, lehnte sie kategorisch ab: »Will lieber sein mit meinen Runtzellen, als weiße Sachen auf mein Gesicht schmieren.« Verdutzt nahm Philipp seinen weißen Balsam wieder mit und bestand nicht weiter darauf.

Wenn Elisabeth Charlotte auch nicht immer die Form der Aufmerksamkeiten ihres Gemahls schätzt, so rührt sie doch sein guter Wille. Er hat zwar keine »Neigung zu Frauen«, aber könnte er nicht Freundschaft, vielleicht sogar Zärtlichkeit für sie empfinden? Ein Brief vom Dezember 1672 an die Herzogin Sophie von Hannover bringt die kindlichen Illusionen der jungen Ehefrau zum Ausdruck: »Ich sage nur dieses, daß Monsieur der beste Mensch von der Welt ist. Wir vertragen uns auch gar wohl.«

Der beste Mann der Welt wäre zweifellos sehr erstaunt gewesen über diese Bezeichnung. Und was das Vertragen anbetrifft... Das zeitlich nächste Zeugnis über die Anfänge ihres gemeinsamen Lebens wird uns von Spanheim überliefert, dem ehemaligen Hofmeister von Madames Bruder, jetzt außerordentlicher Gesandter des Kurfürsten von Brandenburg bei Ludwig XIV. Spanheim, der 1680 an den Hof kommt und die vorangehenden Jahre also nur vom Hörensagen kennt, drückt sich zweideutig aus. Nach einer diskreten Anspielung auf die »Neigung zu Intrige und Galanterie« von Henriette-Anne von England, der ersten Madame, versichert er: »Monsieur fiel es nicht schwer, mit dem Verhalten und den Gefühlen seiner neuen Gemahlin zufriedener zu sein...« Eine sehr »diplomatische« Formulierung, die offensichtlich der Wahrheit entspricht. Aber sie bringt uns kaum weiter, was die innersten Gefühle Monsieurs für Madame angeht.

Es wäre ein Wunder gewesen, wenn das Glück zwischen diesen beiden so ungleichen, von der Staatsraison künstlich vereinigten Menschen nicht flüchtig gewesen wäre und sich nicht bald in eine schwierige Koexistenz verwandelt hätte. Monsieur lebt nur für Feste, Gesellschaft, mondäne Vergnügungen, verabscheut das Reiten, macht sich nichts aus der Jagd und liest nie eine Zeile. Madame fühlt sich nur in einem kleinen Kreis treuer Freunde wohl, reitet täglich, geht acht oder zehn Stunden hintereinander auf Hirschjagd und widmet den Rest ihrer Zeit ihren beiden anderen Leidenschaften, den Büchern und den Briefen. Wer hätte das gedacht? Das ernste junge Mädchen, das der schöngeistigen Literatur belehrende Werke vorzog, ist zur Romanleserin geworden und vertieft sich in endlose Folgen heroisch-sentimentaler Abenteuer. Von den berühmtesten – *Asträa, Clelia,* den zwölf Bänden von *Kleopatra* oder *Pharamund,* den zehn vom *Großen Kyros* oder von *Kassandra* – bis zu den weniger bekannten wie *Tarcis und Celia* (sechs Bände), *Caloandro, Lysander und Calixtus, Der Roman der Romane* liest sie die ganze Produktion der letzten dreißig Jahre. Um welche uneingestandenen Wünsche, welche Träume zu kompensieren?

Dieser Lesehunger hindert sie nicht daran, eine Korrespondenz fortzuführen, mit der sie schon in frühester Jugend, nach ihrer Rückkehr von Hannover nach Heidelberg, begonnen hatte. Briefe an die Herzogin Sophie, an die ehemalige Hofmeisterin Jungfer Uffeln (die einen Herrn von Harling geheiratet hat und in Osnabrück lebt); es sind noch nicht zehn Briefe täglich, jeder von zwanzig bis dreißig Seiten, mit denen sie Verwandte und Freunde überschütten wird; doch man kann sie sich bereits vorstellen, wie Saint-Simon sie in seinen *Memoiren* schildert: zurückgezogen in ihrem Arbeitszimmer, während Monsieur, der sein eigenes Leben führt, »sie gewähren ließ [. . .], ohne sich um sie zu kümmern, mit der er fast nie allein war«.

Jeder anderen Zerstreuung, Musik, Tanz, Theater, zieht Monsieur das Spiel vor. Das Spiel ist seine Droge, ist sein Leben. Wo er sich auch aufhält, in Saint-Germain, Fontainebleau oder Versailles bei Hofe, zu Hause in Saint-Cloud oder im Schloß Frémont, dem Besitz des Chevalier de Lorraine, der oft »alle großen Spieler« dorthin einlädt – er sitzt immer vor einem Spieltisch. Alles ist ihm recht: Lomber, Reversi, Hoca, selbst das schreckliche Bassett, ein echtes Gaunerspiel; Colbert wird dem Polizeikommandanten de la Reynie befehlen, es aus Paris auszurotten: »Man verbanne für immer ein Spiel, das geeignet ist, Familien zu ruinieren und viel Unordnung zu verursachen!« La Reynie gehorcht, in Paris regnet es Strafen auf die Bassettspieler, und Colbert freut sich: »Seine Majestät ist überzeugt, daß dieses Beispiel seine Wirkung tun wird.« Wohingegen unter den Augen Seiner Majestät der eigene Bruder munter sein Vermögen verliert und notfalls nicht zögert, all seine Juwelen zu verpfänden, um weiterspielen zu können.

Wie sollte Elisabeth Charlotte da mithalten können? Ihr Gemahl, der für sich und seine Lieblinge das Geld mit vollen Händen ausgibt, läßt sie ohne alle Mittel. Kurz nach der Hochzeit wollte der König ihr daher 2000 Pistolen schenken, falls sie Lust hätte zu spielen. In einer seiner wunderlichen Launen überzeugte ihn Philipp, daß 1000 Pistolen genügten und daß die andere Hälfte der Summe für die junge Marie-Louise wäre, die älteste seiner Töchter aus erster Ehe. Worauf er, sehr zufrieden mit sich, alles Elisabeth Charlotte erzählte, um sie zu kränken. Madame nahm es lachend auf, verlor an einem Abend die 1000 Pistolen des Königs und 600 Louisdor, die sie gar nicht hatte, und schwor, daß ihr das nicht wieder passieren würde. So viel Geld zu verschleudern um des Vergnügens willen, stundenlang mitten im Tumult der Spieler, die ihre Ansagen herausschreien, in einem Zimmer eingesperrt zu bleiben: ohne sie! Monsieur behauptet übrigens, daß

Philipp I., Herzog von Orléans, ›Monsieur‹; Gemälde von Wallerand Vaillant.

die Anwesenheit seiner Frau ihm Unglück bringe... Ohne Bedauern überläßt sie ihn seinen Karten.

Philipp und Elisabeth Charlotte oder die ungleichen Neigungen. Und die ungleichen Charaktere. Der eine ist schüchtern, schwach, intrigant und sät gern Zwist unter seinen Nächsten, ist jedoch tolerant, leutselig und stets von vollendeter Höflichkeit. Die andere ist aufrichtig und mutig, von Grund auf gut, aber schroff und eigensinnig und im Gespräch von einer Unverblümtheit und Urwüchsigkeit, daß sich ihre Umgebung mehr als einmal vor den Kopf gestoßen fühlt. So viele Gegensätze mußten die Verbindung auf die Dauer scheitern lassen.

Allein die körperliche Lust hätte sie vereinen können. Philipp vollzieht zwar ab und zu seine eheliche Pflicht, doch ist es eben eine Pflicht, um nicht zu sagen eine Fron. Er muß sie erfüllt haben, ohne sich im geringsten darum zu kümmern, ob er die Sinnlichkeit seiner Partnerin weckte, was ihn freilich in Verlegenheit gebracht hätte. Das wenige, das Madames Briefe von ihrem Intimleben berichten, zeugt von vollkommener Gleichgültigkeit, manchmal sogar von einer richtigen Abneigung gegen körperliche Liebe. »Sie waren nie wirklich verheiratet«, wird ihre beste Freundin sehr richtig bemerken, wenn sich die Damen im Alter an ihr eheliches Leben erinnern. Frigide? Nichts läßt darauf schließen: Sie hätte ein außergewöhnliches Temperament oder außereheliche Erfahrungen gebraucht, um von der Liebe nicht zu sprechen wie ein Blinder von der Farbe. Im übrigen erträgt Elisabeth ergeben ihr Schicksal; sie ist die typische Ehefrau des 17. Jahrhunderts: Ohne jedes Bewußtsein ihrer eigenen Sexualität erfüllt sie mit derselben Gleichmut übermäßige Ansprüche oder lebt in der Kälte.

Doch sie kann nicht umhin zu lachen, als Philipp, fromm bis zur Bigotterie, versucht, sich mit Hilfe der Religion von seiner Schwäche zu kurieren.

»Er brachte immer ein Chapelet [Rosenkranz] ins Bette mit vielen Medaillen behängt, das betete er an, ehe er einschlief. Nachdem das aus war, hörte ich ein groß Gerassel von den Medaillen, als wenn er sie unter der Decke herumführte. Ich sagte: Gott verzeih mir, aber mich dünkt, Sie bringen Ihre Reliquien und Marienbilder in ein Land, das ihnen unbekannt ist. Monsieur antwortete: Schweigen Sie, schlafen Sie. Sie wissen nicht, was Sie sagen.«

Entschlossen, es wissen zu wollen, stellt sie eines Nachts das Licht so, daß es das ganze Bett beleuchtet, und schlägt plötzlich die Decke zurück: »Jetzt können Sie es nicht mehr leugnen!« Da erklärt ihr Monsieur, daß die Hugenotten zwar nicht an Reliquien glauben, die Katholiken aber alle wissen, daß Reliquien und Marienbilder einen wohltätigen Einfluß auf die Körperteile ausüben, die von ihnen berührt werden. Schallendes Gelächter von Elisabeth Charlotte: arme Jungfrau Maria! Sonderbare Art, sie zu ehren, indem man ihr Bild an die Körperteile hält, die dazu bestimmt sind, die Jungfräulichkeit zu nehmen! Er lacht auch und sagt: »Ich bitte Sie, sprechen Sie mit niemandem darüber.«

Philipp nahm sich nicht die Zeit, seine Medaillen zu benutzen. Ende des Jahres 1676, kurz nach der Geburt des dritten Kindes, meint er, seinen guten Willen genügend bewiesen zu haben, und schlägt vor, von nun an in getrennten Schlafzimmern zu schlafen. Unmöglich, nein zu sagen. Beklagte sich Monsieur nicht seit langem, schlecht zu ruhen, wenn er nicht allein schlief? Dick, wie er war und auf seine Bequemlichkeit bedacht, brauchte er ohnehin den ganzen Platz für sich! Elisabeth Charlotte hatte schon mehrmals die Nacht neben dem Bett verbracht, nachdem Monsieur sie, ohne es zu merken, an den Rand gedrängt hatte. Man entschied sich also für getrennte Zimmer...

Viel später wird sie ein Scherz über ihre erzwungene Keuschheit hinwegtrösten: »Wenn man Jungfer wieder kann werden, nachdem man in neunzehn Jahren nicht bei sein Mann geschlafen hat, so bin ich es gar gewiß wieder!« Es verstand sich von selbst, daß sie genausowenig mit einem anderen Mann schlafen würde. Zu rechtschaffen, zu stolz auch, um Trost in der »Galanterie« zu suchen, lebt Elisabeth Charlotte von nun an wie eine sittsame junge Witwe, entsprechend der strengen Moral ihrer Zeit, für die »diese Dinge« es nicht wert sind, daß man ihnen seinen Ruf opfert oder die Achtung, die man sich selbst schuldet.

Ihr Intimleben mag noch so sehr beendet sein, die Vitalität ihrer fünfundzwanzig Jahre und die glückliche Ausgeglichenheit ihres Charakters bewahren sie davor, in Melancholie zu versinken – oder in Frömmelei. Ihr

Bedürfnis nach Zuneigung richtet sich ganz natürlich zunächst auf ihre Kinder, die sie mit ungezähmtem Instinkt liebt wie eine Löwin ihre Jungen und über die sie in einem Ton barscher Zärtlichkeit spricht, der für sie charakteristisch ist. Ihre gerade geborene Tochter ist »fett wie eine gestopfte Gans«; ihr Sohn, dessen Horoskop voraussagt, daß er einmal Papst werden wird (!), ist bereits so unerträglich, daß sie ihn eher als »Antichrist« sieht; und welche große Dame des 17. Jahrhunderts würde sich getrauen, von dem Kind, das sie zur Welt bringen wird, zu sagen: »Wann aber dieses Ei einmal ausgebrühet wird sein...«? Ausdruck einer tiefen Liebe, die sich der verdummenden Rührung verweigert und sich hinter möglichst ungezwungenen Worten versteckt.

Schon bevor sie selbst Mutter wurde, hatte Elisabeth durch die beiden Töchter Monsieurs ihre mütterlichen Gefühle entdeckt. Vor allem zur jüngsten, Anne-Marie, die bei der Wiederverheiratung ihres Vaters erst zwei Jahre alt war und die sie sofort in ihr Herz schloß, als sei sie ihre eigene Tochter. Die ältere, Marie-Louise, die fast zehn Jahre alt ist, hat sie eher als kleine Schwester betrachtet, mit der sie die Freuden und Spiele der Kindheit wiederentdeckt. Jung, fröhlich, warmherzig, hat Madame nichts von der klassischen »Stiefmutter«, für die die Gesellschaft und die Literatur der Zeit so viele traurige Beispiele bieten. Ihre Stieftöchter, von denen die eine Königin von Spanien und die andere Herzogin von Savoyen wird, bewahren ihr eine treue Zuneigung; so gut hatte sie es verstanden, ihnen die Mutter zu ersetzen.

Doch welche Freude bei der Geburt ihres ersten eigenen Kindes im Juni 1673, eines Jungen, der so groß und stark ist, daß er »eher einem Teutschen und Westfälinger gleich sieht als einem Franzosen«! Sie vergißt alles, die Monate erzwungener Ruhe ohne Jagd und

Elisabeth Charlotte, Herzogin von Orléans, ›Madame‹; Gemälde eines unbekannten zeitgenössischen Künstlers.

Spaziergänge, die Kämpfe mit den Ärzten, die sie zur Ader lassen wollen (im sechsten Monat, »um das Blut zu kräftigen«, im neunten, »um die Niederkunft zu erleichtern«), und sogar die sechzehn Stunden des abschließenden Martyriums, in denen sie so gelitten hat, daß sie glaubte, den Verstand zu verlieren. Der König, der – so schrieb es das Zeremoniell vor – bei der Entbindung zugegen war, bezeugte ihr tausendfach seine Freundschaft, und Monsieur ist ganz stolz, einen Sohn zu haben, ein schönes, »frisches und gesundes« Kind, das seinem Haus den Fortbestand sichert. Leider stirbt der kleine Alexander, bevor er sein drittes Lebensjahr beendet hat. In ihrer Verzweiflung klagt Elisabeth Charlotte die eingebildeten und unwissenden Ärzte an: Sie haben ihn getötet, so sicher, »als hätten sie ihm mit der Pistole in den Kopf geschossen«. Man könnte meinen, sie habe es vorausgeahnt, als sie Frau von Harling (Jungfer Uffeln) schrieb: »So wollt ich, daß ichs Euch auf der Post nach Osnabrück schicken könnte [...] hier ist kein Kind sicher.«

Wegen ihrer Kinder lebte Madame in Angst und Schrecken vor den Quacksalbern des Hofes. Fünf der sechs Kinder des Königs waren durch die Schuld der Ärzte gestorben. Als die kleine Prinzessin Marie-Thérèse, die noch keine fünf Jahre alt war, von Krämpfen geschüttelt wurde, haben sie ihr ein Kauterium verabreicht, wie um sie schneller umzubringen. Elisabeth Charlotte stand dabei, in Tränen, neben dem König, der ebenfalls weinte: Das arme Kind lag im Todeskampf, und das Kauterium hatte ihm den Mund ganz verzogen, so daß er fast in der Mitte der linken Wange war. So konnte sie fast nicht mehr sprechen, selbst wenn ein Krampf ihren Mund wieder zurechtgerückt hätte.

Wahrlich, »man hält hier eine wunderliche Anstalt mit den Kindern«! Wenn sie doch nur die Ihren nach Deutschland schicken könnte... »Ich bin sicher, daß sie da nicht sterben würden.« Und nach dem Tod des kleinen Alexander der verzweifelte Schluß: Die Kinder »kommen einem gar zu sauer an. Und wenn sie denn nur noch leben blieben, dann wäre es noch eine Sache, allein wenn man sie sterben sieht, als wie ich das traurige Exempel dies Jahr experimentiert, dann ist wahrlich keine Lust darbei.«

Ihre anderen beiden Kinder, die ohne viel Phantasie Philipp und Elisabeth Charlotte getauft wurden, entgehen zum Glück dem Irrsinn des Kauteriums, der Abführmittel und der Aderlässe. Das reizende, um 1678 von Mignard gemalte Bild zeigt sie schlank und anmutig, die beiden Kleinen lächelnd neben ihr. Der Junge, der so brav aussieht, ist der Schlingel, von dem sie, als er gerade geboren war, sagte, sie fürchte, dieser

Schelm sei der Antichrist. Vierzig Jahre später wird er Regent sein, was in mancher Leute Augen fast auf dasselbe herauskommt... Auch er hat der Mutter sehr früh große Sorgen gemacht: Im Alter von vier Jahren hätte ihn fast ein »Schlaganfall« dahingerafft. Bussy-Rabutin, der Cousin von Madame de Sévigné, behauptet, daß Madame in ihrem wahnsinnigen Schmerz damals vorgehabt hätte, sich umzubringen. Eine willkürliche Behauptung. Selbst wenn ihr Gottvertrauen und ihre Ergebung in den Willen der Vorsehung sie nicht davon abgehalten hätten, so würde sie doch nie ihre Tochter im Stich gelassen haben, die sie zärtlich liebte und von der sich zu trennen ihr so schwerfallen wird, wenn die junge Elisabeth Charlotte weggeht, um den Herzog von Lothringen zu heiraten. Was wäre aus diesem Mädchen geworden, allein und dem verheerenden Einfluß der väterlichen Umgebung ausgesetzt? Nicht daß Monsieur seine Kinder nicht liebte oder sich nicht für sie interessierte. Aber welche Erziehung würde er ihnen geben, sorglos und genußsüchtig, wie er ist? Welche Vorbilder würden sie in dem verderbten Milieu finden, außerhalb dessen er nicht leben kann? Madame hat nicht lange gebraucht, um die Freunde ihres Mannes richtig einzuschätzen.

Elisabeth Charlotte war seit drei Monaten verheiratet, als der König sein Versprechen, das er seinem Bruder gegeben hatte, einlöste und ihm den Chevalier de Lorraine aus Rom zurückholte, wohin die erste Madame ihn hatte verbannen lassen. Als wäre nichts geschehen, nahm der Chevalier seinen Platz wieder ein, den des unumschränkten Gebieters: prächtige Gemächer in Saint-Cloud und im Palais-Royal, Pensionen und Geschenke, Einnahmen aus vier der schönsten Abteien Frankreichs, eigenmächtig erhobene Schmiergelder für alle bei Monsieur getätigten Geschäfte. Um den Chevalier kreist als unzertrennlicher Satellit der

Marquis d'Effiat, einst wie er in die Vergiftung Henriette-Annes verwickelt und genauso korrupt wie er. Als einige Jahre später der Schatzkanzler Monsieurs entlassen werden soll, weil er sich in einem Finanzskandal kompromittiert hat, wird der Herzog von Tonnerre, Monsieurs erster Kammerjunker, sagen: »Er braucht nur dem Marquis d'Effiat 50000 Taler, dem Chevalier de Lorraine 100000 Taler und Monsieur 100 Taler zu geben, und die Sache ist erledigt«, oder, anders ausgedrückt, die Akte wird geschlossen.

Das Palais Royal in Paris; Radierung, um 1820.

Der Kampf gegen Lorraine und Effiat war von vornherein verloren. Elisabeth Charlotte setzt nichts aufs Spiel und hält ihrem Gatten nur vor, daß er Sinn und Verstand verliert, sobald es um seinen Günstling geht: »Aus Gefälligkeit gegen den Chevalier de Lorraine steckt Ihr Euren Verstand in die Tasche und sperrt ihn so gut ein, daß er sich nicht zeigen kann!« Monsieur, der gar nicht so dumm ist, gibt es zu... und läßt nur um so schlimmer mit sich umspringen. Dreißig Jahre lang muß Madame zusätzlich zu den zahlreichen Lie-

beleien mit hübschen Pagen oder kräftigen Dienern diese offizielle vom König sanktionierte Liaison erdulden, denn um sich seinen Bruder gefügig zu machen, überschüttet der König den unersättlichen Lorraine mit Gunstbezeigungen und Gratifikationen.

Nichts kann sie dafür aber hindern, gegen die Untergebenen vorzugehen – Purnon, der Haushofmeister, der im Verdacht steht, Henriette-Anne vergiftet zu haben, wird unter dem Vorwand der Veruntreuung rasch entlassen werden – und sich gegen jenes »Weiberregiment« zu wehren, »das in der Mehrzahl böse und fast durchweg mehr als böse« ist. Die fürchterliche Madame de Fiennes, deren Mann Philipps Stallmeister ist, Mätresse des Marquis d'Effiat, nachdem sie zuvor die des Chevalier de Lorraine gewesen war, merkt als eine der ersten, daß die kleine Pfälzerin kein Verständnis dafür hat, daß man ihr nicht den gebührenden Respekt erweist. Kaum verheiratet, nahm Elisabeth Charlotte, die Madame de Fiennes über den König, Monsieur und den ganzen Hof spotten gehört hatte, diese beiseite und stellte mit ein paar Sätzen die Dinge klar:

»Ihr habt viel Geist, doch Ihr habt eine Art zu sprechen, mit der sich der König und Monsieur abfinden, weil sie daran gewöhnt sind. Mir, die ich eben erst gekommen bin, widerstrebt sie, und ich ärgere mich, wenn man sich über mich lustig macht. Deshalb wollte ich Euch einen kleinen Rat geben. Wenn Ihr mich verschont, werden wir sehr gut miteinander auskommen. Wenn Ihr mich so behandelt wie die anderen, werde ich nichts sagen und mich bei Eurem Gemahl beklagen; und wenn er Euch nicht zurechtweist, werde ich ihn entlassen.« Einige Zeit später wundert sich Monsieur seiner Frau gegenüber, daß die schreckliche Madame de Fiennes sie in Frieden läßt. »Was wollen Sie«, erwidert Madame mit Unschuldsmiene, »sie liebt mich eben!«

Weniger erfolgreich ist sie bei Elisabeth de Grancey, der an den Chevalier de Lorraine weitergereichten ehemaligen Mätresse von Monsieur, die keinen Mann hat, der sie zurechtweisen könnte, und sich alle Dreistigkeiten erlaubt, wobei sie keine Gelegenheit ausläßt, zum Spaß zwischen Monsieur und Madame Streit zu säen. Mademoiselle de Grancey strebt nach dem Amt der *dame d'atour**, das gegenwärtig Madame de Gordon innehat, und zwar bereits seit der Zeit Henriette-Annes; nur gegen 50000 Taler ist sie bereit, es niederzulegen. Der Marschall de Grancey, der Vater des »Engels«, will nichts davon wissen: Keinen Sou wird er seiner Tochter geben, es sei denn für die Aussteuer am Tag ihrer Hochzeit!

Beide Seiten versteifen sich, Monsieur und der Chevalier de Lorraine verwenden sich für ihren Schützling. Der kleine Hof von Saint-Cloud ist ganz unruhig: Wer wird den Sieg davontragen?

Madame, die niemand um ihre Meinung gefragt hat, mißtraut zu Recht »der Gourdon« (Madame de Gordon): Diese Schottin aus guter Familie, die so schlau war, sich das Wohlwollen der Königinmutter zu erwerben, indem sie katholisch wurde, soll ebenfalls an der »Vergiftung« Henriette-Annes beteiligt gewesen sein; drei Jahre später wird sogar im Prozeß der Marquise de Brinvilliers ihr Name genannt. Doch Mademoiselle de Grancey ist noch gefährlicher: Die Gordon durch die Grancey zu ersetzen hieße, vom Regen in die Traufe zu kommen. Schließlich bleibt »die Gourdon«, zum großen Verdruß des »Engels«, der sich für sein Mißgeschick rächt, indem er seine Unverschämtheiten verdoppelt. Wieder sind einige Gewitter in Aussicht, und es besteht die große Gefahr, daß Madame die Kosten zu tragen hat.

---

* Hofdame, die der Toilette vorsteht (A. d. Ü.).

Man wählt seine Umgebung nicht, man erduldet sie, wenn man die Schwägerin des Königs ist. Die jungen Deutschen, die ihre liebe Liselotte bis zur Grenze begleitet hatten, sind wegen ihres Protestantismus sofort zurückgeschickt worden. Protestantisch oder nicht: Das Gefolge einer Prinzessin, die ins Ausland heiratet, bekommt, von wenigen Ausnahmen abgesehen, nie die Erlaubnis, bei ihr zu bleiben, weil man fürchtet, seine Anwesenheit schüre bei der Exilierten das Heimweh. Die Ausnahme bei Madame heißt Eleonore von Rathsamhausen (ein Name, den in Frankreich niemand richtig schreiben und wohl auch niemand aussprechen kann), ihre beste Freundin, die seit ihrem neunten Lebensjahr mit ihr aufgewachsen war. »Madame de Rotchausen«, wie der Marquis de Dangeau in seinem *Tagebuch* schreibt, wird ihr ganzes langes Leben am französischen Hof verbringen, wo ihr liebenswürdiger Charakter ihr zahlreiche Sympathien verschaffen wird, angefangen mit der des Königs. Madame konnte ebenfalls ihren Hof- und Stallmeister, Polier de Bottens, behalten, einen älteren Schweizer Edelmann, aus Lausanne gebürtig, der seit 1663 ihr engster Vertrauter ist und an dem sie sehr hängt.

Doch all jene, die den Hofstaat der Herzogin von Orléans bilden, vom Ehrenritter bis zu den Geistlichen über die Ärzte, Sekretäre und andere »Domestiken« (so bezeichnet das 17. Jahrhundert die Bediensteten), sie alle waren bereits in ihre Ämter eingesetzt, bevor sie kam, und die meisten hatten ihr Amt schon bei der ersten Madame innegehabt. Man muß sich damit abfinden, von einem Tag zum andern daran gewöhnen, mitten unter Leuten zu leben, die einem noch am Vortag unbekannt waren, und sehr bald diejenigen unterscheiden können, die Vertrauen verdienen.

Die Rivalitäten sind natürlich am lebhaftesten innerhalb der kleinen Schar der Damen: Ehrendame, *dame d'atour*, Hoffräulein und ihre Hofmeisterin, nicht zu vergessen die alten Freundinnen von Henriette-Anne, die automatisch ihre »Freundschaft« auf die Nachfolgerin zu übertragen bereit sind. Der Prinzessin von Monaco, geborene Catherine de Gramont, gelingt das am besten. »Man ärgert sich nur ein wenig«, notiert Madame de Sévigné, »wenn man sie manchmal mit dieser Madame ebenso kokettieren und liebäugeln sieht wie früher mit der anderen.«

Älter als Elisabeth Charlotte, steht Catherine de Monaco in dem Ruf, eine Meisterin der Galanterie zu sein, den sie nicht nur dem kurzen Abenteuer verdankt, das sie einst mit Ludwig XIV. hatte. Da sie sehr schnell begriff, daß die Galanterie die kleinste Sorge der neuen Madame war, wußte sie ihr zu gefallen, indem sie ihr half, die Etikette zu umgehen. Eine Eskapade der beiden Freundinnen im Sommer 1675, als sie inkognito durch die Straßen von Paris liefen und in den Tuilerien spazierengingen wie einfache Bürgerfrauen, ließ den König zunächst die Stirn runzeln. Doch da er seine Schwägerin kannte, beruhigte er sich rasch wieder. Monsieur aber braucht sich keine Sorgen zu machen: Madame de Monaco ist ihm so ergeben, daß sie ihm zur gleichen Zeit als Vermittlerin beim Chevalier de Lorraine dient, der Streit mit Monsieur de Châtillon, seinem gefährlichsten Rivalen, hat und sich in seine Abtei Saint-Jean-des-Vignes in Soissons verzogen hat und schmollt.

Solange die Kabalen des Hofes von Saint-Cloud sich nicht gegen sie richten, hat Elisabeth Charlotte beschlossen, sie zu ignorieren. Ist ihr Schicksal, wenn man es recht bedenkt, nicht beneidenswerter als das so vieler Unglücklicher, die von unwürdigen Ehemännern mißhandelt werden? Ihre Cousine Anna von Bayern, eine der drei Töchter von Anna Gonzaga, eine wahrhaft Heilige, erduldet Tag für Tag die schlimmsten Exzesse, seit sie Monsieur le Prince, den einzigen Sohn des großen Condé, geheiratet hat. Monsieur le Prince, der ein »Wüterich« ist und manchmal geradezu in Wahnsinn verfällt, beschimpft sie vor den niedrigsten Lakaien, schlägt sie mit Fäusten, tritt sie mit Füßen und betrügt sie nach Kräften..., und macht ihr jedes Jahr ein Kind.

Und die arme kleine Herzogin von Ventadour, sanft wie ein Lamm und bildhübsch! Der Herzog von Ventadour ist eine Art Gnom, bucklig, häßlich, böse wie hundert Teufel und entsetzlich ausschweifend. Es wird sogar gemunkelt, daß dieses Scheusal, um sich der Tugend seiner Frau sicher zu sein, »einen Türhüter vor ihre Tür gestellt hat«: Er hat ihr »eine schöne Krankheit« angehängt, die alle Galane abschreckt. Sie flüchtete sich in ein Kloster, das sie nur in Begleitung ihrer Mutter und ihrer Schwester verlassen darf. Eine andere unglücklich Verheiratete ist Monsieurs eigene Cousine, Margarete von Toskana, die Tochter Gastons von Orléans. Das Leben in Florenz zwischen einem manischen Gemahl und einer fürchterlichen Schwiegermutter war so unerträglich, daß sie nach Frankreich zurückgekommen ist. Mit dreißig Jahren führt Margarete nun ein zurückgezogenes Leben bei den Nonnen von Montmartre: Frauen, die ihren Mann verlassen haben, sind am Hof nicht willkommen.

Im Vergleich mit diesen Unglücklichen muß Madame sich glücklich schätzen. Monsieur ist zwar nicht der beste Mann der Welt, aber auch nicht der schlechteste, und das Schloß von Saint-Cloud ist besser als ein Kloster. Darüber hinaus hat sie das Glück, auf das Vertrauen und die Freundschaft des Königs zählen zu können.

5

Eine Prinzessin à la mode

Ein wild gewordenes Pferd jagt durch den Wald und trägt die halb aus dem Sattel geworfene Reiterin davon, die die Zügel losgelassen hat und sich an den Sattelknopf klammert. Von allen Seiten gellen die Schreie: »Haltet es! Haltet das Pferd von Madame!« Doch da hat Elisabeth Charlotte das Tier bereits beruhigt, zieht ihren Fuß aus dem Steigbügel und läßt sich sacht zu Boden gleiten. Die Angst war größer als der Schaden. Während sie sich wieder aufrichtet und noch ein wenig betäubt ihre Kleidung in Ordnung bringt, kommt jemand auf sie zu, »so bleich wie der Tod«: der König. Er ist als erster gekommen und bemüht sich um sie, sichtlich erregt. Sie beruhigt ihn: nein, sie ist nicht auf den Kopf gefallen, keine Prellung, nicht einmal ein Kratzer!

Der König ist skeptisch: Der Mut und die Zähigkeit Madames sind allzu bekannt – auch ihr Widerwille gegen die Ärzte –, als daß er ihr aufs Wort glaubt. Und so »visitiert« Ludwig XIV. vor den herbeigeeilten Gästen der königlichen Jagd sorgfältig ihren Kopf, um sicherzugehen, daß sie die Wahrheit gesagt hat. Vor Anbruch des Abends wird der ganze Hof wissen, daß Seine Majestät, nicht zufrieden damit, den Wundarzt zu spielen, auch noch die Jagd versäumt hat, um Madame ins Schloß zu bringen, und daß er nicht von ihrem Lager gewichen ist, solange er fürchten mußte, sie könnte ohnmächtig werden. Ein so auffallender Beweis der königlichen Gunst stellt einen für mehrere Tage auf ein

Piedestal: Man beeilt sich, Madame zu besuchen und sie mit Komplimenten über ihren guten Stern und ihr Talent als Reiterin zu überschütten.

Wir sind im Dezember 1676. Fünf Jahre sind vergangen seit der Ankunft der kleinen Pfälzerin, die der Hof damals mit spöttischer Neugierde empfangen hatte, etwa so, wie er es mit einer aus Amerika mitgebrachten Huronin getan hätte. Die wahrlich sonderbare Person, die ihr hoher Rang überhaupt nicht in Verlegenheit bringt, erklärt ohne Umschweife, daß sie sich nichts macht aus den Ärzten und noch weniger aus ihren Arzneien (sie wurde im Leben noch nie zur Ader gelassen und hat nie Abführmittel genommen!), und findet größtes Vergnügen daran, bei jedem Wetter spazierenzugehen. Der ersten Madame ist sie so unähnlich wie nur möglich: Ohne häßlich zu sein, hat ihr Gesicht doch nicht jene Anmut, die die Blicke betört; sie kümmert sich nicht um Schmuck und Putz – Monsieur soll sprachlos gewesen sein, als er sie zum erstenmal sah, ein lebhafter, subtiler Geist, gewiß, jedoch selten dem Weltgetriebe zugewandt und obendrein noch von »charmanter« Aufrichtigkeit: Sie denkt, was sie sagt, und sagt, was sie denkt!

»Lasciamo la andar, che fera buon viaggio« (lassen wir sie gehen, sie wird eine gute Reise haben), bemerkt hintergründig Madame de Sévigné im Dezember 1671. Will sie andeuten, daß Elisabeth Charlottes Spontaneität, ihre Freimütigkeit, ihr ungekünsteltes Wesen, worüber die Höflinge lächeln, dem König gefallen? Einen Monat später berichtet die Marquise, die stets auf Klatsch und Tratsch, Tun und Treiben des Hofes lauert: »Jeden Abend gibt es Bälle, Komödien und Maskeraden in Saint-Germain. Der König zeigt einen Eifer, Madame zu unterhalten, wie er ihn für die andere Madame nie gehabt hat.« Und dieser kurze Eintrag vom Juli 1675: »Der Hof begibt sich nach Fontainebleau: Madame will es so.« Eine gute Lektion für die Spötter, die es für geistreich hielten, sich über die Freimut und die »deutschen« Kleider Madames lustig zu machen. Ohne daß sie sich darum bemüht hätte, ist ihr Ludwig XIV. von Anfang an zugetan.

Das ist um so erstaunlicher, als der König offenbar »neue Gesichter nicht ertragen« kann. Es wird wohl so sein, daß er mit der für ihn typischen Beobachtungsgabe bei der jungen Deutschen mit den unregelmäßigen Zügen und der entschiedenen Haltung rasch Herzensqualitäten erkannt hat, an die er in der oft so heuchlerischen und selbstsüchtigen Welt des Hofes nicht gewöhnt war.

Einige Tage nach der Hochzeit nahm er sie – ein ganz besonderer Vertrauensbeweis – beiseite und erzählte ihr alles, was er über das Drama von Saint-Cloud wußte oder zu wissen glaubte. Daß die unglückliche Henriette-Anne durch ein Komplott des Chevalier de Lorraine, des Marquis d'Effiat und des Haushofmeisters Purnon vergiftet worden sei. Aber daß er in einem strengen Verhör Purnons, in dem es um die vermutete Mittäterschaft Monsieurs ging, zu der Gewißheit gelangt sei, daß dieser unschuldig sei. Schließlich hatte der König hinzugefügt, er wolle sie in bezug auf Monsieur und sich selbst beruhigen: Er hätte sie seinen Bruder nie heiraten lassen, wenn er ihn eines solchen Verbrechens für fähig halten würde.

Ein anderes Mal wird er so weit gehen, ihr zu gestehen, daß er die Galanterien der ersten Madame geduldet, ja, sie dazu sogar ermutigt habe in der Absicht, Monsieur niemals zur Ruhe kommen zu lassen. Nicht auszudenken, zu welchen unerfreulichen Machenschaften seine Untätigkeit ihn getrieben hätte! Der bei Hof sehr beliebte Philipp, das Idol der Pariser, könnte vielleicht, wenn man nicht irgendwelche läppischen Sorgen in ihm erregt, versucht sein, in die Fußstapfen

Das Lever des Sonnenkönigs;
Farblithographie von Maurice Leloir,
1904.

des seligen Gaston von Orléans, dieses unverbesserlichen Verschwörers, zu treten zum größten Unglück für Staat und Königreich. Im Interesse des Königs und seiner Untertanen war es also wichtig, daß der von Natur aus eifersüchtige Monsieur von den Sorgen seines Privatlebens in Anspruch genommen wurde und damit von öffentlichen Angelegenheiten abgelenkt war.

Sosehr derartige Äußerungen geheim bleiben mögen, wissen doch alle, daß der König sich gerne und ausführlich mit Madame unterhält. Um so mehr, als er sie mit Aufmerksamkeiten aller Art umgibt und keine Gelegenheit ausläßt, ihr seine Freundschaft zu beweisen. Das bleibt nicht ohne Folgen an einem Hof, wo es nur natürlich ist, daß jeder versucht, in seinem Verhalten den Herrscher zu kopieren. »Dieses macht auch, daß ich jetzt sehr à la mode bin«, schreibt Madame, die sich von den Liebenswürdigkeiten, mit denen die Höflinge sie überschütten, nicht täuschen läßt, »denn alles was ich sage und tue, es sei gut oder überzwerch, das admirieren die Hofleute.« Bis hin zu dem abgeschabten Zobel, über den sich fünf Jahre früher der ganze Hof lustig gemacht hatte und der nun zum Gipfel der Eleganz wird! »So läßt sich jetzt jedermann auch einen nach diesem Schnitt machen und es ist jetzt die größte Mode.« Über mehrere Jahrhunderte, solange man dies Kleidungsstück tragen wird, bleibt der Name »Palatine« mit der Erinnerung an den alten Pelz verbunden, den Madame sich an einem kalten Wintertag um den Hals geschlungen hatte.

Zu jener Zeit ist Versailles noch nicht der ständige Wohnsitz Ludwigs XIV., der erst im Mai 1682 in diesen Palast »voller Maurer einziehen wird. Bis dahin hält sich der Hof je nach Jahreszeit und Laune mal in Saint-Germain-en-Laye, dem Geburtsort und der Lieblingsresidenz des Königs, auf, mal in Fontainebleau, das so bequem für die Jagd ist. Man geht auch für ein paar

Tage nach Versailles, wie einst Ludwig XIII., in das »kleine Kartenhaus«, das mitten im Wald liegt.

Monsieur und Madame sind immer dabei. Abgesehen von kurzen Aufenthalten in Paris im Palais-Royal, von Sommermonaten, die sie in Saint-Cloud verbringen und gelegentlichen Besuchen auf ihren Schlössern von Montargis oder Villers-Cotterêts haben sie sich dem Ruhm des Sonnenkönigs zu widmen. Die Zerstreuungen folgen aufeinander wie Figuren eines Balletts. Von morgens bis drei Uhr nachmittags wurde gejagt. Nach der Jagd zog man sich um und ging zum Spiel, wo man bis sieben Uhr abends blieb. Dann ging man in die Komödie, die nicht vor halb elf Uhr zu Ende war. Nach der Komödie wurde soupiert. Nach dem Souper kam der Ball, der bis vier Uhr morgens dauerte, dann erst ging man schlafen.

Es versteht sich von selbst, daß man vor der Jagd an der Messe teilzunehmen hatte (Elisabeth Charlotte wird sich nie wirklich daran gewöhnen). Vor der Messe begann der Tag mit der obligatorischen Anwesenheit Monsieurs beim *Lever* des Königs und mit der ihren bei der Toilette der Königin: Wenn Madame da ist, steht ihr von Rechts wegen die Ehre zu, Ihrer Majestät der Königin das Hemd zu reichen, wobei die Königin völlig nackt darauf wartet, daß das Hemd von der ersten Kammerfrau zur Hofdame und von der Hofdame zu Madame geht, bevor sie es aus deren Händen empfängt.

Die arme Königin Marie-Thérèse, »die beste und tugendhafteste Frau der Welt«, unglücklich im Spiel (ihr Spatzengehirn ist unfähig, auch nur die elementarsten Regeln zu behalten), unglücklich in der Liebe. Elisabeth Charlotte hat sie sofort liebgewonnen, ohne sich an der unglaublichen Dummheit Marie-Thérèsens zu stören, über die die Höflinge sich lustig machen. Kann man sich vorstellen, daß die Königin von Frankreich

Maria Theresia von Österreich,
Gemahlin Ludwigs XIV.;
Gemälde eines unbekannten Künstlers, um 1670.

hastig ins Theater eilt, aus Angst, keinen Platz mehr zu bekommen? Oder daß sie fürchtet, die Gäste der königlichen Tafel könnten alle Schüsseln leeren, ohne an morgen zu denken? »Sie werden alles aufessen, sie werden nichts übriglassen«, seufzt sie mit dem grauenhaften spanischen Akzent, den sie nach fünfundzwanzig Jahren Frankreich immer noch nicht abgelegt hat. Der König lacht und tröstet sie liebevoll. Doch wie oft muß Madame ein Lachen unterdrücken, wenn sie sie ausrufen hört: »Ach, ich bin gefallen!« Sie fiel ständig hin, da sie auf den übermäßig hohen Absätzen, die sie hartnäckig beibehielt, ständig umkippte, und jedesmal schrie sie: »Ach, ich bin gefallen!«

Dumm und beschränkt. Doch so gutmütig... Und wie majestätisch wirkt diese rundliche kleine Dame, die den ganzen Tag irgend etwas knabbert, sich mit Zimtschokolade vollstopft und mit ihren Papageien plaudert, ohne etwas von ihrer natürlichen Würde zu verlieren. Geboren, um Königin zu sein, geformt durch das Beispiel ihrer Schwiegermutter, Anna von Österreich, die sie erzogen hat, versteht sie es bewundernswert, hofzuhalten, und dosiert mit einem Feingefühl, das man ihr nicht zugetraut hätte, Einfachheit und Größe, Stolz und Wohlwollen. Wahnsinnig verliebt in ihren Gatten, leidet sie still, ohne Klage und ohne Vorwurf darunter, daß sie die meistbetrogene Ehefrau des Königreichs ist. Erst auf dem Totenbett wird sie gestehen, daß sie in ihrem Leben »nur einen einzigen Tag wahrhafter Zufriedenheit« erlebt hat. Zweifellos war das ihr Hochzeitstag.

Das Defilee der Favoritinnen begann in der Tat sehr bald, ganz zu schweigen von den unzähligen Bettgeschichten des Königs. Alles war ihm recht, seufzt Madame, Gärtnerstöchter, Bäuerinnen, Kammerzofen, wenn sie ihn nur liebten oder zumindest glauben machten, sie liebten ihn.

Als Elisabeth Charlotte an den Hof kommt, sind die schönen Tage der Herzogin de la Vallière vorbei. Die ehemalige Hofdame von Henriette-Anne, das schüchterne junge Mädchen, das Ludwig XIV. zu seiner ersten offiziellen Mätresse gemacht hatte, ist wie die Königin nur noch eine verlassene Frau. Nicht nur verlassen, sondern den Demütigungen ausgesetzt, die ihr die Nachfolgerin, die erbarmungslose Madame de Montespan, nach Herzenslust zufügt. Die neue Favoritin behandelt sie wie eine Zofe, verlangt, daß sie sie frisiert und herausstaffiert, und versichert, daß sie mit ihrer Aufmachung nur zufrieden sei, wenn die la Vallière letzte Hand daran gelegt habe.

Wie sollte Madame nicht erschüttert sein von der Verzweiflung der la Vallière, der der König, ebenso

Die Herzogin von La Vallière;
Federlithographie, 1838.

grausam wie seine Mätresse, zwei Jahre lang verbietet, den Hof zu verlassen? Als die Unglückliche, endlich frei, im Kloster Faubourg Saint-Jaxques, wohin sie sich zurückgezogen hat, ihr endgültiges Gelübde ablegt, weint Elisabeth Charlotte heiße Tränen, während sie dem Ritual des Leichentuches beiwohnt, diesem Symbol für den Tod in der Welt, der derjenigen auferlegt wird, die von nun an nur noch Schwester Louise von der Barmherzigkeit ist. Um Elisabeth Charlotte in ihrem Kummer zu trösten, muß Schwester Louise selbst kommen und ihr versichern, daß sie in der Reue und im Frieden des Klosters ihr Glück gefunden hat, und sie fügt hinzu, daß sie niemals die Freundschaft vergessen wird, die Madame ihr in diesen schrecklichen zwei Jahren bewiesen hat.

»Dröhnend und triumphierend« herrscht Madame de Montespan. Fern ist die Zeit, da sie, durch einen Rest von Scham zurückgehalten, ihre ersten Schwangerschaften unter ausladenden Kleidern verbarg, die ohne Gürtel um die Taille wallten! Jetzt zeigt sie ihre Schwangerschaften (sieben in neun Jahren) ungeniert: »Bei der ersten Schwangerschaft verzweifelte sie, bei der zweiten tröstete sie sich, und bei den anderen trieb sie die Schamlosigkeit so weit sie konnte«, schreibt Madame de Caylus in ihren *Memoiren*. Hat sie nicht trotz vieler Stürme und mancher Finsternis den König seit 1668 völlig in ihrer Hand?

Niemand kann ihr widerstehen, nicht einmal Monsieur, dessen Spielleidenschaft sie teilt und den sie durch ihre Schönheit, ihre Eleganz, ihren Geist bezaubert. Er liebt sie so, daß er sich dafür verwendete, daß sie das Amt der Palastdame der Königin bekam, ein bloßes Sprungbrett zu höhern Zielen, deren Verwirklichung nicht auf sich warten ließ. Die Freundschaft ist gegenseitig. Die Favoritin empfängt ihn oft in ihrem herrlichen Schloß von Clagny zu endlosen Lomber- oder Landsknecht-Partien, und sie nimmt gern seine Einladung nach Saint-Cloud an. Wer Monsieur für sich gewinnen will, braucht nur Madame de Montespan zu Gefallen zu sein. So ist der großzügige Spender der sagenhaften, durch Madame de Sévigné unsterblich gewordenen golddurchwirkten, goldbestickten Robe ein gewisser Langlée, ein steinreicher Vertrauter Monsieurs, dessen Gewänder, dessen Perücke, ja dessen Gebaren er »zum Verwechseln ähnlich« kopiert. Als kluger Höfling hat Langlée zwei Fliegen mit einer Klappe geschlagen: Er schmeichelt dem König, indem er seiner Mätresse huldigt, und gewinnt Monsieur, indem er seine Freundin beschenkt.

Madame de Montespan hat eine solche Ausstrahlung, daß sogar Elisabeth Charlotte dafür empfänglich

Die Marquise de Montespan;
Gemälde von Caspar Netscher.

ist. Obwohl sie sie richtig einschätzt – »sie war der Teufel in Person« –, bewundert sie ihre Schönheit, ihren Glanz und die »unnachahmliche Tour«, die diese außergewöhnliche Frau ihren geringsten Äußerungen zu verleihen weiß. Und die Gefühle, die ihr Monsieur entgegenbringt: Was sollte Madame daran auszusetzen haben? Wollte Gott, er hätte keine anderen Lieben als diese! Alles übrige, die prunkvollen Toiletten, die Geschmeide, die irrsinnigen Ausgaben, die gesellschaftlichen Erfolge, lassen sie gleichgültig: Die großartige Montespan hat nichts gemein mit der braven kleinen Pfälzerin, die sich damit begnügt, die Glücksspiele und die eitlen Zerstreuungen, denen sich die Müßiggänger des Hofes hingeben, zu beobachten, ohne daran teilzunehmen.

Und die Liebe, Liselotte? Die Liebe zum König? Sie würde die Schultern zucken: für die Schmach, die Söldner der deutschen Regimenter unter großem Gelächter rufen zu hören »Königshure! Königshure!«? Nein danke! Es hatte ihr schon gereicht, daß sie eines Tages dem König die Beschimpfung übersetzen mußte, die diese Haudegen der Favoritin nachgeschrien hatten! Mochten andere, wenn es ihnen Spaß machte, Wetten über die Nachfolge Madame de Montespans abschließen, Blicke und Lächeln deuten, über Begegnungen klatschen. Wenn man bedenkt, daß selbst über die gute Madame Scarron, eine so fromme Frau, die auf die Vierzig zugeht und noch älter wirkt, gehässig getuschelt wird, seit der König sie zur Marquise de Maintenon gemacht hat! Da ist man doch froh, häßlich zu sein!

Gegen ihren Willen ist Madame jedoch recht unmittelbar in gewisse »Galanterien« verwickelt. Wie eine Bombe platzt Ende November 1673 eine Nachricht in diese geschlossene Welt: Der König hat alle Hoffräulein der Königin entlassen und ersetzt sie durch Hofdamen, von denen erwartet wird, daß ihr Stand als verheiratete Frauen sie weniger verwegen sein läßt. Die Entscheidung, darüber täuscht sich niemand, wurde von Madame de Montespan durchgesetzt, weil sie eifersüchtig ist auf ein hübsches Fräulein aus Lothringen, Marie-Elisabeth de Ludres, für die der König sich ein bißchen zu sehr interessiert. »Man hat den Verdacht, daß eine beseitigt werden sollte, und daß man, um das zu verschleiern, alle beseitigt hat.« Da diese Mädchen aus guter Familie, die bei Hofe aufgenommen werden, damit sie dort eine standesgemäße Partie machen, nicht ohne weiteres nach Hause geschickt werden können, werden sie hier und dort untergebracht. Marie-Elisabeth de Ludres und eine ihrer Begleiterinnen, Lydie de Théobon, kommen zu Madame.

Was die schöne Ludres natürlich nicht hindert, den Avancen des Königs nachzugeben, zum großen Ärger Madame de Montespans, die fast drei Jahre lang die Gunst ihres königlichen Liebhabers mit derjenigen, die sie »den Lumpen« nennt, teilen muß. Und was Lydie de Théobon betrifft, so wird sie ihr Glück versuchen, nachdem der »Lumpen« weggeschickt worden ist. Ohne Erfolg, heißt es. Aber wer weiß das schon?

Die Ludres und die Théobon, beide sehr sympathisch, intelligent und etwa gleich alt wie Elisabeth Charlotte, werden ihre Freundschaft gewinnen und diese durch alle Schicksalsschläge hindurch, die die Kabalen des Hofes für sie bereithalten, für ihr ganzes Leben bewahren. Madame bleibt nichts verborgen von ihren Amouren, genausowenig wie dem König das Vertrauen verborgen bleibt, das die beiden jungen Frauen zu Madame haben. Wie sollte er nicht den Takt und die Nachsicht seiner Schwägerin schätzen, die so tut, als sähe sie nicht, was er der eifersüchtigen Madame de Montespan nur recht und schlecht verheimlichen kann?

Nie hat sich Elisabeth Charlotte am Hof so wohl gefühlt wie in der Zeit dieser Damenkämpfe um einen König, der nur zu erscheinen braucht, damit alle sich ihm in die Arme werfen. Madame de Montespan, die klug genug ist, sie nicht für die Eskapaden ihrer Hoffräulein verantwortlich zu machen, empfängt sie weiterhin freundlich, und so wird Elisabeth Charlotte jeden Samstag in Begleitung des Königs zur *Medianoche* bei der Favoritin gebeten, die zu einem nächtlichen Mahl alles bei sich versammelt, was der Hof an höchstem Glanz zu bieten hat.

Ironie des Schicksals: Auch die dritte der großen Favoritinnen des Herrschers, Marie-Angélique de Scoraille de Roussille, bekannter unter dem Namen Duchesse de Fontanges, wird aus der Umgebung Madames kommen. Diesmal handelt es sich nicht mehr nur um ein flüchtiges Abenteuer wie bei der schönen Ludres oder – vielleicht – bei der diskreten Théobon, sondern um eine offizielle Liaison, die für Madame de Montespan das Ende bedeutet. Marie-Angélique, eine im Glanz ihrer siebzehn Jahre erstrahlte Rothaarige, hat das heimatliche Schloß irgendwo in der Auvergne verlassen, um eine Stellung als Hoffräulein bei Madame anzutreten »in der Absicht und der auch von der Familie geschürten Hoffnung, den König zu ihrem Geliebten zu machen«.

Von bewundernswerter Schönheit und erstaunlicher Dummheit – der König soll sich geschämt haben, wenn sie sprach und sie nicht unter sich waren –, vertraute sich das neue Hoffräulein treuherzig Madame an und erzählte ihr, noch bevor der König auf sie aufmerksam geworden war, einen Traum, der sie sehr quälte und den ihr, wie sie sagte, ein Kapuziner gedeutet habe. Sie befand sich auf einem hohen Berg, als eine blendende Wolke sie umhüllte und in flutendes Licht tauchte. Plötzlich löst sich die Wolke auf, schwarze Nacht tritt an ihre Stelle. Kälte, Angst, banges Erwachen. »Nehmen Sie sich in acht!« hatte der Kapuziner gesagt. »Dieser Berg ist der Hof, wo Euch großer Glanz umgeben wird. Dieser Glanz wird sehr schnell vergehen. Wenn Ihr Gott verlaßt, wird er Euch verlassen, und Ihr werdet ewiger Finsternis anheimfallen.« Drei Jahre später stirbt die Duchesse de Fontanges, der der König nichts abschlagen konnte (sie hat in der kurzen Zeit fast elf Millionen Livre verschwendet), im Alter von zwanzig Jahren. Elisabeth Charlotte, die an Vorahnungen glaubt, wird sich ihr ganzes Leben lang an den Traum der armen Fontanges erinnern.

Erklärte Favoritinnen oder vorübergehende Mätressen, die schönen Geliebten des Königs haben in ihren Augen letztlich wenig Bedeutung. Käme sie denn als

Rivalin überhaupt in Frage? Mit ihrem Bärenkatzenaffengesicht, wie ihr Vater, der Kurfürst sagte... Allein die Freundschaft des Königs zählt, der beste Teil, der ihr, davon ist sie überzeugt, nicht genommen werden kann. Nicht wegen der eitlen Befriedigung, eine Prinzessin à la mode zu sein, sondern weil diese Freundschaft gerade recht kommt, um die gefühlsmäßige Leere, die Monsieurs Gleichgültigkeit hinterlassen hat, zu füllen. Zumindest würde Elisabeth Charlotte, wenn sich jemand mit ihr darüber unterhalten hätte, das Gefühl so analysiert haben, das sie Ludwig XIV. entgegenbringt. Zuneigung? Ach wo! Gott bewahre! Aber Achtung, Bewunderung, Dankbarkeit. Nicht mehr.

Wirklich nicht mehr? Die Briefe, die sie in jener Zeit an die Herzogin Sophie schreibt, lassen daran zweifeln. Man liest darin ein solches Glück, wenn der König geruht, an ihrer Gesellschaft Gefallen zu haben. Im Oktober 1673 beginnt sie richtig zu reiten: »Zukünftige Woche hoffe ich mit dem König auf die Jagd zu reiten. Er hat mir durch Monsieur schreiben lassen, er *prätendiere,* daß ich zweimal die Woche mit ihm zur Jagd gehe.« Im November 1674 diese für den Hannoveraner Hof sicherlich äußerst interessante Nachricht: »Ich habe heute mit dem König einen Hasen forciert.« Ein Jahr später: »Ich bin mit ihm ausgeritten.« Man könnte meinen, eine Gymnasiastin berichtet der besten Freundin von ihrem ersten Rendezvous.

Merkwürdiger noch sind ihre Worte der schönen Ludres gegenüber, als diese nach ihrem Abenteuer mit Ludwig XIV. wieder die Stelle eines Hoffräuleins bei ihr einnimmt. Madame de Sévigné beschreibt folgende erstaunliche Szene: »Neulich sagte Madame, während sie mit einem Zirkel spielte, zu Madame de Ludres: Ich muß diese beiden Augen ausstechen, die soviel Böses tun. – Stechen Sie sie aus, Madame, denn sie haben nicht alles getan, was ich wollte.« Wem haben die Augen der Ludres denn »soviel Böses« getan? Sicher nicht dem König, der sie verschmähte. Madame de Montespan? Man kann sich schlecht vorstellen, daß Madame sie im nachhinein für eine Prüfung bedauert, aus der sie siegreich hervorgeht. Wem also? Jemandem, dessen zu kleine Augen, zu kurze Nase, zu großer Mund nie jemanden betört haben?

Ganz unzweideutig ist dagegen die brüderliche Zuneigung, die Ludwig XIV. damals für die lebhafte und gewitzte Schwägerin empfindet, die mehr einem jungen Burschen gleicht als einer königlichen Prinzessin. Gut zu Fuß und eine unerschrockene Reiterin, ist Elisabeth Charlotte die ideale Begleiterin bei den langen Spaziergängen und den beschwerlichen Ritten auf der Jagd nach Hirsch und Wolf. Der König, der sich einer eisernen Gesundheit erfreut und von den anderen eine unermüdliche Ausdauer fordert, verabscheut die schwachen, ständig jammernden Naturen, die nicht imstande sind, klaglos Hitze und Kälte, Staub und Regen zu ertragen. Bravo! Madame ist nicht aus diesem Stoff! Wenn am Ende des Sommers der Hof zur Jagdsaison nach Fontainebleau aufbricht, weiß der König, daß sie so gut wie die einzige ist, die sich genauso lebhaft darauf freut wie er. »Seid Ihr gern in Fontainebleau?« fragt er, nur um eine Antwort zu hören, die er schon vorher kennt.

Genauso könnte er sie fragen, ob sie seine Liebe zu Bäumen, Pflanzen, Gärten teilt! »Ihr allein genießt die Schönheiten von Versailles«, wird er ihr eines Tages sagen. Wenn so viele Hofleute ihre hohen Absätze auf dem grünen Rasen spazierenführen und widerwillig den obligaten Besuch der Gärten von Versailles absolvieren, tut es gut zu sehen, mit welchem Eifer Madame Alleen und Wäldchen durchmißt.

Zu diesen Freuden, die sie verbinden, zu ihrer gemeinsamen Vorliebe für Komödie und Oper, ja sogar für antike Münzen und Medaillen, die beide mit Kennerschaft sammeln, kommt die Annehmlichkeit einer Frauenfreundschaft ohne Hintergedanken, bei der er sich von den Rivalitäten seiner schönen Intrigantinnen erholen kann. Mit Madame ist alles so einfach! Weder prüde noch schamlos, klug und würdig, ohne damit zu prahlen, amüsant, doch ohne Bosheit, unterhält sie ihn durch die Unverblümtheit ihrer Sprache und ihre übermütige, jugendliche Art. Wer sonst käme auf die Idee, sich nachts allein in der großen Galerie des Schlosses Fontainebleau herumzutreiben in der Hoffnung, dem Geist Franz' I. zu begegnen, den manche im geblümten grünen Morgenrock dort gesehen haben wollen? Und ihre nächtlichen Eskapaden in den Gärten von Versailles, wo sie eines Abends fast von einer Schweizergarde vertrieben worden wäre, die sich an ihre Ordre hielt, niemanden durchzulassen? Der König ergötzte sich daran, sie diese Geschichte vom tapferen Soldaten und der Prinzessin, die im Mondschein spazierenging, erzählen zu lassen:

»Der Schweizer, so die Wacht hatte, wollte mich nicht durchlassen. Ich sagte zu ihm: Guter Schweizer, laßt mich spazieren, ich bin des Königs Bruders Frau. – Hat der König denn einen Bruder? – Wißt Ihr das nicht? Wie lange dient Ihr denn dem König? – Dreißig Jahr. – Wie? Wißt Ihr denn nicht, daß der König einen Bruder hat? Man macht Euch ja das Gewehr nehmen, wenn er vorbeifährt! – Ja, wenn man die Trommel schlägt, nehm ich das Gewehr. Was geht's mich an, für wen es ist? Ich habe nie gefragt, ob der König Weib, Kinder oder Bruder hat; da frag ich nichts nach.«

Der König amüsiert sich, der Hof applaudiert. Man bemerkt, daß Madame Seine Majestät mit Schinken aus Deutschland erfreut und daß sie ihm sogar zum erstenmal in seinem Leben saure Heringe auftischte. Man findet es unwiderstehlich, daß Madames Gelächter

›Ludwig XIV. legt dem
Herzog von Burgund als Kind den Orden bleu um‹;
Stahlstich von Antoine Watteau.

dem Pater Bourdaloue mitten in seiner Predigt die Sprache verschlug: Der berühmte Kanzelredner sprach an jenem Tag so eindringlich, daß einer der Gläubigen, der Marschall de Gramont, vor lauter Begeisterung ausrief: »Verdammt, er hat recht!« Man hatte die Nase in sein Gebetbuch zu stecken und so zu tun, als hätte man nichts gehört, doch Madame brach in Gelächter aus, und es entstand eine Pause, so daß man nicht wußte, wie es weitergehen würde.

Im Herbst 1675 ist Elisabeth Charlottes Beliebtheit auf ihrem Höhepunkt. Der Holländische Krieg, der seit drei Jahren andauert und sich bis 1679 hinziehen wird, ist in einer für die Armeen des Königs ungünstigen Phase. Turenne, dessen Truppen im vorangehenden Sommer die Pfalz entsetzlich verwüstet hatten, wurde vor Salzbach getötet, und der Marschall de Créqui, der an der Conzerbrücke vom Herzog von Lothringen, dem Verbündeten der Vereinigten Niederlande, geschlagen worden war, mußte in Trier, wo er die Überreste seiner Armee versammelt hatte, kapitulieren. Bei der Belagerung von Trier aber und einige Tage zuvor in der Schlacht an der Conzerbrücke haben sich drei deutsche Prinzen, nahe Verwandte von Madame, an der Seite des Herzogs von Lothringen besonders ausgezeichnet: Die Helden des Tages sind Ernst August von Hannover, der Mann von Tante Sophie, sein junger Sohn Georg-Ludwig und sein Bruder Georg Wilhelm, Herzog von Braunschweig-Celle.

Als guter Verlierer beeilte sich Ludwig XIV., die Neuigkeit nach Saint-Cloud zu tragen. Und in welchen Worten!

»Ich [habe] die Einnehmung von Trier vom König selber erfahren, welcher Oncle und Pate unerhört lobte, und sagte auch, daß die Gefangenen nicht genug rühmen könnten, in was genereuse und auch zugleich tapfere Hände sie gefangen wären.«

Elisabeth Charlotte frohlockt: »Hernach auch hab ich ihnen verzählt, wie genereux unser Prinz in der Schlacht sich verhalten, daß er nicht allein gegen den Feind *[sic]* gangen sei, sondern daß er auch so vielen das Leben errettet hat, worüber sich der König und Monsieur, als ich ihnen gesagt, daß er kaum das fünfzehnte Jahr erreicht hat, über die Maßen verwundert.«

Was kümmert sie die Niederlage des Marschalls de Créqui! Die Hofleute eilen zu Madame, um ihr Komplimente zu machen über ihren Onkel und ihre Cousins: »Monsieur selber führt sie mir her, weilen er weiß, daß ich Lust drin nehme [...] Ja, der ganze Hof sieht mich drüber an, und ich höre im Vorbeigehen, daß man sagt: ›ces princes quón loue tant là sont oncles et cousin germain de Madame.‹« Diese Prinzen, die man so sehr lobt, sind Verwandte von Madame.

Soviel Ehre hätte mühelos einen weniger soliden Kopf verdreht. Tatsächlich läßt sich Elisabeth Charlotte, was sie auch darüber sagen mag, ein wenig vom Ruhm ihrer deutschen Familie berauschen:

»Wann ich einen Brief von Euer Liebden bekomme«, berichtet sie ihrer Tante, »lese ihn drei- oder viermal, und insonderheit, wo ich die meisten Leute beisammen sehe, denn ordinari fragt mich eins, von wem der Brief komme. Dann sage ich über die Achsel: ›de ma tante madame la duchesse d'Osnabruck‹ (von meiner Tante, der Herzogin von Osnabrück), dann sehen mich alle Menschen an wie ein Kuh ein neu Tor.«

Sollte die Prinzessin à la mode nun eingebildet werden? Nur gerade so viel, um sich, so gut es geht, über das Elend ihrer geliebten Pfalz hinwegzutrösten und um sich an den Dummköpfen zu rächen, deren spöttisches Lächeln sie bei ihrer Ankunft in Frankreich so gedemütigt hatte. Aber das letzte Wort hat die echte Liselotte, wenn sie mit all den Höflingen abrechnet, die sie anglotzen »wie ein Kuh ein neu Tor«.

Sie soll ihren Triumph nur auskosten: Die glorreichen Tage sind gezählt. Ein Brief, den Elisabeth Charlotte im November 1678 an die Herzogin Sophie schriebt, schlägt einen ganz anderen Ton an als die Briefe der vorangegangenen Jahre:

»Was aber anbelangt, daß Euer Liebden wünschen, daß der Teufel die von der Cabale [der Chevalier de Lorraine, der Marquis d'Effiat und ihre Kreaturen] vollends holen möge, so weiß ich zwar nicht, was draus werden wird, aber daß sie jetzt ganz ausgelassen sein, das weiß ich wohl.« Ein paar Zeilen weiter erwähnt sie erneut »die Cabale, welche mir seit die sieben Jahre her so viele Runzeln hatten ziehen machen, daß ich das Gesicht ganz voll davon habe«. Mit siebenundzwanzig Jahren voller Runzeln? Sie übertreibt. Doch läßt sich an der Übertreibung das Ausmaß ihrer Beunruhigung ablesen. Fürchten Monsieurs Freunde für sich selbst den wirklichen oder vermuteten Einfluß Madames auf den König?

Während des Jahres 1679 kann die »Kabale« Boden gewinnen. Zunächst anläßlich der Hochzeit von Marie-Louise, der ältesten Tochter von Monsieur und Henriette-Anne, mit Karl II. von Spanien. Madame, die sie liebt wie eine kleine Schwester, hatte, um sich nicht von ihr trennen zu müssen, gewünscht, sie möge den Dauphin, den Sohn Ludwigs XIV., heiraten. Da aber die Staatsraison anders entschieden hat, wird Marie-Louise ihre siebzehn Jahre und ihre Lebensfreude neben einem quasi Schwachsinnigen und offenkundig Impotenten am düstersten aller Höfe begraben. Sie mag noch so sehr schreien, weinen, sich dem König, ihrem Onkel, zu Füßen werfen, sie wird Königin von Spanien.

Bleibt, ihren Hofstaat zusammenzustellen. Natürlich wird Mademoiselle de Grancey, Schützling von Monsieur und dem Chevalier de Lorraine und Madames persönliche Feindin, zur *dame d'atour* ernannt. Das höchst ehrenhafte Amt ist auch sehr lukrativ: »Der Engel« von Saint-Cloud erhält eine Zuwendung von 10000 Talern, eine Pension von 6000 Livres, 10000 Taler in Juwelen, Nebeneinnahmen nicht mitgerechnet. Aus Madrid wird sie verlauten lassen, »daß sie nimmt, soviel sie kann, und daß sie sich so daran gewöhnt, daß sie sich in Frankreich langweilen wird, wenn man sie nicht behandelt wie in Spanien«. Elisabeth Charlotte wird nicht einmal die Genugtuung haben, sie los zu sein: Einige Monate später kehrt »der Engel« mit seinem Vermögen und im Genuß seiner Hofdamenwürde nach Frankreich zurück.

Inzwischen haben sich die Wolken aufgetürmt. Die Herzogin Sophie von Hannover war zur Hochzeit von Marie-Louise nach Frankreich gekommen, und Madame, die beim Wiedersehen vor Freude weinte, war tief gekränkt darüber, daß das französische Protokoll ihrer Tante die Ehren verweigerte, die dem Rang einer deutschen Fürstin angemessen gewesen wären. »Mein Herr bildt sich ein, daß kein Vergleichen mit ihm und einigem Kurfürsten zu machen sei.« Wird die Herzogin das Recht auf einen Sessel haben, oder wird sie sich mit einem Stuhl ohne Armlehnen begnügen müssen? Eine ernste Frage! Und gar nicht so belanglos, wie es scheint, wenn man weiß, wie das feine Spiel der materiellen Unterscheidungen Menschen auf- oder abwertet, erhöht oder erniedrigt. Die Hofleute täuschen sich nicht: Die Herzogin von Hannover, der man den Sessel verweigert, ist eine unbedeutende Person. Von da bis zum argwöhnischen Beobachten ihres Tuns und Treibens und dem Beurteilen der Nichte nach der Tante ist es nur ein Schritt: Man braucht nur die Herzogin von Hannover zu sehen, um zu begreifen, daß die Erziehung von Madame ein wenig vernachlässigt worden ist...

Kurz danach folgt auf den Hofklatsch ein regelrechter Angriff. Eine ihrer besten Freundinnen, die Marschallin von Clérembault, hatte die neue Königin von Spanien, deren Hofmeisterin sie gewesen war, bis zur Grenze begleitet. Bei ihrer Rückkehr erwartete sie in Poitiers ein Befehl des Königs: Er bat sie »ausdrücklich«, dortzubleiben. Warum diese Verbannung, diese Ungnade? Madame de Clérembault, Tochter eines Staatssekretärs von Richelieu, ist eine sehr große Dame, die stets ein untadeliges Leben führte. Einen Monat später ist das Maß voll: Monsieur enthebt sie ihres Amtes, das sie weiter hätte ausüben sollen als Erzieherin der zweiten Tochter Henriette-Annes und der kleinen Elisabeth Charlotte, der Tochter von Madame. Wer ersetzt sie? Madame d'Effiat, die Gattin des Marquis! Als sie bald darauf stirbt, geht das Amt an Madame de Grancey. Die Kabale von Saint-Cloud siegt auf der ganzen Linie.

Madame ist so erbittert darüber, daß sie nach einem heftigen Streit mit Monsieur zu Anna Gonzaga flüchtet, der sie ihr Mißgeschick anvertraut. Doch bereits am nächsten Tag mischt sich der König ein und verabredet sich mit ihr zur Jagd in Versailles. Getröstet eilt sie herbei; sie weiß nicht, daß das Schlimmste noch kommt. Bald wird sie ohnmächtig zuschauen müssen, wie sie selbst mehr und mehr in Ungnade fällt.

6

Verlorene Illusionen

»Monsieur de Montausier, wann, glaubt Ihr, wird Madame la Dauphine schwanger werden?« Der gestrenge Erzieher des Dauphins verbarg seine Verlegenheit. »Wenn es Gott gefällt, Monseigneur. Aber bilden Sie sich nicht ein, um es zu werden, genüge es, daß Ihre Gattin den Fuß auf den Boden des Königreichs setzt. Sie müssen auch noch, wie soll ich sagen, einige Privatgespräche miteinander führen . . .«

»Dieser dicke Junge ist doch allzu naiv«, seufzte Herr von Montausier. Gewiß, man kann seinem Hofmeister, dem ehrwürdigen Bossuet, nicht vorwerfen, daß er ihn nicht auf seine Gattenpflicht vorbereitet hätte, obwohl es eine delikate Aufgabe für einen Geistlichen gewesen sein muß. »Was mich betrifft, so lege ich auch wenig Wert darauf: es ist nicht sehr anständig für einen siebzigjährigen Mann, über diese Dinge zu sprechen. Aber wer, denke ich, könnte es besser als Seine Majestät? . . . Zum Teufel, Monseigneur ist sein Sohn!« Einige Zeit darauf erfuhr man, der König habe »Monsieur le Dauphin in allen Einzelheiten darüber unterrichtet, was er zu tun habe«, und sogar »eine Art Geographie« hinzugefügt, worüber Seine Majestät sich mit den Höflingen sehr amüsiert habe.

Diesmal ist es beschlossen: Der Dauphin heiratet. Und zwar die Schwester des Kurfürsten von Bayern, Maria Anna Christina Victoria. Madame war darüber höchst verärgert. Nicht daß sie irgendein Vorurteil gegen die zukünftige Dauphine hegte; im Gegenteil, die Wahl einer deutschen Prinzessin konnte sie ja nur freuen. Doch sie hatte ihre Kandidatin. Vor ihrem gescheiterten Vorhaben, den Dauphin mit der ältesten Tochter von Monsieur zu verbinden, war ihr die Zukunft ihrer kleinen Cousine und Patentochter Sophie Charlotte von Hannover, der Tochter Tante Sophies, ganz vorgezeichnet erschienen. Welches Glück, eine so nahe Verwandte bei sich zu haben, und welche Ehre an dem Tag, da sie Königin von Frankreich wäre! Seit 1675 hatten Tante und Nichte sich in ihren Briefen darüber unterhalten, obwohl Sophie Charlotte damals erst acht Jahre alt war. Zu jener Zeit wies der Dauphin, der fünfzehn war, hartnäckig jeden Gedanken an Heirat von sich, was der kleinen Prinzessin von Hannover die Zeit ließ, ins heiratsfähige Alter zu kommen, während der König von Spanien – derjenige, dem man die unglückliche Marie-Louise von Orléans ausliefern wird – um die Hand Maria Annas von Bayern anhielt. Alles ging also bestens. Leider kam aber die spanisch-bayerische Hochzeit nicht zustande, und Madame schrieb im Dezember 1675: »Wir seind jetzt hier in Sorgen wegen eines *envoyé* von Bayern.« Wer würde die Auserwählte sein? Sophie Charlotte von Hannover? Marie-Louise von Orléans? Maria Anna von Bayern? Drei Jahre lang schlummerte die Angelegenheit.

1679 schickt Marie-Louise sich an, den spanischen König zu heiraten, und am französischen Hof wird wieder von Maria Anna gesprochen. Es heißt, sie sei »entsetzlich häßlich und immer kränkelnd«, doch der König sähe sie gern als Dauphine. In München werden Verhandlungen aufgenommen, zuerst durch den Kardinal d'Estrées, dann durch Charles Colbert de Croissy, den Bruder des großen Colbert und einen seiner fähigsten Beamten. Eine außergewöhnliche Person mischt sich ebenfalls ein, Gaspard d'Espinchal, ein

Edelmann aus der Auvergne, der vierzehn Jahre zuvor wegen grauenhafter Verbrechen vom Gerichtshof von Clermont zum Tode verurteilt worden war. Es war ihm gelungen zu fliehen und, keiner weiß genau wie, nach Bayern zu kommen, wo ihn eine glänzende militärische Karriere im Dienst des Kurfürsten erwartete, die er mit der Tätigkeit eines Geheimagenten für Frankreich verband. Alle wirken so gut zusammen, daß die Vermählung gegen Ende des Jahres praktisch abgeschlossen ist. Gaspard d'Espinchal wird dabei einen Abolitionsbrief gewinnen, der ihm erlaubt, erhobenen Hauptes nach Frankreich zurückzukehren (außerdem ein Bildnis Ludwigs XIV. in edelsteingeschmücktem Rahmen); Colbert de Croissy wird einen weiteren diplomatischen Erfolg erringen, und der Dauphin wird eine Gemahlin im gleichen Alter erhalten, mit der er alsbald die Freuden der Ehe kennenlernen kann, bevor die Freuden der Vaterschaft beginnen.

Selbst in diesem Stadium gibt Elisabeth Charlotte die Hoffnung nicht auf, das bayerische Vorhaben zum Scheitern zu bringen, und in dem Wunsch, ihrer Familie in Deutschland zu dienen – die sie im übrigen heftig dazu drängt –, begeht sie lauter Ungeschicklichkeiten. Nach einer Unterredung mit Louvois, der sie nicht mag und sie mit guten Worten abspeist, zieht sie Anna Gonzaga hinzu, die entzückt ist, wieder als Heiratsvermittlerin gebraucht zu werden, und sich schließlich Ludwig XIV. selbst anvertraut. Obwohl sie weiß, daß er es »sehr übel aufnimmt, wenn man mit ihm verhandeln will«, besteht sie schwerfällig darauf und beharrt, um ihn aufzustacheln, auf den Ansprüchen des Münchner Hofes, der sich erlaubt, Bedingungen zu stellen. »Wenn ich einwillige, in gewissen Punkten nachzugeben, so bin ich sicher, daß sie mir die Prinzessin nachwerfen werden«, hatte der König unvorsichtig erklärt, und sie erwidert: »Es wird eine große Ehre für

Marie-Anne-Christine von Bayern,
Dauphine von Frankreich;
Kupferstich nach einem Gemälde von Hyacinthe Rigaud.

Bayern sein, wenn Eure Majestät einmal nachgeben!« Worauf ihr Gesprächspartner, seinen Ärger bezähmend, das Gespräch abbrach: »Die Sache ist erledigt, und das wird meinen Sohn sehr freuen, denn er ist besorgt: er fürchtet, daß diese Heirat nicht zustande kommt. Ich werde ihm sagen, daß er an die Prinzessin schreiben soll.«

Doch wer mochte dem Dauphin diesen Heiratseifer eingegeben haben? Es ist noch keine drei Monate her, da verfinsterte sich sein Gesicht, sobald man ihm von Heirat sprach. Und nun zählt er die Minuten, während er auf die Ankunft einer Verlobten wartet, von der man ihm ganz ohne Umschweife gesagt hat, daß sie häßlich sei! Denn ohne Zweifel ist sie häßlich. Man braucht nur ihr Porträt anzuschauen. Alles, was einem über sie einfällt, ist, daß sie Geist, Tugend, Gottesfurcht hat, kurz das, was der Maler nur schwerlich hätte wiedergeben können... Doch der Dauphin schert sich nicht im geringsten darum: »Sie hat Geist und sie ist tugendhaft. Das ist alles, was ich mir von meiner zukünftigen Frau wünsche.« Elisabeth Charlotte versteht es nicht und schluckt ihre Enttäuschung hinunter.

Ihr Familienstolz hindert sie daran, den Dingen ins Gesicht zu sehen. Die Jugend ihrer Cousine, die es nötig machen würde, die Hochzeit hinauszuzögern, ist nur ein Vorwand – selbst wenn es stimmt, daß der Dauphin für die Vermählung mit Maria Anna körperlich reif und geistig ausreichend vorbereitet ist – dank seines Lehrers Bousset. Doch der wahre Grund liegt anderswo. Diese Heirat, die die traditionellen Bande zwischen Frankreich und dem katholischen Bayern verstärkt, ist viel vorteilhafter für die Außenpolitik Ludwigs XIV. als eine Allianz mit dem kleinen protestantischen Hannoveraner Hof, dessen Herzog nicht einmal Kurfürst ist (er wird es erst 1692 sein) und sich im soeben beendeten Holländischen Krieg auf die Seite des Feindes, des Prinzen von Oranien, gestellt hat. Auch wenn Maria Anna von Bayern zehnmal so häßlich wäre, würde das nichts an der Sache ändern. Ihr unlängst verstorbener Vater war Frankreichs Verbündeter; ihre Mutter hatte schon immer den Wunsch, sie mit dem französischen Thronfolger zu verheiraten; und ihr siebzehnjähriger Bruder, der neue Kurfürst, wird der antifranzösischen Partei, die einer seiner Onkel anführt – dieser Onkel regiert gegenwärtig in seinem Namen – nur um so mehr Widerstand entgegensetzen.

Die ersten Eindrücke über die Dauphine sind im übrigen äußerst günstig und können den von ihrem Bildnis hinterlassenen Eindruck korrigieren. Ihre Briefe, die »so vernünftig, so angemessen, so rechtschaffen«

Die Marquise de Maintenon mit ihrer Nichte; Gemälde von Ferdinand Elle, um 1685.

sind, »daß man von ihrem sehr guten Geist vollkommen überzeugt ist«, erwecken Bewunderung; und sie selbst ist nach den Aussagen derer, die sie in Schlettstadt abgeholt haben, voller Anmut. Der persönliche Gesandte des Königs bringt geschickt die allgemeine Meinung zum Ausdruck: »Sire, bewahren Sie sich den ersten Blick, und Sie werden zufrieden sein.« Ludwig XIV. ist es um so mehr, als Madame de Maintenon, die mit den anderen Damen ihres Hofstaats der Prinzessin entgegengeht, ihm Wunderdinge über sie schreibt.

Madame de Maintenon ist zur zweiten *dame d'atour* der Dauphine ernannt worden. Ein Schritt weiter im unaufhaltsamen Aufstieg der Witwe des Dichters Scarron. Mehrere Jahre lang hatte der König sie nicht ausstehen können, trotz der Lobreden Madame de Montespans, deren illegitime Kinder sie mit bewundernswerter Hingabe aufzog. »Ihr guter Geist«, sagte Ludwig XIV. ironisch zur Favoritin, wenn diese die Verdienste der unvergleichlichen Erzieherin rühmte. Ganz allmählich wurden ihm die Begegnungen mit Madame Scarron weniger unangenehm, ihre – stets maßvollen und gewählten – Worte anziehender. Diese schöne Brünette mit den großen ausdrucksvollen Augen besaß die Gabe, über die Wege der Vorsehung und die Rettung der sündigen Seele mit einem Eifer zu sprechen, der den besten Kanzelredner geehrt hätte, und hinzu kam ihr Charme. Sie war taktvoll, zurückhaltend, elegant gekleidet und vermied es, zu brillieren, und lebte im übrigen gemäß dem Stand, den Gott ihr zugewiesen hatte. 1673 wird sie bei Hofe zugelassen, als der König durch das Parlament von Paris die aus seiner Verbindung mit Madame de Montespan hervorgegangenen Kinder legitimieren läßt. Die Witwe Scarron gibt es nicht mehr, an ihre Stelle tritt die Marquise de Maintenon. So bescheiden ist sie, daß sie, durch den Titel Marquise in Verlegenheit gebracht, darum bittet, man möge sie ganz einfach Madame de Maintenon nennen.

»Madame de Maintenant«*, spotten bereits einige übelgesinnte Höflinge. Sie sind allzu voreilig. Zu jener Zeit steht Madame de Montespan im Zenit, Sternschnuppen funkeln und verschwinden wieder, und die erhabene Fontanges spielt noch immer Mühle auf ihrem Schloß in der Auvergne. Pläne, die Madame de Maintenon damals unter ihrer gestärkten Haube für sich und Ludwig XIV. schmiedet, zielen einzig auf den Ruhm Gottes ab: darauf, den erlauchtesten Sünder des Königreichs, den Sklaven seiner Leidenschaften, der hemmungslos den Verirrungen des Fleisches ausgeliefert ist, zu Ihm zurückzuführen.

Sie wird Zeit brauchen, eine ungewöhnliche Geschicklichkeit und die Beharrlichkeit des Hirten, der sich an allen Dornen des Weges blutig reißt, um das verlorene Schaf zu retten. Wie oft mußte sie, ohne die Beherrschung zu verlieren, den Zorn Madame de Montespans ertragen, die sich vom frommen Unternehmen der Erzieherin bedroht fühlte und bei jeder Gelegenheit Streit mit ihr suchte! Gott wollte es, daß die Favoritin durch die Voisin, die Vigoureux und andere ähnliche Hexen und Giftmischerinnen kompromittiert wurde, so daß der König, ihrer Launen müde, sich schließlich ganz von ihr abwendet: Die Giftaffäre versetzte Madame de Montespan einen schrecklichen Schlag. Doch zu Beginn des Jahres 1680, als die Heirat des Dauphins bevorsteht, ist das Spiel noch nicht gewonnen. Die *dame d'atour* der Dauphine ist seit mehreren Tagen unterwegs nach Schlettstadt, als der König in der »sehr schönen, ganz neuen, achtspännigen Karosse«, die er angefordert hat, um seine Schwiegertochter

* maintenant = jetzt (A. d. Ü.).

zu empfangen, Saint-Germain-en-Laye verläßt. Allein mit ihm in der schönen Karosse befinden sich ein Hoffräulein von Madame und Mademoiselle de Fontanges, die er gerade mit einem Geschenk von 10000 Louisdor und einem Service aus feuervergoldetem Silber beehrt hat. Der Schutzengel des Königs hat sich dennoch bemüht, die Fontanges zu überzeugen, daß es zum Besten ihres Geliebten wäre, wenn sie auf ihn verzichtete. »Aber, Madame«, antwortete sie naiv, »Ihr sprecht davon, eine Leidenschaft abzulegen, wie man ein Kleid ablegt!« Das freche Ding! Was ist eine Leidenschaft, verglichen mit der ewigen Glückseligkeit!

Es gibt noch jemand anderen, dem Madame de Maintenon im Hinblick auf den König vielleicht noch mehr mißtraut: die junge Madame, deren Beliebtheit sie in vieler Hinsicht beunruhigt. Zunächst: Was hat es mit dieser angeblichen Konversion auf sich? Die gute Katholikin, die in der Messe gähnt, bei der Predigt einschläft und, anstatt während der Prozessionen zu beten, nur die Tapisserien betrachtet, die den Weg schmücken! Man hört, wie sie aus Leibeskräften die Psalmen singt, wenn sie spazierengeht, und überall hat sie deutsche Bibeln, in Saint-Cloud, in Versailles, in Fontainebleau, in denen sie jeden Tag liest. »Gottes Wort kennen und Jesus Christus im Herzen tragen, alles übrige ist nur Pfaffengeschwätz«: Das nennt Madame »eine kleine Religion à part« haben! Wer weiß, welch schädlichen Einfluß diese falsche Konvertitin, im Herzen ganz Hugenottin, auf Seine Majestät haben könnte?

Und die derben Wörter, die sie schamlos verwendet, ihre vergnüglichen Geschichten, die den König leider auch noch belustigen! Schickt es sich für eine Prinzessin, diesen Wüstling von Rabelais zu lesen, den die Sorbonne damals zu Recht verdammt hat? Und noch schlimmer: Vergnügen an seinen abscheulichen Witzen zu finden? Madame ist nicht galant, zugegeben. Aber sie ist zu keck, und auf dem Weg der Keckheit führt man keine Seele zu Gott. Diese Art Freundschaften können, auch wenn das Fleisch keinen Teil daran hat, genauso schädlich sein wie sündige Liebschaften.

Madame de Maintenon, die siebzehn Jahre älter ist als Elisabeth Charlotte und eine gründliche Kenntnis des Lebens und der Männer hat, weiß, daß man, um ans Ziel zu kommen – worin es auch immer bestehen mag –, Ludwig XIV. geistig vollkommen beherrschen muß. Die Fontanges wird vorübergehen wie die Ludres, die Montespan und die anderen: »Der König war immer nur von ihrem Gesicht angezogen.« Doch Madame, die sie im Kreis ihrer wenigen Vertrauten als unbedeutenden Bauerntrampel hinstellt, ist um so gefährlicher, als sie ihre Beliebtheit nicht ihrem Gesicht verdankt.

Kann man wirklich noch von Beliebtheit sprechen, nachdem ihre Heiratsvermittlung zugunsten Sophie-Charlottes von Hannover so schroff abgelehnt worden ist? Vor allem nach dem Affront, der darin bestand, daß eine ihrer besten Freundinnen, die Marschallin von Clérembault, grundlos vom Hofe ausgeschlossen wurde? Sie scheint es nicht zu bemerken. Die Zeitgenossen, die dem König nahestehen, betonen einmütig seinen undurchdringlichen Charakter. »Er ist von unbedingter Verschwiegenheit«, notiert der Pfarrer von Versailles, François Hébert; Spanheim spricht von »tiefgehender Verstellungskunst«, und der Marquis de Sourches überbietet ihn noch: »Er war der am schwersten zu durchschauende Mensch von der Welt; oft schmeichelte er den Leuten in der Öffentlichkeit, wenn er mit ihnen gerade am wenigsten zufrieden war.«

Die junge und unerfahrene Elisabeth Charlotte mag sich getäuscht haben oder sich auch leicht etwas vorgemacht haben über die Gefühle, die man ihr noch entgegenbrachte. Im Mai 1680 verwendet sie sich bei der Herzogin Sophie voll Eifer für einen Gesandten des französischen Hofes, und zwar auf ausdrücklichen Befehl Ludwigs XIV., der ihr in einem ungewöhnlichen Ton schreibt: »Madame, ich habe Monsieur d'Arcy befohlen, in meinem Auftrag Euren Onkel, den Herrn von Osnabrück, aufzusuchen. Ihr werdet so freundlich sein, Eurer Tante zu schreiben und sie bitten, ihn in den Angelegenheiten, die er in meinem Auftrag vorbringen wird, zu unterstützen. Wenn Ihr geschrieben habt, dann schickt Euren Brief an Colbert de Croissy.« Kein Wort mehr. »Worum handelt es sich? Ich weiß es nicht, der König hat es mir nicht gesagt.« Naiver kann man die bescheidene Rolle, die einem zugefallen ist, nicht übernehmen.

Madame ist nicht mehr à la mode, es ist nun an der liebenswerten Dauphine, die Aufmerksamkeit eines wankelmütigen Hofes auf sich zu ziehen, der die vertrauten Gesichter leicht satt bekommt und nur für die Neuen Augen hat. Madame de Sévigné, die den Sommer 1680 auf ihrem Gut »Les Rochers« in der Bretagne verbringt, berichtet, daß die Dauphine an der Jagd Gefallen findet und daß »man deshalb ein wenig über Madame spricht; sonst wäre keine Rede mehr von ihr«.

Die beiden jungen Frauen verstehen sich übrigens sehr gut, trotz allem, was sie hätte trennen können. Der alte Konflikt zwischen dem Zweig der Pfalzgrafen vom Rhein und dem der Pfalzgrafen von Bayern läßt sie gleichgültig (»die Jagd wird diese beiden bayerischen Linien wieder vereinen, die sich seit langem feind sind«, sagt die Marquise); der gescheiterte Plan, den Dauphin mit Sophie-Charlotte zu verheiraten, ist vergessen; und der Erfolg von Maria Anna erregt keine Eifersucht bei Elisabeth Charlotte, die allzu gut weiß, was die Schmeicheleien des Hofes wert sind, und nicht daran denkt, sie ihrer »Rivalin« streitig zu machen. Die jüngere (Maria Anna ist zwanzig, Elisabeth Charlotte neunundzwanzig) nennt die ältere »Mama«, um sie zu ärgern, und schickt absichtlich die dümmsten und eingebildetsten jungen Gecken des Hofes zu ihr, weil sie weiß, daß Madame diese Spezies nicht ausstehen kann. Madame rächt sich für diese Kindereien, indem sie sich über die »bayerische Devotion« der äußerst frommen Dauphine lustig macht, die keine Predigt versäumt und nicht ins Theater geht, wenn sie am nächsten Tag kommunizieren soll. »Nichts als Aberglauben!« ruft Elisabeth Charlotte aus. »Glaubt mir, ich wüßte Euch schon davon zu befreien!« Unglücklicherweise wird sie sie nicht von ihrer krankhaften Schüchternheit befreien können, die sie vor Ludwig XIV. verstummen läßt, und ihr auch nicht helfen können, ihre physische Anfälligkeit zu überwinden, ihre »Schwächeanfälle« und »Blähungen«, von denen sie häufig heimgesucht wird, zum großen Mißfallen Seiner Majestät, der es verabscheut, wenn man so viel Wesens um solche kleinen Unpäßlichkeiten macht.

Um das Unglück voll zu machen, gefiel die Dauphine bald auch Madame de Maintenon nicht mehr, deren Einfluß täglich größer wird, so daß »man der Dame nicht mehr ohne Furcht und Respekt begegnet«. Der König verzichtet auf die Mätressen. Madame de Montespan wird völlig fallengelassen und erscheint nur noch zu wenigen zeremoniellen Gelegenheiten bei Hofe. Sie reagiert darauf mit solcher Heftigkeit, daß Colbert, um den Anstand zu wahren, eingreifen und eine Art Waffenstillstand aushandeln mußte: Der König würde weiterhin, wie gewöhnlich, zur *medianoche* zu ihr kommen, jedoch unter der Bedingung, daß jedermann Zutritt hätte. Die arme Fontanges dagegen hat kaum Zeit gehabt, sich ihres Herzoginnentitels zu erfreuen. Das schönste Mädchen der Welt schleppt von Kloster zu Kloster die unheilbare Krankheit mit sich,

Das Schloß in Versailles;
Gemälde von P. D. Martin, 1722.

die sie plötzlich befallen hat, und die Verzweiflung, im Herzen ihres Geliebten nichts mehr zu gelten. Um die bisher so gut gelungene Verwandlung des Königs zu vollenden, bleibt Madame de Maintenon nur noch, ihn der Königin »zurückzugeben«. Das wird zur Verblüffung des Hofes alsbald getan sein.

Wer sollte sich angesichts so vieler unerwarteter Ereignisse noch für Madame interessieren? Genau diesen Augenblick jedoch wählt die Klatschbase Sévigné, um eine Neuigkeit zu verbreiten, in die außer ihr offenbar nur wenige Personen eingeweiht sind. Sie wurde ihr von ihrer Nachbarin auf dem Land, der Fürstin von Tarent, geborene Emilie von Hessen-Kassel und Schwester von Elisabeth Charlottes Mutter, mitgeteilt, die Geldverlegenheiten zwingen, einen Teil des Jahres in Vitré zu verbringen.

Die Fürstin von Tarent ist ein Original; sie behauptet, all ihre akuten und zukünftigen Krankheiten zu heilen, indem sie täglich zwölf Tassen Tee trinkt, und ist bei ihren über fünfzig Jahren noch ebenso leicht entflammbar wie ein junges Mädchen. Monsieur nennt sie »meine liebe Tante«, und Madame, die sie im Palais-Royal mit offenen Armen empfängt, wenn sie nach Paris kommt, und ihr lange Briefe in die Bretagne schreibt, sähe es gerne, wenn sie sich in Saint-Cloud niederließe. Das hindert die Fürstin nicht, über ihre Nichte alles mögliche zu erzählen und so auch ihrer alten Freundin Sévigné anzuvertrauen, daß Liselotte unsterblich verliebt sei in den »älteren Bruder ihres Gatten«. Da sind die beiden Damen in ihrem Element. Welch ein Abenteuer! »Sie weiß nicht, was das ist; die Tante weiß es wohl. Wir lachten miteinander über dieses Leiden, das sie gar nicht kennt und doch so heftig hat.« Ein gefundenes Fressen für Witwen im reifen Alter, die sich auf ihrem Landsitz langweilen! Und wie pikant, von dieser Leidenschaft in einem Augenblick zu erfahren, da der Held nur noch mit seinem ewigen Seelenheil beschäftigt ist! Das ist fast so schön wie Corneille, auch wenn die Heldin eher an die Liebenden Racines gemahnt: »Sie empfindet Freude oder Kummer nur soweit, wie es ihr an diesem Ort [beim König] gut oder schlecht geht. Sie kümmert sich kaum um das, was bei ihr vor sich geht, und benützt es höchstens dazu, sich beim älteren Bruder zu beschweren.«

Elisabeth Charlotte ahnt nicht im entferntesten, daß die »liebe Tante« in ihrem Bretagne-Schloß der indiskreten Marquise ein Gefühl zum Fraß vorwirft, das sie sich vielleicht nicht einmal selbst einzugestehen wagt. Im übrigen ist es nicht die richtige Zeit für Romanzen. Ende August 1680 stirbt plötzlich der Kurfürst Karl Ludwig. Die traurige Nachricht wird ihr von einem Landsmann ohne besondere Rücksicht überbracht und stürzt sie in furchtbare Verzweiflung. »Euer Liebden aber zu sagen, was ich empfinde und wie mir Tag und Nacht zumute ist, wäre wohl schwerlich zu beschreiben.« In ihrem höchsten Schmerz beschuldigt sie seltsamerweise Ludwig XIV. und seine Minister, welche, so sagt sie »ohne Zweifel an Ihro Gnaden des Kurfürsten selig Tod Ursach sein durch den Chagrin, so sie ihm gegeben«.

Vor Kummer sollte Karl Ludwig gestorben sein? Da die letzten Verheerungen der Pfalz durch die Franzosen 1674 stattgefunden hatten, wäre es ein verspäteter Kummer gewesen. Der pfälzische Kurfürst war eher ein Opfer der ausschweifenden Tafelfreuden, denen er sich im Alter hingegeben hatte; hinzu kam seine störrische Weigerung, auf seine Gesundheit zu achten. Als Madame 1708 so ernstlich erkrankt, daß man um ihr Leben fürchtet, erinnert der Marquis de Sourches daran, daß ihr Vater an einer Krankheit gestorben sei, »die der ihren ganz ähnlich war, da er sich auch nicht helfen lassen wollte«.

Wie dem auch sei, Liselotte, die ihren Vater trotz allem, was er ihr angetan hatte, immer bewunderte, will die Wahrheit nicht gelten lassen. Man stirbt nicht einfach so plötzlich mit dreiundsechzig Jahren, wenn man eine so gute Konstitution hat! Es muß einen Grund, es muß Verantwortliche geben oder vielmehr *einen* Verantwortlichen: denjenigen, der sie verraten hat, der sie um die Freundschaft betrügt, mit der sie sich begnügt hatte, und den sie höhnisch »den großen Mann« nennt, indem sie ihre geheime Herzenspein und ihre gebrochene Kindesliebe in ein und dieselbe Zornesregung münden läßt. »Ja, ehe er Papa so verfolgt hat, muß ich gestehen, daß ich ihn sehr lieb hatte und gerne bei ihm war.« Das ist vorbei, sie kann ihn nicht mehr leiden. Ludwig XIV., der nicht einsehen kann, daß er das Ende des Kurfürsten beschleunigt haben soll, bemüht sich während einer Reise des Hofes nach Fontainebleau um eine Versöhnung: Madame möge ihm nicht mehr den Tod ihres Vaters vorwerfen, sie möge in Freundschaft mit ihm leben, und alles werde gut werden. Für den Augenblick läßt sie sich überzeugen. Doch sobald sie zurück in Saint-Cloud ist, beginnt sie wieder, sich zu quälen.

Das Versöhnungsangebot Ludwig XIV. in Fontainebleau war eine reine Formsache. Die absurden Vorwürfe einer untröstlichen, vom Schmerz verstörten Tochter verdienten zwar nicht, ernst genommen zu werden, dennoch war es untragbar, daß die Herzogin von Orléans, die Gemahlin von Monsieur, weiterhin in einer feindseligen Haltung ihrem Schwager, dem König, gegenüber verharrte. »Wir sind nicht wie Privatleute, wir gehören ganz und gar der Öffentlichkeit«, wird er eines Tages zur Dauphine sagen. Wie groß auch immer die Sorgen jedes einzelnen oder die Mißstimmigkeiten innerhalb der königlichen Familie sein mögen, der Schein muß gewahrt werden.

Nur mit knapper Not gelingt es in der nächsten Krise, die 1682 von der Clique um den Chevalier de Lorraine ausgelöst wird, den Schein zu wahren. Es geht darum, Madame ein für allemal in Verruf zu bringen, indem eine dieser Hofintrigen gegen sie gesponnen wird, von der sie sich nicht erholt. Ihre starke Persönlichkeit, die Lebhaftigkeit ihres Geistes und ihrer Sprache, die allgemeine Wertschätzung, die sie umgibt, obwohl der König ihr nicht mehr die gleiche Aufmerksamkeit erweist, all das macht sie lästig. Bis hin zu den deutschen Edelleuten, die ihr auf der Durchreise in Frankreich ihre Aufwartung machen und imstande wären, diejenigen, die der Schwester des neuen Kurfürsten von der Pfalz die gebührende Achtung versagten, zum Duell herauszufordern. Die Deutschen verstehen ja keinen Spaß! Gott weiß, was passieren könnte.

Die Kabale von Saint-Cloud wird mit teuflischer Geschicklichkeit ins Werk gesetzt werden. Ihr Ziel? Elisabeth Charlotte dort zu treffen, wo sie unangreifbar ist: in ihrem Ruf. Gewiß wird sie sich verteidigen; sie wird sich, wie es ihre Gewohnheit ist, beim König beschweren und sich gegen die Verleumdungen, deren Oper sie ist, wehren. Von vornherein überzeugt von ihrer Unschuld, wird er ihr raten, Geduld zu haben und Böswilligkeiten zu ignorieren, die sie doch gar nicht beunruhigen können. Madame hat keine Geduld und versucht es, da die Gerüchte sich halten, noch einmal. Mit dem einzigen Ergebnis, daß sie Ludwig XIV., dessen Abneigung gegen Klatsch allgemein bekannt ist, gegen sich aufbringt. Öffentlich in den Schmutz gezogen, den Schikanen Monsieurs ausgesetzt, dessen Eifersucht so leicht zu erregen ist, und der königlichen Protektion verlustig, gibt sie schließlich bei Hofe und in ihrer Umgebung eine so traurige Figur ab, daß ihr Stolz endgültig daran zerbricht. Ihre einzige Rettung wird sein, daß man sie vergißt, vielleicht, daß sie sich in die Abtei

Maubuisson zurückzieht, deren Äbtissin eine Tante von ihr ist.

Nach über einem Jahr diffuser Gerüchte, geschickt verbreiteter Andeutungen, Denunziationen unbekannten Ursprungs ist die Intrige reif zur Vollendung. Da es um eine »Galanterie« ging, brauchte man einen Galant. Die Wahl fiel auf den Chevalier de Saint-Saëns, einen »sehr klugen und sehr gut aussehenden« Edelmann aus der Normandie, der natürlich von nichts wußte. Warum just der Chevalier Saint-Saëns? Weil er ein hübscher Junge ist und Madame oft mit ihm zu tun hat, da er bei der königlichen Jagd zu den Offizieren gehört, die dem Kommandanten der Leibgarde unterstehen und die Aufgabe haben, den vornehmen Gästen kleine Dienste zu erweisen. Früher oder später wird sie öffentlich das Wort an ihn richten, vertraulich, wie sie zu allen ist, die sie gut kennt. Das wird der Moment sein zu handeln.

Eines Abends beim Spiel der Königin bemerkt Elisabeth Charlotte den Chevalier und wendet sich ihm ganz selbstverständlich zu, um ihn nach seiner Meinung zu einem strittigen Punkt zwischen zwei Spielern zu fragen. Mademoiselle de Grancey, die, seitdem sie *dame d'atour* der spanischen Königin geworden ist, noch frecher und aggressiver als je zuvor ist, ergreift die Gelegenheit.

»Kennt Ihr den Menschen, mit dem Ihr sprecht?« »Wie sollte ich ihn nicht kennen? Ich sehe ihn alle Tage auf der Jagd neben mir reiten, wie alle seine Kameraden, und ist ebenso höflich wie die andern, um mir meine Pferde zu holen.« »So ist er denn von Euren Freunden?« »Warum fragt Ihr mir das?« »Weil ich gern eine Sache wissen möchte.« »Welche?« »Warum er mir gestern einen Affront getan hat beim Ball und mich so vor allen angesehen, daß er mit aller Gewalt gewollt hat, daß ich nicht mehr tanzen solle, das muß er jemand zu Gefallen getan haben.« »Wie ich nicht beim Ball war, kann ich nicht wissen, was da vorgegangen ist, allein wenn Ihr wollt, so will ich ihn fragen.« »Das ist nicht vonnöten.«

Der Mechanismus ist in Gang gesetzt. Einige Monate später: »Wißt ihr, was für ein Geschrei in Paris geht? Der Chevalier de Saint-Saëns hat Mademoiselle de Grancey einen Affront getan, um der Herzogin von Orléans zu gefallen!«

Zu Beginn mißt sie dem nicht allzuviel Bedeutung bei, und es ist der König, der, davon unterrichtet, daß sich in Saint-Cloud etwas zusammenbraut, sie warnt: Die von der Kabale seien im Begriff, Madame de Gordon, eine ihrer Hofdamen, zu Monsieur zu schicken und ihm ihre Affäre mit dem Chevalier zu entdecken. Sehr betroffen von diesen Gerüchten und enttäuscht, daß der König es abgelehnt hat, die Urheber kommen zu lassen und sie zum Schweigen zu bringen, sieht Elisabeth Charlotte so bekümmert drein, daß ihr Gemahl es bemerkt: Was hat sie nur, das sie so traurig macht? Sie kann nicht mehr an sich halten und erzählt ihm schließlich alles bis auf ihre Unterredung mit Ludwig XIV., der absolute Verschwiegenheit gefordert hat. Philipp tut erstaunt: »Es ist unmöglich, daß jemand das Vorhaben hat, man hat Euch diesen Avis nur gegeben, um meinen Freunden böse Offizien bei Euch zu leisten. Wenn es nur das ist, was Euch quält, so könnt Ihr ruhig sein, denn ich glaube nicht, daß Ihr je kokett sein könnt. Seid also beruhigt und macht Euch keine Sorgen.«

Wie soll man sich keine machen, wenn das Gerücht sich hält, sich aufbläht und ausbreitet? Nun ist die Rede von einem heimlichen Briefwechsel, der dank der Botendienste Mademoiselle de Théobons zustande gekommen sein soll, sowie von einem Bildnis, das zusammen mit 500 Pistolen dem Chevalier de Saint-Saëns auf demselben Wege geschickt worden sein soll. 500 Pistolen! »Ich habe doch nie so viel Geld in meinem Vermögen, außer den ersten Tag im Jahr!« ruft Madame aus, die in der Tat keinen roten Heller zur Verfügung hat und die königlichen Neujahrsgaben abwarten muß, um an ihre Bediensteten etwas Geld austeilen zu können. Und wie schändlich, die unschuldige Théobon in die Sache hineinzuziehen!

Die an der Kabale Beteiligten wissen genau, warum sie Lydie de Théobon kompromittieren. Sie ist die zuverlässigste und treueste Freundin Elisabeth Charlottes, seit diese sie zusammen mit der schönen Ludres aufgenommen hatte, als Madame de Montespan alle Hoffräulein der Königin davonjagen ließ, weil sie auf sie eifersüchtig war. Außerdem ist sie im Begriff – wenn es nicht bereits heimlich geschehen ist, da die beiden Familien sich dieser Heirat widersetzen –, den Grafen Beuvron zu heiraten, der die Leibgarde Monsieurs befehligt und mit dem Chevalier de Lorraine verfeindet ist, dessen Freund er früher war. »Monsieur ist sehr böse auf Euch und die Théobon«, verrät der König Madame auf einer Jagdpartie. So böse, daß die Ehegatten nur noch über einen Mittelsmann aus ihrem Gefolge miteinander sprechen und man bald darauf von der Entlassung der Théobon (mit dem ausdrücklichen Verbot, sie zu sehen oder ihr zu schreiben) und der »Verabschiedung« des Grafen Beuvron erfährt.

Das ist zuviel. Trotz der tröstenden Worte der Königin und der Dauphine, die sie nach besten Kräfte ermutigen, diese Prüfungen tapfer zu überstehen, entschließt sich Elisabeth Charlotte, den Rest ihrer Tage in der Abtei von Maubuisson zu verbringen, wie sie es schon einige Monate zuvor erwogen hatte. Die Äbtissin, ihre Tante, eine tüchtige Frau, die ihre Nichte zu gut kennt, um ihre Absicht ernst zu nehmen, hatte ihr ins Gesicht gelacht und geraten, wegen ein paar übler

Reden kein Aufhebens zu machen. Einer so unwiderruflichen Entscheidung wird sich die Äbtissin nun aber beugen müssen!

Doch sie kann den Hof nicht ohne die Erlaubnis Ludwigs XIV. verlassen, und Madame stößt auf ein kategorisches Nein: »Da ich sehe, daß es wirklich Eure Absicht ist, nach Maubuisson zu gehen, will ich offen mit Euch sprechen: Schlagt Euch das aus dem Kopf! Denn solange ich lebe, werde ich nicht einwilligen und mich dem mit Nachdruck und Gewalt widersetzen.« Um die Schroffheit seiner Ablehnung ein wenig zu mildern, erinnert er sie an ihre Pflichten, die ihre Anwesenheit bei Hofe erfordern, und an die Etikette und vergißt auch nicht, sentimentale Saiten anzuschlagen: »Ihr seid meine Schwägerin, und die Freundschaft, die ich für Euch hege, erlaubt mir nicht, Euch für immer von mir ziehen zu lassen.«

Was soll sie darauf antworten? »Ihr wollt, daß ich mein Leben lang unglücklich bin und leide. Es fällt mir schwer, mich dazu zu entschließen und Euch zu gehorchen.« »Ich will nicht, daß Ihr unglücklich seid.« »Wie soll ich es nicht sein, solange diese Leute, meine Feinde, um ihn sind?« »Aber, Madame, mein Bruder wird sich mit Euch verständigen und Euch versprechen, daß sie Euch nichts mehr tun.«

Es folgt eine mühsame »Verständigung« zwischen Elisabeth Charlotte und Philipp, in Gegenwart des Bruders und Schwagers, der für ihre Einigung bürgt, und alles endet mit der klassischen Umarmung: »Nun wollen wir uns alle drei umarmen.« Man kann sich den Seufzer der Erleichterung vorstellen: Ludwig XIV. sind diese Intrigen lästig, die nun seit Monaten andauern und sich auch auf andere Mitglieder seiner Umgebung auswirken. Als unlängst der Prinz von Conti, der Gemahl seiner ältesten Tochter mit der Herzogin de la Vallière, den Chevalier de Lorraine aus einem nichtigen Grund zum Duell forderte, hieß es, Madame hätte den Prinzen gegen den Chevalier aufgestachelt. Und als er selbst kurz darauf gegen den Lothringer vorgehen mußte, der den jungen Grafen Vermandois, ein anderes Kind von Mademoiselle de la Vallière, zu einem homosexuellen Abenteuer verführt hatte, beklagte Philipp sich bei Madame de Maintenon: Sein Bruder, sagte er, empfände weder Freundschaft noch Achtung für ihn, denn er verfolge seine nächsten Freunde.

Der König machte sich wohl kaum Illusionen über den Grad der »Verständigung«, die er ausgehandelt hatte. Das Wichtigste war, seine Schwägerin daran zu hindern, daß sie sich nach Maubuisson zurückzog. Ein solcher Schritt hätte Monsieur nicht wiedergutzumachenden Schaden zugefügt. Mögen sie im übrigen zusammenleben, wie sie können. Und Madame möge aufhören, ihn mit ihren Angelegenheiten zu belästigen.

Elisabeth Charlotte hatte es gespürt: Seit einiger Zeit ist der König »ganz und gar verändert«. Er glaubte zum Glück kein Wort von den Gerüchten über sie. »Ich lege meine Hand dafür ins Feuer, daß Madame rein und unschuldig ist«, erklärte er seinem Bruder. Doch wo ist die einstige Vertrautheit, die familiäre Zwanglosigkeit? Von nun an wird sie die Kränkungen durch die Kreaturen des Chevalier de Lorraine und die Schäbigkeiten Philipps für sich behalten, der keine Gelegenheit ausläßt, sie ihren halben Sieg über die Kabale entgelten zu lassen. Ihre Briefe sind der einzige Ort, wo sie sich aussprechen kann: »Wenn ich nur an meine Leute vor meinem Herren frage, wie viel Uhr es ist, so fürcht er, es seie ein Ordre und will wissen, was es ist [...] Wenn ich zwei Worte mit meinen Kindern spreche, examiniert man sie eine halbe Stunde, was ich ihnen gesagt.«

Fremd in ihrem eigenen Haus, vom König, dessen Leben unter dem Einfluß Madame de Maintenons eine neue Wendung nimmt, auf Distanz gehalten, ist Elisabeth Charlotte mit dreißig Jahren nicht mehr der kleine Wildfang, der sich am Feuer des höfischen Lebens fröhlich die Flügel verbrannte. Sie würde »gern alle hiesige Grandeurs quittieren; sie kommen einem gar zu teuer an«. Ob sie es will oder nicht, sie ist endgültig die Gefangene des Versailler Hofkalenders.

7

Der goldene Käfig

Pater Jordan war in Verlegenheit. Der vortreffliche Mann, ein Jesuit, der Madame als Beichtvater zugewiesen worden war, hatte von seinem Kollegen La Chaise, dem Beichtvater des Königs, einen Auftrag bekommen, der ihm nicht gefiel. Er sollte seinem Beichtkind ernste Vorhaltungen in bezug auf drei Punkte machen, die Pater La Chaise ihm im einzelnen aufgezählt hatte.

Pater Jordan hatte aber von sich aus derjenigen, die man ihm zu tadeln befohlen hatte, nicht viel vorzuwerfen. Die Frömmigkeit der ehemaligen Hugenottin war über allen Zweifel erhaben, wenn auch der rechte katholische Glauben noch zu wünschen übrigließ. »Was wollt Ihr, mein Vater«, hatte sie ihm lachend geantwortet, als er eines Tages eine Bemerkung darüber machte, »man hat mich, wie ich in Frankreich kommen bin, mit drei Bischöfen Conferenzen über die Religion halten lassen. Sie glaubten alle drei different, aber ich habe aus allen dreien eine Quintessenz gezogen, woraus ich meine Religion formiert.«

Über die Reinheit ihrer Sitten war auch nichts zu sagen, außer daß der Beichtvater ihr Beispiel gern allen Damen des Hofes zur Nachahmung empfohlen hätte. Nur ihr allzu lebhaftes Wesen und ihre Weigerung, dem die linke Wange hinzuhalten, der sie auf die rechte geschlagen hatte, machten den guten Jesuiten traurig: Madame wäre imstande, wenn sie das Vaterunser sagt, den Vers über die Schuldiger, denen wir vergeben, zu vergessen! Doch was hat dies, so fragt er sich, mit den von Pater La Chaise angeführten Fakten zu tun? Fakten, die anscheinend so bedenklich sind, daß man Madame, wäre sie nicht die Schwägerin des Königs, vom Hof entfernt hätte...

Erstens: Madame hat zum Dauphin gesagt, daß, wenn sie ihn von Kopf bis Fuß nackt sehen würde, sie nicht eine Sekunde in Versuchung käme. – Nun gut, die Äußerung ist ein wenig locker, der Gedanke aber im Grunde so keusch! Und hatte sie nicht dieselben Worte im Theater gehört? Natürlich! Die Magd Dorin sagt in Molières *Tartuffe:*

Ich könnte Sie – das darf ich ruhig eingestehen –
hier splitternackend vor mir sehen
und würde nicht von Lüsten übermannt!

Tartuffe, hm... Eine skandalöse Äußerung – fürwahr. Wir leben nicht mehr zu der Zeit, da Seine Majestät Molière gegen die »Kabale der Frömmler« unterstützte. Manche mögen es sonderbar gefunden haben, daß Madame, die eingestandenermaßen ein schlechtes Gedächtnis hat, sich ausgerechnet an diese Komödie erinnert. Man wird ihr zu verstehen geben müssen, daß diese unvorsichtigen Reden nicht mehr gefragt sind.

Zweitens: Ihre Hofdamen haben Verehrer. Sie weiß es und duldet es. Es soll sich um Mademoiselle de Poitiers, vielleicht um Mademoiselle de Chausseraye und vor allem um Mademoiselle de Loubes handeln. »Die kleine Loubes« wird sie genannt, so winzig ist sie – eine Viertelportion, doch der Herr hat sie mit einem sehr hübschen Gesicht ausgestattet. Der Chevalier de Lorraine hat sie Madame aufgedrängt, die sie nicht wollte, aber aus Mitleid behält, trotz ihrer Intrigen und Galanterien: Die kleine Loubes ist bettelarm und könnte sich nur noch in ein Kloster retten (falls man sie dort ohne Mitgift aufnähme), wenn sie ihre Stelle verlöre. Die Zeiten haben sich geändert, was die Galanterien all dieser Fräulein betrifft! Man denke nur an Mademoiselle de Ludres, an Mademoiselle de Scoraille, jetzige Duchesse de Fontanges, und viele andere... »Man« war damals sehr froh, daß Madame ein Auge zudrückte... Zum Glück hat der gute Einfluß Madame de Maintenons diesen Schamlosigkeiten ein Ende bereitet. Wenn die Loubes und die Poitiers nicht vernünftig werden wollen, so mögen sie darauf gefaßt sein, daß sie früher oder später entlassen werden, ob es ihrer Herrin gefällt oder nicht. Und die verwegene Chausseraye, diese große Heuchlerin, soll sich nur nicht wie zufällig auf allen Jagdpartien des Königs einfinden unter dem Vorwand, Madame zu begleiten: Zwar ist der König fromm geworden, doch schlafende Hunde soll man nicht wecken.

Der letzte Punkt in der Rüge des Jesuiten war der delikateste, denn er betraf die Prinzessin von Conti, die älteste Tochter des Königs und der la Vallière. Elisabeth Charlottes Vergehen? Sie hatte die Prinzessin geneckt, indem sie von ihren Verehrern sprach, und beide hatten darüber gelacht. Das war ein klassischer Scherz am Hof: Keiner, hieß es, kann die Prinzessin von Conti sehen, ohne sich auf der Stelle in sie zu verlieben. Der Doge von Genua wird, auf Besuch in Versailles, bei ihrem Anblick in solche Erregung geraten, daß ein Senator aus seinem Gefolge ihn zur Ordnung rufen muß: »Erinnert Euch zumindest daran, daß Ihr Doge seid!« Später wird der König von Marokko durch die bloße Beschreibung ihrer Schönheit in Liebe entbrennen. Und die Indianer von Carthagena in Neu-Grenada, die in einem Schiffswrack ein Bildnis der Prinzessin fanden, sollen sie zu ihrer »höchsten Gottheit« gemacht haben! Ein Cembalostück vom großen François Couperin, »Die unvergleichliche Anmut oder die Conti«, huldigt ihrem Charme, und zwei Strophen von La Fontaine besingen ihren Gang:

Das Gras hätte sie getragen, unter ihrem Schritt
Wäre nicht eine Blume geknickt

Sich über die unzähligen »Opfer« der Prinzessin lustig zu machen war also weder schockierend noch originell. Doch die göttliche Anne-Marie, die doch die Lieblingstochter des Königs war, stand im Augenblick nicht in seiner Gunst. Ihr Gemahl war gegen den ausdrücklichen Willen Ludwigs XIV. nach Ungarn gezogen, um gegen die Türken zu kämpfen, die das Reich bedrohten. Das war verdienstvoll, zumal er von so schwacher Konstitution war, wie Sourches sagt, »daß er für solche Gelegenheiten nicht sehr geeignet war«. Doch sein mutiger Streich durchkreuzte die Außenpolitik seines Schwiegervaters; daher die Ungnade, in die Anne-Marie, eine dicke Freundin Elisabeth Charlottes, gefallen war. Da man sich schwerlich direkt an die Prinzessin halten konnte, fiel der Zorn auf Madame zurück.

»Der König ändert in allem so erschrecklich, daß ich ihn nicht mehr kenne, ich sehe aber wohl, wo alles herkommt, allein es ist kein Mittel darvor«, schreibt sie im November 1685, sechs Monate nach den Ermahnungen von Pater Jordan. Nicht nur der König, der ganze Hof hat sich verändert. Königin Marie-Thérèse ist im Sommer 1683 gestorben, wie sie gelebt hatte: ohne Aufsehen, ohne Glanz, mit bewundernswerter Ergebenheit und Frömmigkeit. Ludwig XIV. hat viele Tränen vergossen – er hat Talent zum Weinen – und ein historisches Wort gesprochen: »Das ist der erste Kummer, den sie mir bereitet.« Erinnert er sich des Kummers, den er ihr bereitet hat?

Die Königin ist tot, der König ist bekehrt, und der Hof erstarrt in Gottesfurcht. Während der Fastenzeit des Jahres 1685 erhält der Marquis de Sourches, der Oberrichter Frankreichs, den Befehl, eine Untersuchung einzuleiten, in der all diejenigen anzuzeigen sind, die Fleisch essen. Die Aussicht begeistert ihn nicht: Das wird »ihm alles, was bei Hofe herumläuft, in die Arme treiben«. Plötzlich von der Gnade berührt, geht Monsieur le Prince (der Große Condé) zum erstenmal seit siebzehn Jahren zur Kommunion. Ein Jahr später ist Monsieur le Duc, sein Sohn, an der Reihe, der »seit mehreren Jahren keine besonderen Anzeichen der Gottesfurcht erkennen ließ, während Monsieur le Prince auf dem Wege des Heils immer mehr zu einer soliden Frömmigkeit gelangt«.

Monsieur, der seine religiösen Pflichten schon immer mit peinlicher Genauigkeit erfüllte, tut noch mehr: Er entläßt den Grafen Flammarens, seinen ersten Haushofmeister, der beschuldigt wird, an einem Freitag, dem Abend vor Dreikönig, ein üppiges Mahl für hundert Personen aufgetischt zu haben. Flammarens will sich rechtfertigen.

Monsieur, wütend, daß er es wagt, vor ihn zu treten, droht ihm hundert Stockschläge an (einen pro Esser?) und setzt ihn noch am selben Abend buchstäblich vor die Tür.

»Zum Teufel mit dem Gekreisch der Kantoren, aaa, iii!« ruft Elisabeth Charlotte aus, die kein Wort Latein versteht und sich in endlosen Gottesdiensten (Oh, diese tödlichen Finstermetten während der Karwoche!), denen sie sich nicht entziehen kann, zu Tode langweilt. Zum Teufel auch mit der Bußfertigkeit, die zur Schau zu stellen jetzt zum guten Ton gehört! »Der König bildt sich ein, er seie gottesfürchtig, wenn er macht, daß man nur brav Langeweile hat und gequälert ist.« Man soll es nicht allzusehr zeigen, jedenfalls nicht so, daß es auffällt, und man darf nie den Eindruck erwecken, man beklage sich darüber.

Die Prinzessin von Conti, die seit dem Ungarn-Abenteuer des Prinzen halbwegs in Ungnade ist, wird im Juli 1685 von ihrem Vater, dem König, so streng getadelt, daß sie unter Tränen sein Kabinett verläßt. Der Grund ist nicht, daß sie das väterliche Verbot übertreten und ihrem Gemahl Geld geschickt hat, um seinen Feldzug zu unterstützen. Sondern sie hat sich erlaubt, in einem Brief, der auf der Post abgefangen wurde, zu schreiben, daß sie sich bei allen Festen, die am Hof gegeben würden, tödlich langweile.

Seit Ludwig XIV. sich im Mai 1682 in Versailles niedergelassen hat, ist auch das höfische Ritual endgültig festgelegt: dreimal in der Woche Komödie oder Oper; jeden Samstag Ball; montags, mittwochs und donnerstags »Appartement«. Dieses »Appartement« wird so genannt, weil es in den Gemächern des Königs stattfindet, die mit Goldschmiedearbeiten im Wert von über sechs Millionen ausgeschmückt sind. Es bietet den immer gleichen Gästen, die sich regelmäßig von sechs bis zehn Uhr abends zusammenfinden, verschiedene Unterhaltungen. In einem der Salons spielen Geigen und Oboen für diejenigen, die gern tanzen – Ludwig XIV. liebt leidenschaftlich die Musik und hat trotz seiner frommen Wandlung nicht vergessen, daß er in seiner Jugend ein wunderbarer Tänzer war. Im »Salon der Fülle« sind drei große Büfetts aufgebaut: das mittlere mit heißen Getränken, Kaffee und Schokolade, die beiden anderen mit Erfrischungen, Eis, Likören, Fruchtsäften. Anderswo wird Billard gespielt, eine vom König sehr geschätzte Zerstreuung und eine Möglichkeit, ihm den Hof zu machen, indem man vorsätzlich verliert.

Doch vor allem an den Spieltischen drängeln sich Damen und Höflinge: beim Spiel des Königs, wo man hoch spielen muß auf die Gefahr hin, an einem Abend sein ganzes Vermögen zu verlieren, um Seiner Majestät zu gefallen; beim Spiel der Königin, solange die gute Marie-Thérèse lebte, die um nichts in der Welt ihre Partie Reversi verpaßt hätte, nicht einmal am Aschermittwoch, welcher doch *der* Tag der Buße war. Der Dauphin, »über die Maßen geizig«, spielt, um zu gewinnen, doch ohne die Dauphine; wenn sie sich nicht zu schwach fühlt, zieht sie die Konversation im Kreis ihrer Damen vor. Monsieur, rasender denn je, fährt fort, sich zu ruinieren, seine »Genossen« fahren fort zu gewinnen, und Madame fragt sich weiterhin,

›Hausmusik‹;
Kupferstich von Abraham Bosse, 17. Jahrhundert.

was man nur an diesen Abenden kollektiver Statisterie, an diesen immer gleichen Zerstreuungen finden kann, die ihrer Ansicht nach »so gezwungen und voller Contrainte« sind, »daß es nicht auszusprechen ist«.

Es kommt jedoch nicht in Frage, sich zu entziehen. Der König, der von Salon zu Salon geht, wobei ihm nur der Hauptmann der Garde folgt, versäumt nicht, am nächsten Tag seine Unzufriedenheit kundzutun, wenn nicht genug Hofleute zum »Appartement« erschienen sind. Dabei spielt es keine Rolle, daß er selbst seit dem Tod der Königin weniger eifrig ist und sich zu langen Gesprächen mit Madame de Maintenon zurückzieht, die er nur unterbricht, wenn ein Minister zu einer Arbeitssitzung kommt, und gleich danach wiederaufnimmt.

Seit die Dauphine durch den Tod der Königin zur ersten Dame des Königreichs geworden ist, obliegt es ihr, »hofzuhalten«. Weil ihre wirkliche oder eingebildete schlechte Gesundheit sie aber meistens daran hindert, muß Madame »an ihrer Stelle repräsentieren«. Die beste Zeit des Jahres ist die Jagdsaison in Fontainebleau, wo die Etikette weniger steif ist und die Zerstreuungen nicht so streng geregelt sind. Sie hat es gern, wenn sie an Hirschjagden teilnimmt, die einen ganzen Tag lang dauern; fast jeden Abend besucht sie die Oper oder das Theater. »Die Komödie macht Freude, Freude gibt Gesundheit, Gesundheit Stärke.« Wenn Priester und Pfaffen so dumm sind, sie zu verdammen, ist ihnen eben nicht zu helfen!

Was aber hat sie in der übrigen Zeit, in Versailles oder Marly davon, festlich einer der Tafeln des königlichen Soupers vorzusitzen, wenn sie ein für allemal beschlossen hat, daß die französische Küche ungenießbar sei? Zuviel Salz und Pfeffer, zuviel Knoblauch und Zwiebeln in diesen ewigen Ragouts, von deren Soßen einem übel wird! Wieviel lieber wäre ihr, in einem einfachen Landgut am Rhein, ein gutes Sauerkraut aus deutschem Kohl (der französische taugt nichts)! Und welchen Spaß macht es, beim Ball den Ehrenplatz zu haben, wenn man nicht tanzt? Die Dauphine zumindest tanzt leidenschaftlich gern und ist sehr ärgerlich, wenn eine Schwangerschaft oder das Kindbett sie daran hindern. Doch Elisabeth Charlotte wollte die Tänze, die am französischen Hof getanzt werden, nie lernen.

Zum Glück sind die Karnevalsbälle amüsanter als die anderen, wenn sie von »Maskeraden« begleitet werden, einer Art kurzen Stegreifstücken, die von verkleideten Laienspielern in einem Wettstreit um Einfälle und Phantasie gespielt und gesungen werden. Der erste Preis geht an den Dauphin und die jungen Edelleute seines Gefolges, die jeden Abend in fünf oder sechs verschiedenen Verkleidungen erscheinen. Bald sieht man neun Kegel, die einen grotesken Tanz aufführen, bevor sie von der Kugel umgeworfen werden; bald die Farben des Kartenspiels oder die Schachfiguren, die ihr Spiel als kleines Ballett ausführen; riesige Fledermäuse, die umherwirbeln und ihre Flügel ausbreiten, Phantasievögel mit schillerndem Federkleid, exotische Tiere, die so gut wiedergegeben werden, daß man sie fast für echt hält. Der König geruht zu zeigen, daß er ein gewisses Vergnügen daran findet, und Madame spielt das dankbare Publikum, amüsiert sich und applaudiert.

Weniger schätzt sie die offiziellen Feste, da jedes Zeremoniell ihr ein Greuel ist und sie sich wie ihre Freundin, die Prinzessin von Conti, gehörig langweilt. Letzten Endes gleichen all diese Feste einander. Was unterscheidet das großartige Fest, das Louvois am 2. Juli 1685 in seinem Landsitz Meudon für den König und den Hof gibt, von dem prächtigen Empfang, den vierzehn Tage später Seignelay, der Sohn Colberts, in Sceaux für den König ausrichtet? Man ging oder fuhr in

»Gärten von überraschender Schönheit« oder in »den schönsten Gärten der Welt« spazieren. Man speiste bei den Klängen von Geigen und Oboen, zu Melodien von Lully. Wenn es dunkel geworden war, begeisterte man sich über die Illumination der Terrassen, der Beete, der Springbrunnen. Einziger Unterschied: Bei dem Fest in Meudon regnete es ununterbrochen...

Dasselbe Szenario gab es bei den Feierlichkeiten zur Hochzeit von Mademoiselle de Nantes, der legitimierten Tochter des Königs und Madame de Montespan, mit dem Enkel des Großen Condé. Nur daß die traditionelle Spazierfahrt vor dem Souper mit Gondeln auf

›Fest des Königs und seiner Kavaliere in Fontainebleau‹; zeitgenössischer Kupferstich.

dem Kanal unternommen wurde, da die Zeremonie in Versailles stattfand, und Trompeten und Pauken die Geigen ersetzten – sie spielten jedoch immer noch Lullys Melodien. Ein vielleicht noch üppigeres Mahl als bei Louvois oder Seignelay, noch mehr funkelnde Edelsteine auf Gold und Brokat und schließlich die Parodie einer Hochzeitsnacht: Mademoiselle de Nantes, ein hübsches kleines Mädchen von zwölf Jahren (der Bräutigam ist siebzehn), ist noch nicht mannbar, und man wird noch ein paar Monate warten, bis man sie »zusammenbringt«. Madame, die sich selten irrt, wenn es ums Heiraten geht, vermerkt nur die mangelnde Reife der jungen Braut (»man nimmt Ehegatten, ohne zu überlegen, und danach bereut man es«) und die abstoßende Häßlichkeit des Bräutigams. Ihr Pessimismus beruht nicht nur auf ihrem persönlichen Mißgeschick oder dem Überdruß, den die Monotonie des Hoflebens auf die Dauer erzeugt. Zum zweitenmal in fünf Jahren wurde Liselotte von einem Schicksalsschlag innerhalb ihrer Familie getroffen. Nach ihrem Vater, um den sie so sehr getrauert hat, starb am 26. Mai ihr Bruder, Kurfürst Karl von der Pfalz, mit vierunddreißig Jahren »an einem viertägig Fieber«, das er zu lange vernachlässigt hatte. Man konnte unmöglich die »Schickanen« Ludwigs XIV. dafür verantwortlich machen: Kurfürst Karl hatte vorsichtig und ohne sich allzusehr zu kompromittieren, gute Beziehungen zu Frankreich unterhalten und sich zwei oder drei Jahre zuvor sogar bereit erklärt, eine Liga franzosenfreundlicher deutscher Fürsten gegen das Reich zu bilden.

Doch da im 17. Jahrhundert nicht angenommen wird, daß eine bedeutende Persönlichkeit jung und plötzlich stirbt, ohne daß es irgendeinen geheimen Grund dafür gibt, spricht man einmal mehr von Gift. Karls Witwe, eine dänische Prinzessin, mit der er übrigens sehr schlecht zusammengelebt hatte, schreibt

*›Le bal masque‹ von Moreau d. J.
Maskenball der Stadt Paris für Ludwig XIV. und die Königin zur Feier der Geburt des Dauphin am 23. Januar 1782.*

Elisabeth Charlotte, »daß der selige Kurfürst vergiftet worden ist«. Von wem? Das wird nicht gesagt, doch es genügt, diesen Tod noch dramatischer zu machen.

Ludwig XIV. bemüht sich, sie bei einem langen und freundschaftlichen Besuch in Saint-Cloud zu trösten, doch sie vergräbt sich in ihren Kummer und weigert sich, am großen »Karrussel« vom 4. Juni teilzunehmen, das seit zwei Monaten vorbereitet wird und das extra ihretwegen verschoben wurde. Ein »Historienspiel« über das Thema der »Bürgerkriege von Grenada«, das nun ohne sie die Kavalkaden seiner extravaganten, glänzenden Quadrillen entfalten wird, bei denen die tapferen Abencerragen in feuerfarbenen, mit einer goldenen Meduse geschmückten »afrikanischen« Rüstungen den Zegris in Brustharnischen aus goldenem und silbernem Geflecht auf blauem Grund gegenüberstehen in einer prächtigen Schau von Tiger- und Leopardenfellen, Diamanten, Rubinen und Stickereien, die den karmesinroten, flachsgrauen oder herbstlaubfarbenen Samt verzieren.

Nicht einmal, um dem König gefällig zu sein, kann Madame sich entschließen, ihren Schmerz zu überwinden. Zu dem Verlust des zärtlich geliebten Bruders, des Gefährten ihrer Jugend, kommen noch ihre Sorgen um die Pfalz. Da Karl kinderlos gestorben ist, wurde die Kurwürde von Kaiser Leopold I. sogleich Philipp Wilhelm von Neuburg, seinem Schwiegersohn, übertragen. Doch der Heimfall des Titels und der politischen Macht regelt nicht die Erbrechte Elisabeth Charlottes am Besitz ihres Bruders und ihres Vaters. Sie erstrecken sich auf das bewegliche Vermögen der beiden verstorbenen Kurfürsten sowie auf gewisse Territorien, insbesondere das Herzogtum Simmern, die Wiege der Familie. Eine gute Gelegenheit für Frankreich, seine Vorherrschaft auf das rechte Rheinufer auszudehnen ... Welche Qual, sich vorzustellen, die Pfalz würde von neuem überfallen und in einen Kampfplatz verwandelt, auf dem sich die Großmächte gegenüberstehen!

Karl von Simmern ist kaum unter der Erde, als in Versailles »laut über die Rechte von Madame an einigen Landstrichen der Rheinpfalz gesprochen wird«. Madame hütet sich wohl, sie zu fordern, doch »man« tut es für sie, um so mehr, als das französische Recht und das deutsche Recht in Erbfolgefragen nicht übereinstimmen. »Diese Dinge waren durch das Gewohnheitsrecht in Deutschland so schlecht geregelt«, stellt Sourches hellsichtig fest, »daß das Recht normalerweise beim Stärkeren war.«

Um die Verwirrung voll zu machen, hatte Karl ein Exemplar seines Testaments einem angeheirateten Verwandten, Friedrich Wilhelm von Brandenburg, anvertraut, den er zum Testamentsvollstrecker ernannt hatte. Dieses Testament war deutlich weniger vorteilhaft für seine Schwester als das seines Vaters, des verstorbenen Kurfürsten Karl Ludwig. Sobald Ludwig XIV. das erfährt, schickt er Abbé de Morel, Rat am Parlament von Paris, nach Heidelberg zum neuen Kurfürsten Philipp Wilhelm von Neuburg mit dem Auftrag, die letzten Verfügungen Karls für ungültig zu erklären. Alles, was der Abbé de Morel für Madame erreicht, ist die Herausgabe einiger Tapisserien und eines Teils des Familiensilbers ..., das Monsieur sich beeilen wird zu verkaufen, um den Erlös an seine Lieblinge zu verteilen.

Friedrich Wilhelm von Brandenburg ist gekränkt, daß ihm die Regelung der Erbfolge, mit der Karl ihn beauftragt hatte, derart aus der Hand genommen wurde, und er schließt sich der Allianz des Kaisers Leopold an, der die diplomatisch-juristischen Schritte des französischen Königs argwöhnisch beobachtet und im Februar 1686 den Vorschlag ablehnt, den Papst als Vermittler anzurufen. Daraufhin gibt Ludwig XIV. zu verstehen, daß er bereit sei, Gewalt anzuwenden, »um Madame Gerechtigkeit widerfahren zu lassen«. Der Krieg der Augsburger Liga (»der Krieg von Orléans« für die deutschen Historiker), der ab 1688 die Pfalz einmal mehr verwüsten sollte, zeichnet sich am Horizont ab. Und die Rechte der Herzogin von Orléans? Nichts anderes, wie der stets hellsichtige Sourches sagt, als »ein schöner Vorwand, um wieder einmal ganz Europa in Brand zu stecken«.

Ein Vorwand für das Unglück, das ihre Heimat bedroht. Das ist die Rolle, auf die Elisabeth Charlotte sich reduziert sieht, die einzige Bedeutung, die ihr zugemessen wird, seit der frühe Tod ihres Bruders in Heidelberg einen Fürsten an die Macht brachte, der nicht aus ihrer Familie stammt. Sie wird nicht mehr gebraucht, bleibt nur noch, ihr unzweideutig zu verstehen zu geben, daß sie durch sich selbst nichts gilt am Hof. Die Vorhaltungen, die Pater Jordan ihr einige Monate zuvor auf höhere Weisung gemacht hatte, sollten sie demütigen. Jetzt ignoriert man sie. Als Ludwig XIV. dem Kaiser vorschlägt, zur Schlichtung des aus der pfälzischen Erbfolge entstandenen Konflikts den Papst anzurufen, setzt er sie davon nicht in Kenntnis: »Ich glaube, der König hier hält mich noch für hugenot, denn er hat mir kein Wort davon gesprochen, daß er mein Interesse in des Papsts Hände gibt, und hätte mirs Monsieur nicht ungefähr verzählt, als die Sach schon geschehen war, wüßte ich noch nichts davon.« Sie versucht, in den Briefen an die Familie darüber zu scherzen, sich nichts anmerken zu lassen, »damit es nicht noch ärger wird«.

Es wird trotzdem ärger werden. Der Widerruf des Edikts von Nantes im Oktober 1685, während in Fontainebleau die Saison der herbstlichen Vergnügungen auf ihrem Höhepunkt ist, konnte Elisabeth Charlotte nicht gleichgültig lassen. Darf sie sich in der Komödie, im Ballett, in der von Lully speziell für diese Feste von Fontainebleau geschaffenen Oper zerstreuen, wenn sie sich vorstellt, daß die französischen Protestanten gezwungen werden, den Glauben ihrer Väter zu verleugnen, weil sie sonst mit der Galeere bestraft werden, daß Kinder ihren Eltern entrissen, die Fliehenden wie Wegelagerer gehetzt werden? Wie die meisten ihrer Zeitgenossen macht Madame für das unheilvolle Edikt von Fontainebleau Madame de Maintenon verantwortlich, und ihr Leben lang wird sie ihr die abscheulichen Verfolgungen, die nun einsetzen, nicht verzeihen. Was für ein Gesicht sollte sie, die außerstande war, ihre Gefühle zu verbergen, und nicht mehr viel zu verlieren hatte, der »alten Rompompel« ziehen, wenn sie ihr begegnete!

Die öffentliche Ächtung wird nicht auf sich warten lassen. Im Februar 1686, zur gleichen Zeit, da er den Kaiser herausfordert, »um Madame Gerechtigkeit widerfahren zu lassen«, wird Ludwig XIV. von einer Geschwulst an einer ungünstigen Stelle befallen; er kann nicht mehr reiten, und das Sitzen fällt ihm schwer. Das ist die berühmte »Fistel«, von der alle Biographen wie von einer Staatsaffäre berichten. Die Ärzte sind sehr beunruhigt. Der König ist erst siebenundvierzig und erfreut sich einer ausgezeichneten Konstitution, doch die Medizin ist gegen solche Art Krankheit wehrlos, und der äußerst zimperliche Patient lehnt zunächst die wirksame Behandlung (einen tiefen Schnitt) ab, die sein erster Arzt, d'Aquin, und sein erster Chirurg, Félix, verordnen. Die Monate gehen dahin, alle Medizinen nützen nichts, das Übel wird immer schlimmer, bis endlich im November die Operation genehmigt und durchgeführt wird. Ihr glücklicher Ausgang wird wie ein militärischer Sieg mit einem *Tedeum* und Triumphgesängen gefeiert.

In der Zwischenzeit, im vergangenen Mai, war eine Besserung eingetreten, die zu Unrecht als Ankündigung einer baldigen Genesung interpretiert worden war, und der Kranke hatte den Wunsch geäußert, in Barèges eine Kur zu machen, um die Genesung zu beschleunigen. Allgemeine Bestürzung bei denjenigen, die bestimmt worden waren, an der Reise teilzunehmen: nach Barèges, in den hintersten Winkel einer der abgelegensten Provinzen des Königreichs? Warum nicht nach Neu-Frankreich zu den Wilden? Wie kann man bloß in Barèges leben? Während jeder bei sich betete, die Ärzteschaft möge gegen diesen unglückseligen Plan ihr Veto einlegen – was auch geschah –, waren zwei Personen untröstlich, von vornherein ausgeschlossen worden zu sein: Madame de Montespan und Madame!

Das hieß, sie auf denselben Rang herabzusetzen wie die gefallene Favoritin, die so unerwünscht geworden war, daß der König sie in Versailles ins ehemalige Badehaus verbannt hatte, in dem man eiligst den Marmor durch Parkett ersetzt hatte, »um es für den Winter wohnlicher zu machen«. Madame de Montespan hatte nicht die geringste Chance, nach Barèges reisen zu dürfen. Madame jedoch... Der Affront war um so deutlicher, als Monsieur den König begleiten sollte. Anstandshalber hatte man einen Grund vorgeschoben: Madame bliebe bei der Dauphine, die im sechsten Monat schwanger war und der die Ärzte verboten hätten zu reisen. Diese Begründung konnte niemanden täuschen. Hätte man auf alle Schwangerschaften und sonstigen Unpäßlichkeiten der Dauphine Rücksicht nehmen wollen, man wäre nie aus Versailles fortgekommen.

Es war ein harter Schlag, nach der Aussage von Sourches, dessen Memoiren weder die Tragweite der Barèges-Affäre noch die Reaktion der Betroffenen verheimlichen. »Madame grämte sich sichtlich darüber [...] Sie liebte den König zu recht, denn er hatte sie stets geschätzt [...] So wie ihre Stimmung war, konnte sie einen solchen Beweis der Ungnade nur schwer verdauen.«

Die Reise nach Barèges wurde *sine die* verschoben, doch die Zurücksetzung der Herzogin von Orléans war nicht unbemerkt geblieben, sowenig wie ihre »Stimmung«. Ist es ein Beschwichtigungsversuch, wenn man ihr sechs Wochen vor der berüchtigten Fisteloperation, die aus einleuchtenden politischen Gründen unter größter Geheimhaltung beschlossen und ausgeführt wird, die Ehre erweist, sie ins Vertrauen zu ziehen? Außer den Ärzten und dem Beichtvater waren nur Louvois, Madame de Maintenon und sie eingeweiht. Schließlich kostete es nichts, ihr diese Gnade zu gewähren, und vielleicht würde es zu mehr Rücksicht gegenüber derjenigen bewegen, die offiziös die Nachfolge der Königin angetreten hatte: ohne die Erlaubnis Madame de Maintenons wäre Madame niemals unter den Eingeweihten gewesen. Es war, unter dem Mantel der Gunst, eine neue Demütigung und zugleich eine Warnung für die Zukunft.

In der Tat blieben ihre Gefühle für die neue Gefährtin des Königs niemandem verborgen, in diesem Monat sowenig wie in allen anderen. In Versailles, in Marly, in Fontainebleau, wohin der Hof auch ging, überall gab es in den Galerien und Durchgängen umherstreifende Diener, Schweizergarden in den Höfen und Parks und »garçons bleus« in allen Ecken, so daß man genauestens Bescheid wußte über alles, was gesagt und getan wurde – dank der diskreten Untergebenen, deren Anwesenheit gar nicht weiter bemerkt wurde, so sehr gehörten sie zum Inventar.

Da waren die Briefe Madames, die regelmäßig vom Auswärtigen Dienst oder von Monsieur de la Reynie, dem Polizeikommandanten, geöffnet wurden. Madame de Maintenon wurde darin hart zugesetzt. »Ich muß gestehen, daß ich wohl von Herzen bös über den König bin, mich wie eine Kammerfrau zu traktieren, welches seiner Maintenon besser zukomme als mir, denn sie ist dazu geboren, aber ich nicht«, schreibt sie nach Pater Jordans Strafpredigt an die Herzogin von Hannover. Oder sie zitiert ein altes deutsches Sprichwort: »Wo der Teufel nicht hinkommen kann, da schickt er ein alt Weib hin.« – »Die Alte«, »die alte Zott«, »die Hexe«, »das alte Weib«, »die Pantokrat« (die alles regieren will) oder besser noch »die Pantekrot« und das Bosheit und körperlichen Verfall beschwörende »Rompompel«: Liselotte ergeht sich genüßlich in Grobheiten und spottet über die Zensur: »Sollte man aber auf der Post so curieux sein, diesen Brief zu öffnen und zu lesen, so werden sie meine Meinung sehen und ich also der Mühe enthoben sein, ihnen selbige mit der Zeit zu sagen.«

Warum diese Erbitterung, der weder Warnungen noch Repressalien etwas anhaben können? Ohne Zweifel war ihr Madame de Maintenon immer feindlich gesinnt, und sie erlegte dem Hof einen Stil devoter Strenge auf, den Elisabeth Charlotte unerträglich findet. Wenn es außerdem stimmt, daß der König sie geheiratet hat (»allein solang solches nicht deklariert wird, habe ich Mühe, solches zu glauben«), so ist das eine ungeheure Mesalliance: Wenn man Ludwig XIV. ist, heiratet man nicht die Witwe Scarron!

All das ist gut und schön, genügt aber nicht, den Haß zu rechtfertigen, den Madame, die eigensinnig ist, aber ein gutes Herz hat, Madame de Maintenon entgegenbringt, während sie mit den Favoritinnen doch so gut zurechtkam. Ja, aber die Mätressen waren jung, schön, strahlend; der König verlangte von ihnen nur, was auch die Dümmste geben kann, und wenn er sie verließ, so war es, als hätten sie nie existiert. »Diese glückliche Zeiten sind nicht mehr, alles hat sein Gesicht verändert«, stellt sie, Racines *Phädra* zitierend, bitter fest. Der »Alten« mit ihrem Gebaren einer barmherzigen Schwester ist gelungen, worin letztlich alle gescheitert waren: das Herz, den Geist, die Sinne des Königs zu erfüllen, der nur noch sie sieht, nur noch für sie lebt. »Und wie ich sehe, daß die Heirat hier im Lande beschaffen sein, glaube ich, daß, wenn sie geheiratet wären, würde die Liebe nicht so stark sein als sie nun ist.« Für Elisabeth Charlotte, die untröstlich darüber ist, den König verloren zu haben, wurde die Dame in Schwarz zum bösen Geist, der für alles Unglück verantwortlich ist, sowohl für das ihre wie für das des Königreichs.

8

Schlimme Zeiten

Krieg. 1679 hatte der Frieden von Nimwegen den französisch-holländischen Konflikt beendet, in den die meisten Staaten verwickelt waren. Wilhelm von Oranien, Statthalter der Vereinigten Niederlande und Frankreichs erbittertster Feind, der davon träumte, die Feindseligkeiten wiederzubeleben, bemühte sich jedoch schon seit 1682, die deutschen Fürsten gegen Ludwig XIV. aufzuwiegeln. Bis 1688, als der Krieg der Augsburger Liga beginnt, sieht es so aus, als führten fast alle Länder, allen voran Frankreich, absichtlich in ganz Europa den *casus belli* herbei, als ob die sieben Jahre des Holländischen Krieges ihnen nicht genügt hätten.

1686, zwei Jahre vor dem nach ihr benannten Krieg, bildet sich um den Kaiser die Augsburger Liga. Ihr gehören an Schweden, Spanien sowie mehrere deutsche Fürsten, darunter der neue Kurfürst der Pfalz, Philipp Wilhelm, und der Kurfürst von Brandenburg, Friedrich Wilhelm, der Testamentsvollstrecker des Bruders von Madame, der durch die Machenschaften Ludwigs XIV. bei dieser Erbschaft ins kaiserliche Lager gedrängt worden war. Es fehlen in der Koalition vorläufig noch England, Savoyen und natürlich Holland.

Ein Zusammenschluß von Großmächten, die die kleinen in ihre imperialistischen Pläne hineinziehen? Ja, gewiß. Aber auch Familienangelegenheiten. Das höfische Europa ist nichts anderes als ein riesiger Stammbaum, auf dem Vetter, Onkel, Neffen und Schwiegersöhne sich Königreiche und Fürstentümer teilen und streitig machen, ganz zu schweigen von Gattinnen, Töchtern und Schwiegertöchtern, in deren Namen immer irgendein Erbe zu fordern ist. Wilhelm von Oranien, der erbitterte Feind Ludwigs XIV., ist ein Cousin zweiten Grades von Elisabeth Charlotte. Sie haben als Kinder miteinander gespielt, und er war es, den sie eines Tages in Den Haag gefragt hatte, wer »die Dame mit der großen Nase« sei. Die Dame mit der großen Nase war seine Mutter, eine Enkelin Heinrichs IV. (dem sie vielleicht ähnlich sah) und die Schwester zweier englischer Könige, Karls II., der 1685 gestorben war, und Jakobs II., der ihm nachfolgte, sowie der verstorbenen Henriette-Anne, der ersten Frau von Monsieur.

Das ist noch nicht alles. Wilhelm von Oranien heiratete seine Cousine Maria, die Tochter Jakobs II. von England, den er später entthronte. Wenn man nun noch hinzufügt, daß die Königin von Spanien und die Herzogin von Savoyen beide Töchter von Monsieur und Henriette-Anne sind; daß der neue Kurfürst von Brandenburg, der im Mai 1688 die Nachfolge seines Vaters angetreten hatte, seit vier Jahren mit Sophie Charlotte von Hannover verheiratet ist, der jungen Cousine und Patentochter von Madame; daß schließlich der pfälzische Kurfürst Philipp Wilhelm der Schwiegervater des Kaisers ist, dann hat man eine ungefähre Vorstellung von dem politisch-familiären Durcheinander, das den Hintergrund der Augsburger Liga und des Krieges bildet.

Entgegen allem Anschein ist nichts logischer, als daß Ludwig XIV. den Vereinigten Niederlanden den Krieg erklärt, dessen Statthalter Wilhelm von Oranien England überfallen hat, um den König zu verjagen, und seine Truppen auf ... die Pfalz losläßt.

Es wurde eine grauenvolle Verheerung. Eine sorgfältig geplante, systematische Zerstörung. Natürlich muß man »den Unternehmungen des pfälzischen Kurfürsten Einhalt gebieten« und »dafür sorgen, daß Madame bekommt, was ihr aus der Erbschaft ihres Vaters und ihres Bruders zusteht«. Eine schöne Erbschaft! In wenigen Monaten, vom Herbst 1688 bis zum Sommer 1689, wird die Pfalz in ein qualmendes Trümmerfeld verwandelt: zerstörte Städte, massakrierte oder vertriebene Bevölkerung, verwüstetes Land. Es handelt sich nicht um die üblichen Exzesse der Soldateska, sondern um etwas Neues: Wahrscheinlich ist es das erste Mal seit der Antike, daß die totale Zerstörung feindlichen Territoriums vorher beschlossen und kaltblütig ausgeführt wird.

Die Dokumente des Kriegsministeriums sind niederschmetternd. Im Briefwechsel zwischen Louvois und einem der höheren Offiziere der Rheinarmee, Monsieur de Chamlay (den Saint-Simon »gut, sanft, leutselig, beflissen« nennt und der das volle Vertrauen des Ministers genießt), liest man:

»Solange Ihr unbehelligt und Herr der Lage seid, verwüstet und zerstört und setzt Euch dadurch in Stand, den Rhein absolut zu beherrschen.«

Und weiter: »Ich möchte Euch etwas sagen, das vielleicht nicht nach Eurem Geschmack sein wird, nämlich daß ich am Tage nach der Eroberung Mannheims mit dem Messer hineinstechen und mit dem Pflug darüber hinweggehen würde.«

Drei Wochen später schreibt Louvois an den Militärintendanten Lagrange: »Ich sehe, daß der König gewillt ist, die Stadt und die Zitadelle von Mannheim vollkommen schleifen zu lassen, und in diesem Fall auch die Häuser gänzlich zerstören zu lassen, so daß kein Stein auf dem anderen bleibt . . .« Der Plan wird im folgenden Frühjahr ausgeführt.

Ende September, am Abend, bevor er ins Feld zieht, verabschiedet sich der von seinem Vater zum obersten Befehlshaber der Rheinarmeen beförderte Dauphin von Madame. Taktvoll, wie er ist, und bemüht, ihr gefällig zu sein, prahlt er: Aus Liebe zu ihr wird er

›Jakob II. empfängt in Whitehall die Nachricht von der Landung Wilhelms von Oranien‹;

Philippsburg, Mannheim, Frankenthal, die ganze Pfalz einnehmen, nichts soll ihn aufhalten! Er hätte auf die Antwort gefaßt sein können: »Wenn Ihr meinen Rat hören wollt, so geht nicht hin; denn ich gestehe Euch, daß ich nur Schmerz davon haben kann, zu sehen, wie

Gemälde von Edward Matthew Ward.

man sich meines Namens bedient, um mein armes Heimatland zugrunde zu richten.« Sie möchte aus der Haut fahren. »Und mit diesen Leuten allen muß man sein Leben bis ans End zubringen!«

Fast müßte sie ihnen noch danken. Ludwig XIV. hat ihr mindestens zehn Tage lang die kalte Schulter gezeigt – während sie krank in Paris war, ließ er nicht nach ihr fragen und antwortete auch nicht auf einen Brief, den sie ihm gesandt hatte –, weil sie sich erlaubt hatte, den alten Montausier, den ehemaligen Erzieher des Dauphins, zurechtzuweisen, als er ihr gegenüber die Verdienste des tapferen Kriegers rühmte: »Madame, der Dauphin ist Ihr Ritter, er wird Ihre Güter und Besitztümer für Euch erobern.« Keine Antwort. Montausier wundert sich: »Es scheint mir, Madame, daß Sie sehr kühl aufnehmen, was ich Ihnen sage.« Sie kann nicht mehr an sich halten und spricht alles aus, was sie auf dem Herzen hat. Zum Schluß sagt sie: »Ich verstehe mich nicht auf die Kunst des Heuchelns, doch ich kann schweigen. Wenn man also nicht will, daß ich sage, was ich denke, so soll man mich nicht zum Reden bringen.«

Der Feldzug wird von den Generälen um den Dauphin rasch und energisch geführt. Im Oktober wird Heidelberg genommen. Der Sohn des Kurfürsten, Großmeister des Deutschritterordens, der die Stadt kommandierte, übergab sie kampflos unter der Bedingung: daß der Garnison gestattet werde, sich frei nach Mannheim zu begeben.

Der französische Generalstab weiß, daß Mannheim bereits von den Truppen Montclars und Rubentels eingeschlossen ist, und geht zum Schein auf die Bedingung ein: Die Besiegten werden in die Falle laufen. Unterwegs jedoch meutern die Soldaten, die seit vier Monaten nicht mehr bezahlt worden sind, verbrennen ihre Fahnen, schießen auf die Offiziere und zerstreuen sich in alle Winde. In Versailles freut man sich: Das Glück ist auf seiten der ehrlichen Sache Frankreichs!

Am ersten November ist die Reihe an Philippsburg. Der Hof nimmt in Fontainebleau an der Messe zu Allerheiligen teil, und Pater Gaillard, ein Jesuit, kommt gerade zum letzten Punkt seiner Predigt, als ein Kurier dem König eine Depesche überbringt. Er öffnet, überfliegt sie: Der Dauphin hat Philippsburg eingenommen. In wenigen Sekunden breitet sich die Nachricht aus, und es herrscht ein solches Stimmengewirr, daß der Jesuit die Predigt unterbricht. Erst eine Viertelstunde später fährt er fort und improvisiert ein Schlußwort, das der ganzen Gemeinde Tränen der Bewunderung entlockt; nur Elisabeth Charlotte ist nicht nach Weinen zumute.

Nun »präpariert« man sich, »das gute Mannheim zu brennen und bombardieren, welches der Kurfürst, mein Herr Vater selig, mit solchem Fleiß hat bauen lassen; das macht mir das Herz bluten. Und man nimmt mir es noch hoch vor übel, daß ich traurig darüber bin.« Nein, Mannheim wird nicht bombardiert werden, auch wenn der Stadt letztlich doch nichts erspart bleibt. Am 12. November kapitulieren die Bewohner, nachdem der Dauphin Madame, die dort »äußerst beliebt« war, benutzt hatte, um die Übergabe zu erreichen: Wenn sie sich freiwillig unterwürfen, würden sie ab sofort Untertanen der Tochter und Schwester ihrer ehemaligen Kurfürsten und viel glücklicher mit ihr als unter der Fuchtel des Neuburgers. Die braven Leute, die ihre Prinzessin nicht vergessen hatten, glaubten ihm. Nun mußte nach dem von Louvois aufgestellten Plan nur noch Mannheim dem Erdboden gleichgemacht werden.

Als der Dauphin voller Stolz über seine Eroberungen (seine Tapferkeit hat ihm bei seinen Soldaten den Zunamen »Ludwig der Kühne« eingebracht) Ende November nach Frankreich zurückkehrt, begibt sich der König nach Saint-Cloud zu den Orléans, um ihn im Kreis der engsten Mitglieder der königlichen Familie zu empfangen. Komplimente, Umarmungen. Man nützt die Gelegenheit, die neuesten Verschönerungen zu bewundern, die Monsieur an seinem Besitz vorgenommen hat, »die herrliche große Freitreppe in den Garten« und die Galerie auf gleicher Ebene mit seinen Gemächern, die als Orangerie dient. Wer außer Elisabeth Charlotte denkt auch nur mit einem einzigen Gedanken an das Elend der Pfalz?

Ein Unglück kommt selten allein, heißt es. Während die deutschen Fürsten, unter ihnen Sachsen und Braunschweig, sich vergeblich bemühen, den Rhein zu verteidigen, und der Kurfürst von Bayern versucht, Heidelberg zurückzuerobern, trifft aus Madrid eine schreckliche Nachricht ein. Die Königin von Spanien, Monsieurs älteste Tochter, ist eine Woche zuvor im Escorial-Palast gestorben. Verzweiflung bei Monsieur, der sogleich krank wird, sich nach Saint-Cloud zurückzieht und niemanden sehen will. Das für den nächsten Tag in Versailles vorgesehene Ballett wird abgesagt, die Karnevalsbälle und -maskeraden fallen aus, Komödie und »Appartement« werden verschoben. Elisabeth Charlotte weiß nicht mehr, wem ihre Tränen gelten: Madrid oder Heidelberg.

Marie-Louise von Orléans, siebzehnjährig gegen ihren Willen mit Karl II. von Spanien verheiratet, starb wie ihre Mutter mit siebenundzwanzig Jahren. Sie war die beste Vertreterin der französischen Interessen auf der anderen Seite der Pyrenäen und gleichzeitig eines der bejammernswertesten Opfer der Staatsraison. Hübsch, lebhaft, fröhlich und unabhängig, war sie für ein Leben am spanischen Hof nicht geschaffen. Madame de Villars, die sie begleitet hatte, meinte, »daß man nur in Spanien zu sein braucht, um die Lust zu verlieren, dort Schlösser zu bauen«, und Madame, der die junge Königin täglich schrieb, rief aus: »Das arme Kind! Ich bedaure sie von ganzem Herzen, daß sie ihr Leben in einem solchen Land verbringen muß!« Finstere Paläste, in denen fromme Frauen und Mönche spuken; ihre Kammerjungfern, die – auch wenn sie schon siebzig Jahre alt sind – nachts eingeschlossen werden; sie selbst gezwungen, sich mit den Männern ihres Hofstaats durch Zeichensprache zu verständigen (striktes Verbot, das Wort an sie zu richten); ein verliebter, impotenter und eifersüchtiger – »ohne zu wissen, auf wen oder was« – Ehemann; ständig lauernde Spione, bezahlt von ihrer Schwiegermutter, die sie haßte ... Es war Marie-Louise gelungen, durchzuhalten, sich in ihrem Reich beliebt zu machen und sogar einen gewissen Einfluß auf ihren degenerierten Ehemann auszuüben.

Dennoch machte man sich in Versailles und Saint-Cloud Sorgen. In der Tat widmete sie sich allzu eifrig den Interessen ihres Heimatlandes und setzte sich damit um so mehr den Intrigen der antifranzösischen Partei aus, die sich um die Königinmutter scharte. Mehrmals ging das Gerücht, sie sei schwanger. Dem war nicht so und aus guten Gründen, und in einem heimlichen Brief an den Vater hatte sie es selbst dementiert. »Es wird sogar behauptet«, schreibt der Marquis de Dangeau, »daß aus ihrer Ehe keine Kinder zu erwarten seien.«

Diese angeblichen Schwangerschaften wurden dazu benützt, einen massiven Angriff vorzubereiten. Im August desselben Jahres ist der Skandal da. In Madrid wird ein Verfahren gegen die Dame Quentin eröffnet, die französische Amme der Königin, die sie mit nach Spanien genommen hatte. Die Dame Quentin wird beschuldigt, ihr einen Trank beschafft zu haben, damit sie keine Kinder bekommt; sie soll sogar, mit dem Einverständnis der Königin, versucht haben, den König zu vergiften. Unter der brutalen Folter, bei der ihr beide Arme gebrochen werden, bleibt die Unglückliche standhaft. Sie wird ausgewiesen, und der Form halber wird den Anklägern der Königin ein Prozeß wegen verleumderischer Denunziation gemacht. In Madrid gibt es heftige Demonstrationen gegen Frankreich: Nicht weniger als dreihundert Alguazil sind nötig, um den französischen Botschafter zu schützen, als er sich zur Verhandlung begibt. Wie zu erwarten, wird der Prozeß niedergeschlagen. Da läßt Marie-Louise, wiederum auf geheimem Wege, Monsieur einen »traurigen und rührenden« Brief zukommen, »der alle, die ihn lasen, zum Weinen brachte«. Darin schreibt sie, die Elenden, die sie entehren wollten, würden es nicht dabei bewenden lassen, vielmehr würden sie versuchen, sie umzubringen. Übrigens fühle sie sich sehr schlecht, sei es aus Kummer über diese entsetzliche Geschichte, »sei es, daß es von etwas anderem kommt«, mit anderen Worten, von einem Vergiftungsversuch. Monsieur eilt zu Ludwig XIV., und der Staatssekretär für auswärtige Angelegenheiten, Colbert de Croissy, droht Spanien mit Vergeltungsmaßnahmen: Sollte die Königin sterben, würden hunderttausend Bewaffnete die Pyrenäen überqueren. Monsieur und Madame sind in solcher Angst, daß sie den ganzen August in Saint-Cloud verbringen, um nicht an den Festen teilnehmen zu müssen, die in Marly gegeben werden.

Die Warnung Colbert de Croissys wird gehört, die Wogen legen sich. Um den anhaltenden Gerüchten ein Ende zu machen, gibt Karl II. seiner Frau »den größten Vertrauensbeweis, den die spanischen Könige geben können«, *la clave de tres dobles,* den Schlüssel, der alle Türen des Palastes öffnet, selbst die zu den Tribünen, auf denen man den Beratungen der Minister beiwohnen kann. Dieser Schlüssel war bis dahin noch keiner Königin überlassen worden. Um eine neue Quelle des

Konflikts mit Frankreich auszuschalten, bietet Marie-Louise im folgenden Jahr ihre Juwelen zur Entschädigung der französischen Kaufleute an, die von den Spaniern in Indien um 500 000 Taler geprellt worden sind. Das Volk jubelt ihr zu und nennt sie eine Heilige. Sie allein hätte verhindern können, daß Spanien sich im Krieg der Augsburger Liga auf die Seite des Kaisers schlug.

Als die kleine Königin am 12. Februar 1689 stirbt, ist das für die französische Politik eine Katastrophe. Ihr Tod ist um so verdächtiger, als sie ihn seit einiger Zeit kommen fühlte: Jüngst noch hatte sie ihren Vater angefleht, ihr Gegengift zu schicken. Sie leidet unter plötzlich auftretenden Schwindel- und Erstickungsanfällen und furchtbaren Bauchschmerzen. Als der von Monsieur gesandte Bote eintrifft, ist sie schon tot. Sofort wird ein Zusammenhang hergestellt zwischen ihrem Tod und der Anwesenheit eines kaiserlichen Emissärs in Madrid, des Grafen Mansfeld und seiner Freundin, der Gräfin Soissons, einer großen Abenteurerin und Nichte Mazarins, die schon früher in die Giftaffäre um die erste Madame verwickelt gewesen war. Für die Zeitgenossen gibt es keinen Zweifel, daß Gift im Spiel war. Bleibt die Frage, wie es verabreicht wurde. In einer Aalpastete? Einer Tasse Schokolade? Einem Glas Milch? Jeder hat seine Vermutung. Für Madame steht fest, daß die Königin mit Austern vergiftet worden ist.

Besagte Austern finden sich in dem lateinisch abgefaßten Bericht des ersten Leibarztes Ihrer Majestät der Katholischen Königin, Jean-Laurent Francini, der behauptet, sie sei an Cholera gestorben, weil sie gegen den Rat der Ärzte die unmöglichsten Dinge zu den unmöglichsten Zeiten gegessen habe: Austern, Bitterorangen, Oliven, Eismilch, Essiggurken und schlecht vergorenen Käse. Daher natürlich die »galligen, scharfen und fauligen Säfte«, »die salzigen, beißenden und sauren Teilchen, die sich im Hypochondrium und in der Bauchspeicheldrüse gesammelt haben« und so die Cholera hervorgerufen und die Unvorsichtige dem sicheren Tod geweiht haben. Die von Francini selbst durchgeführte Autopsie bestätigt selbstverständlich diese glänzende Diagnose.

»Nichts kann mich von meinem Kummer ablenken«, schreibt Elisabeth Charlotte ihrer Tante einen Monat nach dem Tod der jungen Frau. »Und ob ich zwar nach dem Exempel aller Ihro Majestät nahen und hohen Verwandten jetzt wieder bei allen Divertissements bin, so komme ich doch ebenso traurig wieder davon, als ich dazu gangen bin, und nichts kann mich divertieren von meiner Unlust.« Das Hofleben hatte sich durch die unvorhergesehene Ankunft der englischen Königsfamilie, Jakobs II., der Königin Maria Beatrice und ihres Sohnes, verändert. Sie waren von der Revolution vertrieben worden, die Wilhelm von Oranien eingeleitet hatte, um den Thron seines Schwiegervaters zu erringen. Ludwig XIV. nahm die Flüchtlinge, die unter abenteuerlichen Umständen aus England geflohen waren, großmütig auf und brachte sie mit ihrem Gefolge im Schloß von Saint-Germain-en-Laye unter, wo er sie als regierende Fürsten behandelt, mit Geschenken überhäuft und prachtvolle Feste zu ihren Ehren ausrichtet.

Die Königin von England ist vollkommen, beschloß Ludwig XIV., der sich – in allen Ehren – betören läßt vom Mut und vom Format dieser schlanken, dunkelhaarigen Italienerin mit dem großen, eckigen Gesicht, aus dem herrliche schwarze Augen leuchten, und die stets geschmackvoll gekleidet und frisiert ist. »So soll eine Königin sein, die würdevoll Hof hält«: eine kleine Lektion nebenbei an die Adresse der Dauphine, die sich zwar die Mühe machte, für den ersten Besuch der Verbannten aufzustehen, sich aber schließlich mit

Nachthaube und unangekleidet vom Bett zum Sessel schleppt. Die Königin ist vollkommen, wiederholt Madame de Maintenon, die von ihrer Frömmigkeit schwärmt, ohne zu begreifen, daß die streng katholische Maria Beatrice (sie hätte Nonne werden wollen, wenn man sie nicht zur Heirat gezwungen hätte) den Großteil ihrer anglikanischen Untertanen erbittert hatte.

Sie ist vollkommen, meint ihrerseits Elisabeth Charlotte und verwünscht zugleich die Engländer, weil sie eine so gute Königin verjagt haben, und »den armen König Jakob«, weil er so dumm ist, daß er nicht weiß, wie ihm geschieht. Es mag noch hingehen, daß er nicht schlagfertig ist. Aber wenn er von seinen Mißgeschikken erzählt, könnte man meinen, daß er von einem anderen spricht, so unberührt scheint er davon. Ja, er hatte schöne Schiffe bauen, Kanonen gießen, Musketen herstellen lassen; aber, was soll's, der Prinz von Oranien hatte noch mehr Kanonen, noch mehr Musketen ... Da siegte eben er; »darauf ging ich fort und bin hierher gekommen«. Mit seiner ganzen Dummheit ist Jakob II. aber das einzige legitime Staatsoberhaupt Englands, jedenfalls in den Augen Ludwigs XIV., der Europa zeigen will, daß Frankreich trotz Krieg die Mittel hat, die Sache der katholischen Stuarts gegen den Usurpator zu unterstützen.

Im März 1689, als Jakob II. mit dem Geld und der Flotte des französischen Königs nach Irland aufbricht, wo er jämmerlich scheitern wird, steht die Pfalz erneut auf der Tagesordnung. Es besteht die Gefahr, daß die wichtigsten Festungen, die im vorangegangenen Herbst praktisch kampflos erobert worden waren, wieder den Verbündeten in die Hände fallen, die mehr und mehr Druck ausüben. Obwohl das flache Land vom Durchzug der Armeen sehr mitgenommen ist, kann es dem Feind im Fall eines Angriffs auf das französische Rheinufer immer noch Stützpunkte bieten. Der Augenblick ist gekommen, das von Louvois vorgesehene Programm durchzuführen und aus der Pfalz eine Wüste zu machen.

Man beginnt mit Heidelberg, aus dem Montclar, von den Kaiserlichen bedroht, seine Truppen zurückgezogen hat. Zunächst wird das Schloß geschleift. Der Marschall Tessé jagt es in die Luft, nicht ohne vorher ein für Louvois bestimmtes Meister-Gemälde und einige Bildnisse der pfälzischen Kurfürsten gerettet zu haben, die er Madame schickt, um ihr »eine Artigkeit zu erweisen«. Dann kommt die Stadt dran. Nacheinander werden die Häuser zerstört und die Ruinen sorgfältig in Brand gesteckt, die Brücke gesprengt, die Weinberge und Gärten verwüstet. Am selben Tag schleift Montclar Mannheim. Er versuchte zwar, die Einwohner zu überreden, es selbst zu tun, »um Unordnung zu vermeiden«, aber diese Taugenichtse haben sich geweigert. Und jetzt bestehen sie darauf, in die Trümmer zurückzukehren! Verärgert meldet Montclar das an Louvois. Antwort: »Ich weiß nur ein Mittel, die Bewohner von Mannheim daran zu hindern, sich wieder dort niederzulassen: Diejenigen zu töten, die sich trotz des Verbots wieder einfinden und versuchen, ihre Häuser wieder aufzubauen.«

»Monsieur de Montclar hat zuviel ausgespart«, findet der Minister, der dem Marschall Duras befiehlt, in Speyer und Worms energischer zu sein. Duras versucht vergeblich, das Schlimmste zu verhüten: »Der Schmerz, so bedeutende Städte wie Worms und Speyer zu zerstören, veranlaßte mich, Seiner Majestät die ungünstige Auswirkung vor Augen zu führen, die eine solche Verwüstung auf sein Ansehen und seinen Ruhm in der Welt haben könnte: es ist eine sehr ärgerliche Entscheidung, die ganz Europa schrecklichen Abscheu einflößt.« Louvois nimmt keine Rücksicht darauf. Fünf Jahre später beklagt der durch Speyer kommende Saint-Simon die Zerstörung »einer der schönsten und blühendsten Städte des Reiches [...] Alles war von dem Feuer vernichtet, das Monsieur de Louvois hatte legen lassen [...], und die wenigen Einwohner, die noch da waren, hausten unter diesen Ruinen oder in den Kellern.«

Bingen, Oppenheim, Sinzheim, Bruchsal, Offenburg und Alzey ergeht es nicht anders. Marktflecken, Dörfer und das flache Land sind den Truppen ausgeliefert, die den Auftrag haben, nach der Plünderung alles in Brand zu stecken. Was der Marschall Duras vorausgesagt hat, trifft ein: Der Haß, den diese Verheerungen hervorrufen, ist grenzenlos und noch lange zu spüren. In Stuttgart werden fünfzehn französische Deserteure trotz der kaiserlichen Passierscheine, die sie sich verschafft hatten, von der Bevölkerung ergriffen und buchstäblich in Stücke gehackt; diese werden auf den Ladentischen der Fleischer verkauft.

Elisabeth Charlotte kannte sicher nicht die Einzelheiten des Grauens, das sich in ihrer Heimat abspielte. Doch sie wird eines nie vergessen: Unmittelbar bevor Tessé das Schloß ihrer Vorfahren in die Luft sprengte und Montclar Mannheim zerstörte, hatte sie Ludwig XIV. extra um eine Audienz gebeten, bei der sie ihn anflehte, die Pfalz zu verschonen. Jede Nacht hat sie den gleichen Alptraum, in dem sie in Heidelberg oder Mannheim ist, inmitten der Ruinen. Zu behaupten, damit ihre Interessen zu vertreten ...

Und was wird aus den jungen Raugrafen, ihren Halbbrüdern, die bei der Verwüstung der Pfalz ebenfalls alles verloren? Wie kann sie ihnen helfen? »Ich habe nur hundert Pistolen monats; ich kann nie weniger als eine Pistole geben; in acht Tagen geht mein Geld in Obst, Briefe von der Post und Blumen drauf.« Die Raugrafen müssen wohl oder übel in ausländische

Dienste treten, wo sie bald alle tragisch enden werden. Der älteste, Karl Ludwig, fiel bereits 1688 in Griechenland bei der Belagerung von Negroponte durch die venezianische Armee. Karl Eduard, der österreichischer Offizier wurde, kommt 1690 im Krieg gegen die Türken um. Karl August, der sich dem Kurfürsten von Brandenburg anschloß, stirbt im Jahr darauf für den (zukünftigen) König von Preußen, und Karl Casimir wird im Duell getötet. Der einzige Überlebende, Karl Moritz, der jüngste, wird sich bis 1702 durch ein er-

Die Zerstörung Heidelbergs durch Melac;
Gemälde von Feodor Dietz, 1870.

bärmliches, vom Alkohol zerstörtes Leben in Berlin schleppen. Elisabeth Charlotte hätte diesen Bruder, den sie hatte zur Welt kommen sehen, gern bei sich aufgenommen. Er hätte Abt werden können. Doch die kirchlichen Pfründen waren rar: Unlängst erst mußte ein Sohn der Fürstin von Tarent wieder zum Schwert greifen und den Orden verlassen, weil er dort fast verhungert wäre. Sinnlos, Monsieur zu bitten, er möge seinen Schwagern helfen, er wird für sie keinen roten Heller aus seinem Beutel nehmen. Und der König kommt auch nicht gerade um vor Mitleid.

Auch wenn er gewollt hätte, konnte Ludwig XIV. es sich nicht leisten, all die umherirrenden Fürsten zu unterstützen, die mehr oder weniger mit der königlichen Familie zusammenhingen. Den Hof von Saint-Germain-en-Laye zu unterhalten und für die Feldzüge Jakobs II. aufzukommen belastete die Finanzen des Königreiches schon zur Genüge; hinzu kam der Krieg, von dem nicht abzusehen war, wann und wie er beendet werden würde. Die Zeiten waren hart. Beim letzten Aufenthalt des Hofes in Marly Ende des Jahres 1688 fanden die Hofleute, daß die Dinge sich sehr verändert hatten: Der König bemerkte, daß trotz der Wachsamkeit des treuen Bontemps, der Marly und Versailles verwaltete, die Kosten ungewöhnlich hoch waren und er »grausam bestohlen« wurde. Er beschloß also, die »Tafeln, die er für eine unendliche Zahl von Personen hielt, abzuschaffen« und nur noch die Kosten seiner eigenen Tafel zu übernehmen. Zu ihr gehörten neben dem Dauphin und den Damen seine legitimierten Söhne, der Herzog von Maine und der Graf von Toulouse, die achtzehn bzw. zehn Jahre alt sind. Das gab Anlaß zu Getuschel: Der Herzog von Maine, Liebling des Königs und Madame de Maintenons, die ihn aufgezogen und stets eine »Ammen-Schwäche« für ihn behalten hatte, wurde »als Kind des Hauses« behandelt, »während die Prinzen von Geblüt gezwungen waren, recht und schlecht in ihren Pavillons zu essen«.

Die Prinzen von Geblüt waren, ungeachtet dessen, daß Monsieur de Sourches derart von ihrem Los gerührt ist, nicht die Bedauernswertesten, auch wenn sie dem König zu Recht vorwarfen, er würde bei seiner »Sparpolitik« mit zweierlei Maß messen. Im Juli 1689 werden die Steuern um drei Millionen erhöht, um die Kosten des Krieges zu bestreiten. Eine schlechte Nachricht für die bereits schwer ausgebeuteten Provinzen und vor allem für die bäuerliche Welt, die durch die Steuervorteile von Klerus, Adel und Stadtbevölkerung praktisch die Gesamtheit der direkten Abgaben trägt. In Krisenzeiten genügt ein weniges, um die Schwächsten ins absolute Elend zu stoßen. Zum Beispiel die Bandweber. Weil die einst blühende Schleifenmode darniederlag, waren Hunderte von Familien zur Bettelei gezwungen. Ludwig XIV., über diese Situation informiert, beschließt im Juni 1689, sich von neuem mit Schleifen zu schmücken wie in seiner Jugendzeit, obwohl er es jetzt »sehr unbequem« findet. Er will damit den Hof und die Stadt anregen, seinem Beispiel zu folgen. Mit Erfolg: Innerhalb von drei Tagen tragen »alle Hofleute bis hin zu den ernstesten Männern« Wogen von Satin auf den Ärmeln und die *»galants«* genannten Schleifen an den Schultern. Die Bandweber sind gerettet. Zumindest vorläufig.

Leider läßt sich nicht alles so einfach regeln. Insbesondere nicht der Sold der gegen ganz Europa eingesetzten Truppen. Einige Monate später fängt man damit an, Wertgegenstände einzusammeln, die der Münze übergeben werden. Noch ist es nicht so weit, daß das goldene Tafelgeschirr des Königs, die Silberschüsseln und -teller der Großen eingeschmolzen werden wie im nächsten Krieg, man begnügt sich mit Hausrat aus massivem Silber. Von Dezember 1689 bis Mai 1690

Französische Mordbrenner in Heidelberg; Holzstich, 1877.

werden aus den Gemächern des Königs, des Dauphins und Monsieurs Unmengen von Einrichtungsgegenständen entfernt, an denen die Arbeit wertvoller ist als das Material. Stühle, Tische, Leuchter und Lüster, Vasen, Konsolen und Geländer, Truhen, Schreibzeug, Kübel von Orangenbäumen und Vogelkäfige: Ein ganzes Dekor aus Tausendundeiner Nacht wandert in die Münze. Der Verantwortliche für die Gerätekammer beklagt sich verzweifelt beim König: »Ach, Sire, wo ist nur Monsieur Colbert? Wenn er noch lebte, hätte er nie geduldet, daß Eure Majestät all diese schönen Stücke einschmelzen lassen!« »Und was hätte er getan?« »Er hätte tausend Wege gefunden, Eurer Majestät diesen Kummer zu ersparen.« Der König zuckt die Schultern: »Das kann sein, aber jetzt finden wir keinen anderen Weg.«

Man war gezwungen, andere Wege zu finden, denn das Einschmelzen des Hausrats hatte der Staatskasse nur drei Millionen eingebracht anstelle der sechs, mit denen man gerechnet hatte. Zunächst die gute alte »Aufwertung der Münzen« durch Erhöhung ihres numerischen Wertes und Ausgabe neuer Geldstücke, die einen geringeren Feingehalt haben, ein Verfahren, das einst Philipp dem Schönen den unverdienten Ruf eines Falschmünzers eingebracht hatte. Seit dem 14. Jahrhundert hatte man sich an die Entwertungen gewöhnt, ohne sie deswegen gern hinzunehmen. Der Taler, der zehn Pfund wert war, steigt auf 11 Pfund 12 Sou, dann auf 12 Pfund 10 Sou. Die in allen Gesellschaftsschichten zahlreichen Rentner machen ein saures Gesicht.

Opfer eines anderen Notbehelfs, der Vermehrung der käuflichen Ämter, sind die Richterchargen, die ebenfalls an Wert verlieren, wobei das Phänomen von den bescheidensten auf die höchsten zurückwirkt. Als Monsieur de Harlay sein Amt eines Generalprokurators am Parlament von Paris verkauft, um seinen neuen Posten als erster Präsident zu übernehmen, bekommt er dafür ungefähr eine Million Pfund, während sein Vater, der achtundzwanzig Jahre früher Nicolas Fouquet nachgefolgt war, sich glücklich geschätzt hatte, es für 1,4 Millionen zu erwerben.

Es sind indessen nicht die Schwierigkeiten der Staatskasse, die Elisabeth Charlotte 1690 um das Neujahrsgeschenk des Königs bringen. Ludwig XIV. beschenkte seine Nächsten zu jedem Jahresbeginn reichlich: 4000 Pistolen für den Dauphin, die Dauphine, Monsieur und Madame. Der Krieg hatte die Neujahrsgaben auf 3000 Pistolen gedrückt. Doch selbst diese um ein Viertel reduzierte Einnahme kam Madame um so gelegener, als Monsieur sie buchstäblich ohne einen Sou ließ und sie nach dem Zeugnis all ihrer Zeitgenossen äußerst großzügig war.

1690 müssen sich die anderen mit 2000 Pistolen begnügen – es ist immer noch Krieg. Doch Madame bekommt nichts. Was hat sie Schlimmes getan? Weder verriet sie ein Staatsgeheimnis (sie kannte keins) an feindliche Mächte, noch erfand sie irgendeinen neuen, noch anstößigeren Spitznamen für die »alte Rompompel«. Aber sie hat den Mut, laut zu sagen, was sie denkt. Sie verwahrt sich dagegen, daß Ludwig XIV., nachdem er kaltblütig ihr Heimatland vernichtet hat, nun über das verfügen will, was ihr das Teuerste auf der Welt ist, nämlich ihre Kinder, insbesondere ihr Sohn: Um die königlichen Bastarde ebenbürtig zu machen, schmiedet der König Heiratspläne, denen sie sich mit aller Kraft entgegenstellt. Die Kränkung vom ersten Januar 1690 ist der Denkzettel, der sie daran erinnern soll, daß man sich nicht ungestraft dem Willen des Königs widersetzt.

9

Die erste Dame des Königreichs

Ludwig XIV. hatte drei zu verheiratende Töchter. Alle waren außerehelich geboren, die Töchter der Königin hatten der emsigen Pflege der Ärzte nicht lange widerstanden. Die älteste und schönste, Anne-Marie, deren Mutter die Duchesse de la Vallière war, heiratete den Prinzen Louis-Armand de Conti, den Neffen des Großen Condé und Großneffen Mazarins. Sie war dreizehn, er achtzehn Jahre alt, und wunderbarerweise liebten sie sich »wie im Roman«. Bald fing sie an, ihn zu hassen, man weiß nicht warum. Doch nicht umsonst hatten an ihrer Wiege nur gute Feen gestanden: Der Prinz von Conti starb in der Blüte seiner Jahre, und sie wurde mit neunzehn Jahren Witwe. Ihre »unvergleichliche Anmut«, ihr Gebaren einer Göttin und ihr zurückhaltender Charme machten aus dieser Lieblingstochter des Königs »eine der größten Zierden des Hofes«.

Louise-Françoise, die zweitälteste Tochter Madame de Montespans, deren Geist und Bosheit sie geerbt hatte, war eine hübsche kleine Person, intelligent bis in die Fingerspitzen, unwiderstehlich komisch, die gerne lachte und tanzte, reichlich dem Wein zusprach und, wenn sie getrunken hatte, satirische Couplets improvisierte, in denen keiner ihrem Spott entging. Ludwig XIV. hatte sie vorzeitig – sie war noch nicht im heiratsfähigen Alter – mit einem anderen Prinzen von Geblüt vermählt: mit Monsieur le Duc, dem Enkel des

Großen Condé und Urgroßneffen Richelieus, einer Mißgeburt mit einem dicken »fahl-gelben« Kopf und einem furchterregenden Gesicht. Louise-Françoise wurde Madame la Duchesse; sie waren sehr unglücklich und hatten neun Kinder.

Blieb die jüngste, Mademoiselle de Blois, geboren 1677, nach der vorletzten Versöhnung des Königs mit Madame de Montespan. Was bewog ihren Vater und Madame de Maintenon, die bei den Kindern der Exfavoritin Mutterstelle vertrat, ihr einen Mann zu suchen, obgleich sie erst elf Jahre alt war? Dieses große faule Mädchen, das so träge war, daß es nur drei Worte in der Minute sagte und Mühe hatte, beim Gehen die Füße zu heben, stellte nicht so ein Risiko dar wie die explosive Louise-Françoise. Darum ist seit dem Frühjahr 1688 die Rede davon, Mademoiselle de Blois zu verheiraten.

Der König, vielleicht enttäuscht von der unsäglichen Bedeutungslosigkeit seines legitimen Erben, des Dauphins, und außerdem von Madame de Maintenon beeinflußt, wendet sich seit einigen Jahren immer mehr seinen unehelichen Kindern zu, den »légitimés de France«, deren unweigerlichen Aufstieg er mit allen Mitteln sichert. Der Herzog von Maine, den er im Alter von vier Jahren zum Generaloberst der Schweizer, mit zehn Jahren zum Fürstprinzen von Dombes, mit zwölf Jahren zum Gouverneur des Languedoc gemacht hatte, wurde soeben zum General der Galeeren befördert. Sein jüngerer Bruder, der Graf von Toulouse, mit fünf Jahren Admiral von Frankreich, wird bald zum Gouverneur von Guyenne ernannt werden. Der »große Aufschwung der Bastarde«, der den Herzog von Saint-Simon so entrüstet, wird auch ihren Schwestern zugute kommen, deren Aufschwung noch aussteht.

So »legitimiert« sie auch sein mag, Mademoiselle ist durch die Hintertür in die königliche Familie einge-

Louis, der Sohn Ludwigs XIV., im Kreise seiner Familie;

Gemälde von Pierre Mignard, 1687.

treten, wo sie in der Hierarchie erst an vierter Stelle kommt, nach den *enfants de France,* den *petits-fils de France* und den Prinzen von Geblüt. Da man bei ihr den niederen Rang nicht dadurch kompensieren kann, daß man sie wie ihre Brüder mit Ämtern und Ehren überhäuft, muß der Aufstieg durch Heirat erfolgen. Diesmal nicht mit einem gewöhnlichen Prinzen von Geblüt. Für die letzte der drei Schwestern zielen der König und Madame de Maintenon höher, so hoch wie nur möglich: Wenn Mademoiselle de Blois einen *petit-fils de France* heiratet, nimmt sie zwei Stufen auf einmal und erreicht damit den höchsten Rang, den sie anstreben kann. Der einzige damals existierende *petit-fils de France* ist der Herzog von Chartres, der Sohn von Monsieur und Madame …

Das ganz besondere Wohlwollen, das Ludwig XIV. seit kurzem dem Chevalier de Lorraine und dem Marquis d'Effiat entgegenbrachte, war zu auffällig, als daß Madame es nicht bemerkt hätte. Es mußte etwas dahinterstecken. Sie hörte sich unauffällig um und erfuhr, daß die beiden Kumpane sich vorgenommen hätten, Monsieur dahin zu bringen, daß er der Heirat seines Sohnes mit Mademoiselle de Blois zustimmte und, um das Maß voll zu machen, der seiner Tochter Elisabeth mit dem Herzog von Maine. »Man sagt, daß der d'Effiat Versprechung habe, Duc zu werden, und der Ritter eine gar große Summe Gelds bekommen solle. Und unterdessen erhebt man sie in den Himmel durch hundert gute Traktamenten.«

Eine Doppelhochzeit, die ihre Kinder mit den königlichen Bastarden vermählt – das kann Madame nicht eine Sekunde in Betracht ziehen, ohne sich laut zu empören. Zuallererst, weil sie Deutsche ist und die deutschen Fürsten, die in diesem Punkt viel strenger sind als die Franzosen, Unehelichkeit als Makel ansehen und ganz allgemein alle Mesalliancen verurteilten, selbst wenn sie später legalisiert werden. Die Reinheit fürstlichen Geblüts dürfe nicht verfälscht werden, und der schlimmste Fall sei die Vereinigung mit »Bastarden aus doppeltem Ehebruch«. Bei dem Gedanken, daß das unreine Blut von Mademoiselle de Blois und dem Herzog von Maine sich mit dem ihren und dem von Monsieur mischen könnte, reagiert Madame mit physischer Abwehr: »Allemal wenn ich diese Bastarde sehe, geht mir das Blut über.« Die Wortwahl ist aufschlußreich.

Die Unehelichkeit ist übrigens nicht der einzige Grund für ihre Weigerung. »Sollte doch der Duc du Maine kein Kind von doppeltem Ehebruch sein und ein rechtmäßiger Prinz, so möcht ich ihn doch nicht zum Schwiegersohn noch seine Schwester zur Schwiegertochter haben.« Es folgt ein wenig schmeichelhaftes Porträt des Freiers: ein kränklicher, »abscheulich häßlicher« Krüppel, der auf seinen lahmen Beinen so daherhumpelt, daß man in den Galerien von Versailles weithin seinen Schritt erkennt. Ein gemeiner Bastard, »karg wie der Teufel« und so böse wie seine Mutter, die Montespan. Ein schöner Ehemann, den der König der kleinen Elisabeth da anzubieten wagt, die ja gewiß keine Schönheit, aber zumindest gut gebaut ist! Was seine Schwester betrifft, so hat sie »wohl ein gut Gemüt, ist aber so erschrecklich kränklich und hat stets so blöde Augen, daß ich glaube, daß sie endlich blind wird werden«. Dies Urteil zeigt, daß Madame die ihrem Sohn bestimmte Gattin kaum kennt – Mademoiselle de Blois ist von einem herzlosen Hochmut, der sie verhaßt macht, und erfreut sich trotz ihrer Schwächlichkeit einer ausgezeichneten Gesundheit. Madames ganze Gehässigkeit gilt dem Lieblingsadoptivsohn Madame de Maintenons, die »den hinkenden Buben so lieb hat als ihr eigen Kind«.

Was tun? Wie kann man gegen Gerüchte kämpfen, von denen man nicht einmal weiß, ob sie begründet sind? Wenn sie mit Monsieur darüber spricht, erzählt er es nach alter Gewohnheit sofort seinem Bruder, indem er »viel dazusetzt«, und alles fällt auf sie zurück. Besser wäre es – aber das ist sehr unwahrscheinlich –, wenn Ludwig XIV. sie über seine Absichten unterrichten würde. Auch wenn sie sich noch so respektvoll ausdrückt, würde ihr kategorisches »Nein« natürlich sehr schlecht aufgenommen werden, aber man könnte ihre Sache nicht noch verschlimmern, indem man ihr Äußerungen unterstellt, die sie nicht getan hat. Eine Hoffnung, das Thema bei irgendeiner zufälligen Begegnung anzusprechen, besteht nicht. Seit der König nicht einmal mehr mit ihr auf Jagd geht, muß sie förmlich um eine Audienz bitten, wenn sie sich mit ihm unterhalten will.

Sie kann sich also nur gedulden, bis diese vermaledeiten Pläne sich bewahrheiten oder von selbst verflüchtigen. Ist nicht die Rede davon, daß der Prince de Condé, der seinen Sohn schon mit einer der unehelichen Töchter des Königs vermählt hat, nun intrigiert, um auch noch die eine oder andere seiner Töchter dem »häßlichen Krüppel« zu geben? Gott gebe, daß es ihm gelingt! Trotz zahlreichen Bemühungen, sie umzustimmen, ändert Elisabeth Charlotte ihre Haltung nicht, sondern sagt frei heraus, daß sie niemals einwilligen wird, ihre Kinder zu »opfern«.

Das kostet sie die Neujahrsgabe des Jahres 1690, die der König ohne ein Wort der Erklärung unterschlägt, und trägt ihr alle möglichen Unannehmlichkeiten von seiten der Günstlinge Monsieurs ein. Monsieur selbst, der zum allgemeinen Erstaunen zu verstehen gibt, daß er sich gegen den königlichen Willen nicht sträuben werde, macht sich zum Sprachrohr mehr oder weniger verschleierter Drohungen. Sie möge sich vorsehen! Ihre Hartnäckigkeit könnte sie noch ins Exil bringen ... Die Warnung läßt sie kalt. Wenn sie sieht, was die »alte

Zott« aus der armen Dauphine gemacht hat, die so schüchtern, so ängstlich ist und die »man aus Traurigkeit ums Leben bringt«, dann sagt sie sich, daß Unterwerfung nicht immer der beste Weg ist, das Schlimmste zu verhüten. »Ich bin eine härtere Nuß als die Madame la Dauphine, und ehe mich die alten Weiber werden aufgefressen haben, mögen sie wohl etliche Zähne verlieren.«

Falls ihre Feinde wirklich daran gedacht haben sollten, sie ins Exil zu schicken, so wird Madame dieser Gefahr bald enthoben sein: Selbst wenn er es wollte, könnte der König die erste Dame des Reichs nicht von Hofe verjagen. Denn durch den Tod der Dauphine am 20. April 1690 ist Madame an die erste Stelle gerückt.

»Dieses Mal wird man wohl sehen, daß ich nicht närrisch war, als ich sagte, ich sei krank!« Zwei Stunden, bevor sie starb, hatte Maria Anna mit diesen Worten ihre Freundin Elisabeth Charlotte zur Zeugin ihres Leidens angerufen. In den zehn Jahren seit ihrer Hochzeit hörte man sie so oft seufzen, sah sie so oft fast in Ohnmacht fallen, daß die Nachsichtigeren schließlich die Schultern zuckten und die übrigen wohl beobachteten, daß »ihre üblichen Vapeurs und Unpäßlichkeiten sie weder am Essen noch am Schlafen hinderten, ihr aber als Ausrede dienten, niemanden sehen zu müssen«. Nur Madame, die ob ihrer strahlenden Gesundheit nicht gerade nachsichtig gegenüber den Schwächen anderer war, bemitleidete dieses zerbrechliche Geschöpf wegen aller wirklichen und eingebildeten Mißgeschikke, die sie sicher ungeheuer geärgert hätten, wäre die Dauphine nicht ihre Landsmännin gewesen. Ludwig XIV. hatte sie zunächst mit viel Aufmerksamkeit und Liebenswürdigkeit empfangen, jedoch schnell das Interesse an ihr verloren, erbittert über ihre Empfindlichkeit, ihre Klagen, ihre mangelnde Bereitschaft, die ihr durch ihre Stellung auferlegten Pflichten zu erfüllen.

»Nichts macht ihr Freude«, sagte man bei Hofe. Wenn in Marly ein Fest gegeben wird und die Gäste zum Mittagsmahl gebeten sind, erscheint sie abends um sieben. Wenn sie zufällig einmal Fleisch ißt – was selten oder nie vorkommt –, fühlt sie sich danach mehrere Tage krank. Und wenn jemand zu ihr kommt, der etwas »Riechpuder« an sich hat, erstickt sie fast.

Die intelligente und gebildete Maria Anna von Bayern war so musikbegeistert, daß sie die Künstler aus der Oper zu sich in ihr Gemach kommen und für sich singen ließ. Mit dem Tölpel, den sie aus Ehrgeiz geheiratet hatte in der Hoffnung, eines Tages Königin von Frankreich zu sein, hatte sie nichts gemein. »Wir sind beide unglücklich«, pflegte sie zu Elisabeth Charlotte zu sagen, »aber Ihr habt Euch so lange als möglich gegen Euer Schicksal gewehrt, ich aber habe stark gearbeitet, um hierher zu kommen, habe es also verdient.«

Ihr Gemahl, der Thronerbe, dessen geringe geistige Fähigkeiten unter der viel zu anspruchsvollen Unterweisung Bossuets vollends erlahmt waren, kannte nur drei Dinge auf der Welt: die Tafel – »er aß mehr als drei Männer zusammen« –, die Jagd und das Spiel. Man kann noch das Bett hinzufügen, wenn man es auf die elementare Befriedigung eines natürlichen Instinktes beschränkt: Schwangerschaft auf Schwangerschaft für seine Frau; erbärmliche »Galanterien« mit Weibern, die sich über diesen »Fettsack« lustig machten; hier und da eine Viertelstunde mit einer Schauspielerin, die man ihm schickte mit dem Hinweis, er brauche sie nicht zu nehmen, falls schon eine andere da wäre ...

Die Dauphine hatte ein oder zwei Fehlgeburten im Jahr, glaubte jedesmal sterben zu müssen, wenn sie ein Kind zur Welt brachte, und hatte ihrem Gemahl ein für allemal gesagt, er möge nur ja nicht auf seine Amouren verzichten, wenn er nur seine Zuneigung zu ihr bewahrte. Es wurde behauptet, daß sie sich mit ihrer

Lieblingszofe tröstete, mit der sie viele Tage hinter verschlossenen Türen verbrachte. Das Mädchen war ihr aus Bayern nach Frankreich gefolgt, wollte nie heiraten und starb »zum Teil aus Kummer« zwei Jahre nach seiner Herrin.

»Die Dauphine ist unglücklich«, schrieb Madame vier Jahre vor dem Tod der Prinzessin und beschuldigte Madame de Maintenon, sie beim König schlechtzumachen, die Lieblingszofe zu bestechen und auch noch die erbärmlichen Abenteuer des Dauphins zu begünstigen. Ohne so weit zu gehen, sehen jedoch auch diejenigen Zeitgenossen, die der Dauphine kritisch gegenüberstehen, in Madame de Maintenon die Mauer, an der sie zerbrach. Elisabeth Charlotte, die ihr absolut vertraute und sie ermunterte, »der Alten« standzuhalten, wird zu ihrer schmerzlichen Überraschung eines Tages erfahren, daß Maria Anna, die viel weniger harmlos war, als es schien, sie mehrmals kaltblütig verraten hat: In der Hoffnung, ihre Gunst wiederzuerlangen, hatte sie der gemeinsamen Feindin von ihren Gesprächen berichtet.

Es wurde wenig um sie getrauert, aber man richtete ihr ein schönes Begräbnis aus, wie es sich für die Gemahlin des Dauphins gehörte. Ihr mit großer Pracht geschmückter Leichnam wurde auf einem Paradebett aufgebahrt, bewacht von vier Damen höchsten Ranges, und die Großen des Reiches zogen in langen Trauermänteln langsam an ihr vorüber und besprengten sie mit Weihwasser. Monsieur und Madame hatten das traurige Privileg, die Kinder der Verstorbenen zu führen, drei kleine Jungen von sieben, sechs und vier Jahren, die herzzerreißend schluchzten. Der König ordnete zwei Trauerfeiern an, eine in Notre-Dame, die andere in Saint-Denis, wo am 1. Mai das Leichenbegängnis stattfand: Im strömenden Regen bewegte sich der endlose Zug durch die Vorstädte bis zur schwarzbehängten königlichen Basilika. Man wollte die Ebene von Saint-Denis umgehen, weil man fürchtete, die Gaffer könnten die Kornfelder zertrampeln wie bei der Beerdigung der Königin.

Am 6. Mai in Versailles Kondolenzbesuch der Königin von England, die mit großem Pomp vom König und den in ihre Mäntel gehüllten Prinzessinnen und Herzoginnen empfangen wird. Schließlich Gottesdienst für die Seele der Dauphine, wo die von all den Zeremonien mitgenommene Elisabeth Charlotte ihre Fröhlichkeit wiederfindet angesichts des burlesken Schauspiels der Mönche von Saint-Denis, die spornstreichs dahergelaufen kamen, um die Goldstücke und die Kerze zu ergreifen, die sie dem Bischof beim Opfer ausgehändigt hatte und die dieser gerade den Priestern der königlichen Kapelle geben wollte. »Sie warfen sich auf den Bischof, dessen Stuhl anfing zu schwanken, und die Mitra fiel ihm vom Kopf. Hätte ich noch einen Augenblick gewartet, so wären der Bischof und alle Mönche auf mich gefallen. Deswegen sprang ich eilends die vier Staffeln von dem Altar herunter, denn ich war damals noch leicht, und sah der Bataille zu. Es war mir unmöglich, das Lachen zu lassen, und alle Menschen lachten.«

Das Leben geht weiter. Schon am 26. April waren in Marly die Spieler wieder an ihren Tischen, die Jäger bei ihren Meuten, und abends im Konzert applaudierte man Marin Marais an der Viola und Robert de Visée an der Theorbe – doch die arme Dauphine, die sie so liebte, konnte sie nicht mehr hören. Madame schätzt solch schnelles Vergessen nicht; sie hatte sich nie an Marly gewöhnen können, »ein Ort, von dem alles Geschriebene verbannt ist« und dessen Zwanglosigkeit ihr mißfällt. »Alles lief dort durcheinander«, wird sie sagen, schockiert von den Verstößen gegen die Etikette, ja gegen die bloße Höflichkeit, die sich die Höflinge dort erlauben. Die Damen ersparen sich die großen Hofroben und wagen es, im Hauskleid zu erscheinen. Beim Spaziergang behalten die Männer selbst vor den Vornehmsten die Hüte auf. Im Salon sitzen alle, einschließlich der Hauptleute und Leutnants der Garde. »Das hat mir solche Abscheu vor dem Salon gegeben, daß ich nie dort bleiben wollte.« Nicht aus leerer Einbildung, sondern weil sie weiß, daß es keine harmlosen Verstöße gegen die Etikette gibt und daß jede Geste, jede Haltung einen Angriff auf die Vorrechte des anderen bedeuten kann. Sah man nicht bei der Beerdigung der Dauphine die Prinzessinnen und Herzoginnen sich wie die Fischweiber um die besten Plätze in Saint-Denis streiten, während doch der Vorrang der ersteren feststand? Madame, die persönlich die Einfachheit selbst ist, läßt nicht zu, daß man bei den Regeln mogelt, ohne die es kein Hofleben mehr gibt. Und dieses schreckliche Spiel, das in Marly gespielt wird, als hätte nicht der Krieg den größten Teil des Königsreichs ins Elend gestürzt!

Wahrhaftig, nichts kommt Fontainebleau gleich. Es wird dort auch gespielt, gewiß, und mit hohem Einsatz: Dem Dauphin wurde erst kürzlich eine Börse mit 200 Louisdor gestohlen, die er aus Versehen beim »Portique«, dem neuesten Modespiel, liegengelassen hatte. Denjenigen aber, die nicht spielen, bietet Fontainebleau die Freuden seines Zauberwaldes, der mit seinen eigenartig geformten Felsen, seiner einsamen Einsiedelei von Franchart und seinem Jägerkreuz genauso geheimnisvoll ist wie die deutschen Wälder. Am Jägerkreuz hört man angeblich in mondlosen Nächten das Gebell einer unsichtbaren Meute, gespenstische Hornsignale und die Schreie von Treibern, die aus dem Grab ihre Hunde aufhetzen.

Unglücklicherweise ist in jenem Herbst das Wetter abscheulich, und die englischen Fürsten, die von Saint-

Das Schloß Fontainebleau.

Germain gekommen sind, um eine Woche in Fontainebleau zu verbringen, können die Jagdsaison nicht nützen; außer einer Wölfin, die sie am ersten Tag bei einer Hetzjagd erlegen, treffen sie auf kein Wild. Während ihres restlichen Aufenthalts regnet es so heftig, daß man sich, in Kutschen zusammengedrängt, mit Spazierfahrten begnügen muß. Allein Elisabeth Charlotte, die Prinzessin von Conti und einige andere Reiterinnen sind kühn genug, um den Unbilden des Wetters zu trotzen, auf die Gefahr hin, daß sie »entsetzlich naß und schmutzig« zurückkommen.

Wenn es unmöglich ist, hinauszugehen, empfängt der König seine Gäste im Schloß, oder er unterhält sie mit einem Ballspiel, das von den besten und extra zu diesem Zweck herbeigeholten Spielern des Königreichs ausgetragen wird. Abends trifft man sich beim Spiel, in der Komödie oder im Konzert, bevor das Souper gegen zehn Uhr die vollzählige königliche Familie um die englischen Majestäten versammelt. Meistens ist Jakob II. sehr heiter. Er hat die schwere Niederlage bereits vergessen, die ihm sein Schwiegersohn, Wilhelm von Oranien, im letzten Juli in Irland beigebracht hat, nachdem er dort gelandet war, um seinen Thron zurückzuerobern. Der »gute König« hatte gerade noch Zeit gehabt, sich zu retten, und zwar mit Hilfe der französischen Truppen, und wenn man ihn fragt, was aus diesen Franzosen geworden ist, antwortet er arglos, er habe keine Ahnung! Gegenüber der Königin Maria Beatrice, die im Gegensatz zu ihrem Mann sehr ernst ist, sitzt Monsieur und plaudert unermüdlich über die beiden einzigen Themen, die ihn interessieren: Möbel und Schmuck. Er geht damit Ludwig XIV. auf die Nerven, der selbst nicht sehr gesprächig ist: »Ah, mein Gott«, rief er eines Tages aus, »muß ich, um der Welt zu gefallen, so viele Plattheiten und Sottisen äußern wie mein Bruder?«

Während Monsieur schwätzt, sieht Madame nicht weit von sich entfernt ihre Cousine, die Prinzessin von Condé, deren Sohn ein uneheliches Kind des Königs geheiratet hat, und kann nicht umhin, an die Heiratspläne zu denken, die sie weiterhin quälen: Zum Glück spricht man nicht mehr soviel von dem »hinkenden Buben«, dem der Prinz von Condé so gern eine seiner Töchter geben will. Möge es ihm zum Wohl gereichen! Aber Mademoiselle de Blois? Ihre Schwestern waren in ihrem Alter bereits verheiratet – und die »Zott« wäre so glücklich, wenn sie *petite-fille de France* würde! Madame ahnt, daß das Schicksal ihres Sohnes, ihres lieben Philipp, seinen Lauf nimmt.

Philipp, Herzog von Chartres, ist ein schöner Junge von sechzehn Jahren, ein wenig zu klein für sein Alter, doch wohlgestalt, brünett, mit regelmäßigen Gesichtszügen und einem Lächeln voller Anmut. Er besitzt alle Gaben, Intelligenz, Gedächtnis, künstlerischen Sinn, natürliche Beredsamkeit samt einer angenehmen Stimme, alle ... außer dem Talent, diese Gaben zu nutzen. Seine Mutter, die ihn anbetet, deren Mutterliebe aber hellsichtig ist, pflegt zu sagen, daß alle Feen zu seiner Taufe geladen waren und daß jede ihm ein Geschenk mitbrachte. Doch man hatte eine vergessen, die schon so lange verschwunden war, daß man sich ihrer nicht mehr erinnerte. Sie kam trotzdem, nach den anderen, auf ihren kleinen Stock gestützt, und sagte: »Ich kann dem Kind nicht nehmen, was meine Schwestern ihm geben haben, aber ich will ihm all mein Leben so widerstehen, daß alles, was man ihm Guts geben, ihm zu nichts dienen soll.«

Philipp war ein Faulpelz und Genußmensch, von Natur aus traurig und unfähig zu Anstrengung und folgerichtigem Denken. Er war von Monsieur verdorben, der seinen Kindern alles durchgehen ließ und sich bei Elisabeth Charlotte beschwerte, wenn es Probleme gab. Sie warf ihm seine Schwäche vor: »Sind es nicht ebenso Ihre Kinder wie meine? Warum schelten Sie sie nicht?« »Ich kann sie nicht schelten, und sie fürchten mich nicht! Sie fürchten nur Sie.« Da er eifersüchtig war auf ihre Autorität, entzog Monsieur seinen Sohn sehr bald dem mütterlichen Einfluß und überließ seiner Frau die Erziehung der Mädchen, der kleinen Elisabeth und der Jüngsten aus seiner ersten Ehe, Mademoiselle de Valois.

Philipp wurde Hofmeistern anvertraut, von denen der »maßlos ruhmsüchtige Monsieur keine andere Qualifikation verlangte als die, einen Titel zu führen. So folgten Herzöge und Marschälle von Frankreich einander, alle sehr achtenswert, doch ohne besondere Befähigung zur Erziehung eines jungen Prinzen und im allgemeinen auch zu alt, um ihr Amt lange zu versehen. Als 1689 der unbedeutende Monsieur de la Vieuville starb, stand Elisabeth Charlotte die schlimmsten Ängste ihres Lebens aus: Monsieur hatte sich in den Kopf gesetzt, ihn durch den Marquis d'Effiat zu ersetzen, seinen alten Zechgenossen, den unzertrennlichen Freund des Chevalier de Lorraine. Ihren Sohn diesem »ehrvergessenen und debauchierten Kerl«, einem notorischen Homosexuellen, anzuvertrauen, dessen Gemach im Palais-Royal »voller Huren und Buben« ist!

Auf ihren empörten Protest erwiderte Monsieur, daß d'Effiat zwar »die Jungen lieb gehabt«, sich das aber schon vor mehreren Jahren abgewöhnt habe und daß Madame de Maintenon diese Wahl billige und auch den König dafür gewonnen habe. Nach langer Streiterei entschloß sich Madame, Ludwig XIV. aufzusuchen, der überrascht schien und erklärte: »Wenn man behauptet, ich wollte d'Effiat zum Hofmeister meines Neffen haben, so sind das lauter Lügen. Im Gegenteil habe ich Monsieur schon ein ganzes Jahr lang davon abgehalten.« Und er bestimmte selbst einen »weisen

Mentor«, den Marquis d'Arcy, dessen Ruf tadellos war.

Mehr als die Hofmeister und Unterhofmeister, deren Stellung eher ein Ehrenamt war, übernahmen in Wirklichkeit die Hauslehrer die Erziehung des Herzogs von Chartres. Der erste, Monsieur de Saint-Laurent, ein »äußerst verdienstvoller Mann«, den Racine und Boileau schätzten, hatte nur den Fehler, so früh zu sterben, daß er keine dauerhafte Spur bei seinem Schüler hinterlassen konnte. Saint-Laurent hatte einen Assistenten, einen gewissen Abbé Dubois, der ihn zuletzt öfters vertrat. »Dubois erteilte den Unterricht und erteilte ihn sehr gut und war beim jungen Prinzen trotzdem beliebt«; andere, weniger geschickte Lehrer hätten es bei Philipp nicht leicht gehabt. Als der eigentliche Hauslehrer starb, wurde der Abbé sein Nachfolger – dank der Fürsprache des Chevalier de Lorraine und des Marquis d'Effiat, denen er schlauerweise den Hof gemacht hatte. Als Gegendienst erbot sich Dubois, Philipp dazu zu bringen, Mademoiselle de Blois zur Frau zu nehmen.

Elisabeth Charlotte ahnt nichts von der Wühlarbeit dieses bescheidenen und gelehrten kleinen Mannes, dem das Wunder gelingt, ihren Sohn für den Unterricht zu interessieren. Sie hat nach dem Tod der Dauphine ihren Optimismus wiedergefunden: »So bin ich dies Jahr ein wenig besser in Gnaden, als ich vergangen Jahr war. Wo mir das Glück herkommt, weiß ich nicht, denn ich tue nichts mehr noch minder...« Ludwig XIV. weiß vielleicht die Art und Weise zu schätzen, in der sie den ersten Platz bei Hofe einnimmt, ohne daß sie je versuchte, sich ihren Pflichten zu entziehen, mit jener Mischung aus Würde und Gutmütigkeit, die für sie bezeichnend ist. Oder versucht er, sie zu besänftigen, um den berühmten Heiratsplan durchzusetzen? Zu Neujahr 1691 wird sie nicht vergessen wie im Jahr zuvor: 2000 Pistolen, was zwar »vorgegessen Brot war und ich nicht davon profitieren können, indem ich es nur gebraucht, ein Teil von meinen Schulden zu zahlen«; doch sie verhehlt nicht ihre Freude, »erstlich dadurch zu sehen, daß ich nicht so in Ungnaden dies Jahr bin, wie vorgangen Jahr, und darnach auch so erhält das mein Credit bei denen, so mir Geld lehnen, wenn sie sehen, daß ich meine Schulden zahle«.

Frühling und Sommer vergehen mit Warten auf Kriegsnachrichten. Der Herzog von Chartres erlernt das Kriegshandwerk in der flandrischen Armee, in der auch Monsieur dient (zum erstenmal seit fünfzehn Jahren wollte der König, daß sein Bruder an den Kämpfen teilnahm). Die Belagerung von Mons war der Auftakt des Feldzugs; Vauban persönlich leitet den Angriff, unterstützt vom König und allen Männern der königlichen Familie, selbst dem kleinen Grafen von Toulouse, der sich mit seinen dreizehn Jahren genauso tapfer exponiert wie die anderen. Nach siebzehn Tagen sehr harter Belagerung kapituliert Mons am 19. April. Ein Bild des Jammers. Die Stadt wurde in Brand geschossen, ganze Straßen sind verwüstet, die Bevölkerung drängelt sich auf Karren, um aus der zerstörten und den Truppen ausgelieferten Stadt zu fliehen. Auf dem flachen Land herrschen Plünderung, Vergewaltigung, die üblichen Ausschreitungen der Soldateska, und Philipp, den diese Exzesse empören, schreibt an seine Mutter, er schäme sich, daß die Armee, in der er ist, solche Dummheiten macht. Wie damals in der Pfalz... Doch Gottes Rache kommt über die Bösen, wenn sie es am wenigsten erwarten: Am 16. Juli stirbt plötzlich Monsieur de Louvois im Alter von zweiundfünfzig Jahren.

Madame verabscheut Louvois, der ein grober, unangenehmer Kerl ist und den sie in ihren Briefen den

François Michel Marquis de Louvois d. J.;
Kriegsminister Ludwigs XIV.;
Kupferstich von P. Landry.

»dicken Tölpel« oder »Fettwanst« nennt. »Weil er ja zu sterben hat, hätte ich wünschen mögen, daß es vor drei Jahren hätte geschehen können, welches der armen Pfalz wohl bekommen wäre.« Fast wäre Louvois in ihrer Gegenwart gestorben. Sie waren einander begegnet, als er auf dem Weg zum König war, und sie hatte ihm Komplimente über sein gutes Aussehen gemacht: »Es scheint, daß das Wasser von Forches Euch gar wohl bekommen ist.« Tatsächlich hatte er an jenem Nachmittag, bevor er zum König ging, ein Glas Heilwasser aus Forges, dem berühmten Kurort, getrunken, das sich in einer silbernen Kanne in seinem Zimmer befand: Kaum hatte er das Kabinett des Herrschers betreten, wurde ihm übel, und er mußte sich zurückziehen. Der erste Chirurg der verstorbenen Dauphine ließ ihn am rechten Arm zur Ader, doch links, sagte er, tue es ihm weh. Man möge ihn auch auf dieser Seite zur Ader lassen! Der Chirurg kam nicht mehr dazu. Louvois stammelte noch ein paar Worte und brach zusammen. Tot.

Vergiftet? Man verhaftete sogleich einen armen Teufel aus den untersten Rängen des Gesindes, einen »Frottierer«, der im Zimmer des Ministers war, als dieser sein Wasser trank. Sollte der Schurke Gift in die Kanne geschüttet haben? Sobald er vom Tod seines Herrn erfuhr, bat er um Entlassung, um zu sich nach Hause, nach Savoyen, zurückzukehren, was ihn natürlich verdächtig machte. Da ihm nichts nachgewiesen werden konnte, mußte man ihn laufenlassen. Bei der Autopsie wird der erste Leibarzt des Königs versichern, er habe im Körper »jene Art Gift« gefunden, »die das Herz verdorren läßt und plötzlich die Blutzirkulation verhindert«. Welche Art Gift? Man wird es nie erfahren.

Louvois' Tod macht niemanden traurig. Ludwig XIV., dem er so treu gedient hatte, fühlt sich erleichtert und wird zehn Jahre später dem Marquis de Dangeau anvertrauen, daß er »bei diesen Gelegenheiten [im Krieg] wie überall sonst ein unerträglicher Mensch war«. Madame de Maintenon, die ihn nicht mochte, läßt sich das nicht anmerken, doch der ganze Hof weiß es, und es heißt, daß sie vielleicht am Tod Louvois' nicht ganz unbeteiligt sei. Madame denkt dasselbe und fügt noch hinzu: »Ich vor mein teil wollte lieber, daß eine alte Zott verreckt wäre als er, denn nun wird sie mächtiger sein als nie.«

Warum stattet die »alte Zott« ihr kurz darauf in Marly einen Besuch ab? Das war schon drei Jahre nicht mehr vorgekommen. Sonderbar. »[Ich] fürchte aber [...], daß es endlich meinen armen Kindern gelten wird.« In Wirklichkeit interessieren sich der König und

Madame de Maintenon nur für Philipp: Wenn der Herzog von Maine Elisabeth heiraten würde, stiege er nicht eine Stufe höher in der Hierarchie, und selbst in seinem eigenen Haus würde seine Frau den Vorrang vor ihm haben. Mademoiselle de Blois dagegen würde durch die Ehe mit dem Herzog von Chartres *petite-fille de France*. In diesen Verbindungen, wo es für die Liebe keinen Platz gibt, geht es um den Rang, von dem die jungen Mädchen träumen. Da Mademoiselle de Blois Stolz für vier hat, ist es nicht sehr schwierig, sie zu überzeugen. Als eine Hofdame ihr abrät, weil Philipp sie nicht liebe, sondern ihre Schwester, die Herzogin, liebe, erwidert sie mit ihrer schleppenden Stimme: »Es geht mir nicht darum, daß er mich liebt, es geht mir darum, daß er mich heiratet.«

Armer Philipp, der hin und her gerissen wird zwischen dem heiligen Schrecken, den ihm der König einflößt, dem heimtückischen Druck, den der »vom Chevalier de Lorraine verkaufte und besiegte« Monsieur auf ihn ausübt, und den empörten Vorhaltungen Madames! Schließlich hat er Abbé Dubois, seinem lieben Hauslehrer, versprochen, er werde Mademoiselle de Blois nicht abweisen, in der Hoffnung, seine Mutter würde seinen Vater dazu bringen, daß er an seiner Stelle ablehnt. Madame wiederum verläßt sich darauf, daß ihr Sohn den königlichen Willen in Schach hält: Ist er nicht der Hauptbetroffene?

In der Tat, warum sollte er nicht um die Hand der Prinzessin von Conti anhalten, die seit einigen Jahren Witwe ist? Sie ist acht Jahre älter als er, doch man sieht täglich noch viel eigenartigere Ehen, und sie ist so schön! Jedenfalls ist sie kein solcher Bastard wie die andere, denn sie ist nicht aus doppeltem Ehebruch geboren. Der König kann die Bevorzugung nicht übelnehmen, und Madame de Maintenon, die die Prinzessin von Conti nicht mag, käme auf ihre Kosten. Leider fühlt sich die schöne Anne-Marie in ihrem Witwenstand so wohl, daß sie um nichts in der Welt noch einmal eine Ehe eingehen würde. Ludwig XIV., der von Madames Vorstoß bei der Prinzessin erfahren hat, benützt die Gelegenheit, seine Lösung des Problems zu beschleunigen.

An einem Januartag des Jahres 1692 ruft er Philipp in sein Kabinett, wo der junge Prinz zu seiner Überraschung Monsieur vorfindet, der genauso verwirrt ist wie er selbst. Ein paar freundliche Worte, und der König kommt zum Wesentlichen: »Lieber Neffe, ich habe den Plan gefaßt, Euch zu vermählen, und möchte Euch zu einer Eurem Rang und der Freundschaft, die ich für Euch hege, würdigen Heirat verhelfen. Der in alle Richtungen entbrannte Krieg bringt Euch um viele ausländische Prinzessinnen, die Euch hätten genehm sein können. Prinzessinnen von Geblüt gibt es nicht im passenden Alter. Ich kann Euch also meine Zärtlichkeit nicht besser beweisen, als indem ich Euch meine Tochter anbiete, deren Schwestern, wie Ihr wißt, zwei Prinzen von Geblüt geheiratet haben. Doch so sehr ich diese Ehe auch befürworte, die in Euch die Eigenschaft des Neffen mit der des Schwiegersohns vereinen würde, so will ich Euch doch nicht zwingen und lasse Euch darin alle Freiheit.« Was soll man da antworten, wenn man achtzehn Jahre alt ist und über alle Maßen schüchtern und wenn der Sonnenkönig sich mit seiner »fürchterlichen Majestät« an einen wendet? Philipp sucht mit den Augen verzweifelt Halt bei seinem Vater, findet ihn nicht und stammelt, daß der König der Herr sei, er selbst aber vom Willen seiner Eltern abhänge. »Es liegt ganz bei Euch, lieber Neffe! Aber wenn Ihr einverstanden seid, werden Euer Vater und Eure Mutter sich nicht widersetzen. Nicht wahr, lieber Bruder?« Monsieur stimmt zu. Nun muß nur noch Madame geholt werden.

Der König läßt ihr keine Zeit zur Besinnung: Monsieur wünscht, daß der Herzog von Chartres Mademoiselle de Blois heiratet, Monsieur de Chartres ist einverstanden, er selbst wünscht es mehr als alles auf der Welt. Madame wird sich doch sicher einem so einmütigen Willen nicht widersetzen? Überrascht und sprachlos vor Entsetzen, dreht sie sich zu den beiden Verrätern um, die den Kopf senken, dann sagt sie, zum König gewandt: »Wenn Monsieur und mein Sohn das wollen, so habe ich nichts zu sagen.« Eine kurze Verneigung, und Madame macht auf dem Absatz kehrt. Philipp, der ihr zitternd bis in ihre Gemächer folgt, versucht vergeblich, ihr zu erklären, was vorgefallen ist. Sie will nichts hören, überschüttet ihn mit Vorwürfen und setzt ihn unter Tränen vor die Tür. Genauso ergeht es Monsieur, der nicht erst wartet, bis er hinausgeworfen wird, und »sehr verwirrt« weggeht, »ohne Gelegenheit gehabt zu haben, ihr auch nur ein Wort zu sagen«.

Ganz Versailles weiß bereits, daß im Kabinett des Königs etwas Ernstes vorgefallen ist und daß seit dieser Unterredung die Harmonie der Familie Orléans gestört ist. Abends beim »Appartement« wandern die neugierigen Blicke von einem zum anderen: von Monsieur, der mit dem Dauphin Landsknecht spielt, zu Madame, die hinter ihrem abwesenden Gesichtsausdruck ihren Ärger nicht verbergen kann. Monsieur de Chartres tut so, als konzentriere er sich auf eine Schachpartie, und Mademoiselle de Blois, an Madame de Maintenon geschmiegt, scheint auf glühenden Kohlen zu sitzen. Sobald das Konzert zu Ende ist, läßt der König alle zu Madame de Maintenon bitten: Kurze Zeit später versammeln sich die Beteiligten zur öffentlichen Verkündung der Heirat.

Die Menge der Höflinge weicht zurück vor Madame, die jetzt mit einer ihrer Kammerzofen durch die Galerie geht, Tränen in den Augen, das Taschentuch in der Hand und laut schimpfend, denn jeder soll wissen, was sie empfindet. Beim Souper des Königs wird sie mit niemandem sprechen und fast nichts essen; alle Speisen, die Ludwig XIV. ihr liebenswürdig anbietet, wird sie schroff zurückweisen und seine Verbeugung ignorieren, als sie sich vom Tisch erhebt.

Am nächsten Tag Gratulationsbesuche bei Monsieur, Madame und ihrem Sohn, die ähnlich ablaufen wie Kondolenzbesuche: Der glückliche Bräutigam hat rote Augen, der Vater ist »ganz fassungslos«, und Madame sieht drein wie an ihren schlechtesten Tagen. Man kommt herein, verbeugt sich, geht wieder, ohne ein Wort. Noch ahnt niemand, was sich vor dem ganzen Hof abspielen wird, der wie gewöhnlich in der Galerie wartet, bis der König den Rat verläßt, um zur Messe zu gehen. In dem Augenblick, da der Herzog von Chartres sich respektvoll seiner Mutter nähert, um ihr die Hand zu küssen, versetzt sie ihm eine schallende Ohrfeige, daß ihm Hören und Sehen vergeht. Was nach Saint-Simon »den armen Prinzen zutiefst beschämte und die unendlich vielen Zuschauer, unter denen auch ich war, in ungeheueres Erstaunen versetzte«. Man glaubt es gern.

Liselotte hat den Affront gegen die erste Dame des Reiches gerächt, doch das Leben geht weiter, und die Hochzeit muß schließlich gefeiert werden. Nichts ist zu schön für die jüngste Tochter des Königs. Eine »enorme« Mitgift, zwei Millionen Livre in bar (das Doppelte dessen, was Madame la Duchesse, ihre Schwester, bekommen hatte), die in Land angelegt werden sollen und 100000 Pfund Rente abwerfen werden, und märchenhafte Juwelen, darunter eine »Taillengarnitur« aus Diamanten, die aus 48 Motiven »verschiedener Art« bestand, sowie vier vollständige Geschmeide (Diamanten, Rubine, Saphire, gelbe Diamanten), von denen je-

Elisabeth Charlotte; Stahlstich, um 1850.

des rund fünfzig Stücke umfaßte. Plus 150000 Livre Pension auf Lebenszeit und für den Herzog von Chartres eine jährliche Pension von 200000 Livre, die beim Tod seines Vaters zu den 150000, die er gegenwärtig vom König erhält, hinzukommen. In einer Zeit, da 40000 Livre Rente bereits ein beträchtliches Einkommen darstellen, bedeutet das, sich einen nahezu königlichen Lebensstil leisten zu können.

Zur Verlobung am 17. Februar erscheinen Philipp und Marie-Françoise beide in spitzenbesetztem Goldbrokat; er mit blaßrosa und goldenen Schleifen, geschmückt mit Diamanten und Smaragden; sie mit einer Garnitur aus spanischer Stickerei in Gold und einem goldenen Netzumhang, Rubine und Diamanten im schönen braunen Haar, das von grünen und goldenen Bändern gehalten wird. Der König und Monsieur sind diamantenübersät, der eine in schwarzem Samt, der andere in Goldbrokat. Das herrliche Festmahl ist auf acht großen, mehrstöckigen Gebilden angerichtet, sogenannten »Maschinen«, auf denen frische Früchte, Blumen und kandierte Fürchte pyramidenförmig aufgebaut sind. Trotz der Jahreszeit gleicht der Saal einem Garten, und hundert Bedienstete des Schlosses in blaugoldener Livree bemühen sich um die Gäste.

Die Hochzeit findet dem Brauch der Zeit gemäß am nächsten Tag statt. Die neue Herzogin von Chartres, groß, majestätisch, noch imposanter durch ihre verächtliche Miene und ihre langsamen Bewegungen, erstrahlt in einer ganz aus Silberfäden gewebten Robe, die der Glanz der 25 Perlen des vom König zur Verfügung gestellten Kronkolliers noch mehr zur Geltung bringt. Der Bräutigam trägt einen goldbestickten Anzug aus schwarzem Samt und einen passenden Mantel, den Monsieurs schönste Diamanten zieren. »Der ganze Hof ist voller Freude und Vergnügen«, schreibt Madame de Sévigné. Wahrhaftig! Die Schwestern der Braut, eifersüchtig auf die hohe Stellung der jüngsten und auf die Geschenke, die sie von ihrem Vater bekommen hat, schmollen, und nicht wenige Edelleute nehmen Anstoß an der »monströsen Heirat«, die aus einem Bastard eine *petit-fille de France* gemacht hat. Madame hat sich gefügt. Niemals mehr wird sie dem Gatten und dem Sohn ihre Schwäche vorwerfen. Doch sie weiß jetzt, daß es vergeblich ist, mit dem Florett gegen Kanonen zu kämpfen.

10

Eine Krankheit verbreitet Schrecken

Alles begann mit einem bösen Traum. Einer dieser unheilverheißenden Alpträume, deren dunkle Schatten auch das Morgenlicht nicht vertreiben kann. In einer Julinacht des Jahres 1693 träumte Elisabeth Charlotte, sie wäre an einem verlassenen Ort vor einem verfallenen Haus, wo Zypressen wuchsen, deren schwarze Wipfel die eingestürzten Mauern überragten. Eine unbekannte Stimme befahl ihr einzutreten, und sie ging gehorsam auf das unheimliche Gemäuer zu, als sie zu ihren Füßen eine schlammige, übelriechende Pfütze sah, die ihr den Weg versperrte. Sie blieb jäh stehen und weigerte sich weiterzugehen, obgleich die Stimme sie immer noch dazu aufforderte, und erwachte schweißgebadet.

Ein Zeichen für Tod, ohne Zweifel. Zumindest für drohende Gefahr. Doch für wen? Warnträume sagen manchmal die Wahrheit voraus... In ihren Gemächern von Versailles bedroht sie nichts! Was Monsieur betrifft, der Anfang Mai in die westlichen Provinzen gereist ist, um »in Abwesenheit des Königs über alle Küsten zu befehlen«, so bringt ihn seine Mission in keine große Gefahr: In der Bretagne wird nicht gekämpft, auch wenn die Möglichkeit einer englischen Landung nicht ganz auszuschließen ist. Für diesen Fall sind vorsorglich sechzigtausend Mann der Miliz und des Landsturms ausgehoben worden. In Vitré, wo Monsieur sein Hauptquartier aufgeschlagen hat, besteht die einzige Gefahr darin, vor Langeweile zu sterben – oder sich von einer gewissen, sehr häßlichen, kleinen Marquise entführen zu lassen, die man beim Spiel kennengelernt hat und die den Bruder des Königs, zu seinem großen Mißbehagen, mit ihren Aufmerksamkeiten verfolgt. Nein, Monsieur kann es nicht sein. Also ihr Sohn? Im vorigen Sommer hat er in der Schlacht von Steenkerken in Flandern zwei Musketenschüsse abgekriegt. Der erste zerriß seine Jacke von einer Schulter zur andern, ohne ihn zu berühren. Doch der zweite traf ihn am Arm, und man mußte die Kugel auf dem Schlachtfeld herausschneiden. Er ist zu tapfer, ihr Philipp. Gott weiß, was ihm in der Armee des Marschalls de Luxembourg noch alles zustößt, in der er die Kavallerie kommandiert!

Seit zwei Jahren, seitdem der Herzog von Chartres im Feld ist, sieht Elisabeth Charlotte den Sommer nicht ohne Angst wiederkommen. Um so mehr, als die Nachrichten mit großer Verspätung eintreffen und sie sich in Versailles oder Saint-Cloud langweilt, ausgeschlossen wie sie ist von den Reisen, zu denen Ludwig XIV. die Damen einlädt, um sie am Ruhm seiner Feldzüge teilnehmen zu lassen. Im letzten Jahr waren Prinzessinnen und Herzoginnen mit nach Flandern gereist. Während der Belagerung von Namur hatten sie fast zwei Monate in Mons oder in Dinant verbracht und auf die Einnahme der Stadt gewartet. Madame hatte sich nach Maubuisson zurückgezogen, um bei der guten Äbtissin, ihrer Tante, ihre Sorgen zu vergessen. Dieses Jahr wurden siebenundzwanzig Damen eingeladen. Sie nicht, obwohl ihr Sohn dort in vorderster Linie steht.

Wie schön waren doch die früheren Reisen! »Alle waren lustig, der Hof immer versammelt.« Sie erinnert sich: Es war zur Zeit der Königin Marie-Thérèse, auf einer langen Reise, die sie alle nach Flandern, Lothringen und ins Elsaß geführt hatte. Wenn man in eine Stadt kam, nahm jeder das für ihn reservierte Quartier in Besitz, dann ging man spazieren, speiste, sah dem Feuerwerk zu oder besuchte die Komödie, die »oft so schlecht war, daß man sich krank gelacht«. In Dünkirchen, wo eine erbärmliche Schmierentheatertruppe *Mithridates* gab, hatte der Prinz von Conti, der über dem Orchester saß, einen solchen Lachanfall bekommen, daß er das Gleichgewicht verlor und auf die Musiker purzelte. Er hatte noch versucht, sich am Bühnenvorhang festzuhalten, der dadurch die Lampen gestreift hatte und in Brand geraten war; durch das Brandloch konnten sie die Schauspieler sehen, die hinter dem halb heruntergerissenen Vorhang weitergestikulierten.

Und welche tragikomischen Szenen hatte es gegeben, als der König 1681 in Straßburg eingezogen war! Das Feuer, dem in Vitry zwanzig Häuser zum Opfer gefallen waren, weil ein Bäcker des Gefolges unvorsichtigerweise seinen Ofen zu sehr angeheizt hatte; die entsetzlichen Quartiere in Germiny, »einem der abscheulichsten Orte der Welt«, wo der Hof in richtigen Löchern zusammengepfercht war; auf dem Rückweg hatten sich die Hofdamen der Königin mit all ihrem Gepäck und ihren Toilettensachen zwischen Longwy und Longuyon im Nebel verirrt – die arme Marie-Thérèse hatte nicht einmal mehr ein Nachthemd! –, und das Gefolge von Elisabeth Charlotte mußte in einer eisigen Novembernacht mitten auf dem Land in der Kutsche kampieren. Nur die Dauphine beklagte sich, die anderen machten gute Miene zum bösen Spiel. In jener Zeit hätte der König um nichts in der Welt Madame in Versailles zurückgelassen... Doch wozu an die Vergangenheit rühren? Wenn nur Philipp nichts zustößt!

Als Elisabeth Charlotte nach einer schlaflosen Nacht morgens aufstehen wollte, fühlte sie sich sehr schlecht. Ihr war schwindlig, das Blut klopfte in den Schläfen, sie mußte sich erbrechen und hatte Durchfall... Die herbeigeeilten Ärzte fühlten ihr den Puls, untersuchten gewissenhaft, was sie von sich gegeben hatte, und kamen zu dem Schluß, daß Madame vom Dreitagefieber befallen sei, ergo daß man sie zur Ader lassen und purgieren müsse. Zur Ader lassen und purgieren? Nie im Leben! Vor fast zwanzig Jahren ist sie für den Rest ihrer Tage purgiert worden, als ihr die Herren von der Fakultät zweiundsiebzig Einläufe in einem Monat gemacht haben, wegen eines unseligen Fiebers! Aderlaß kommt genausowenig in Frage: In Deutschland läßt man die Kranken nicht zur Ader, und sie genesen um so besser. Die Ursache ihres Leidens? Die Traurigkeit, nichts weiter: »Wenn ich traurig bin, werde ich krank.« Und wie soll man nicht traurig sein, solange dieser verfluchte Krieg dauert? Unlängst wurde Heidelberg wieder einmal heimgesucht. Die Franzosen, die es verloren hatten, haben es nach erbittertem Kampf zurückerobert, geplündert und in Brand gesteckt. Alles, was seit der Zerstörung von 1688 wiederaufgebaut worden war, ging in Flammen auf, und die Pfalz wird sich nie mehr aus den Ruinen erheben. Was das Dreitagefieber anbetrifft, warten wir ab, und lassen wir die Natur wirken. Und vor allem weder Diät noch Bouillon! Gekühlte Getränke nach Belieben und vor allem die Fenster weit offen, um die gute Luft hineinzulassen. So wird man gesund.

Die Ärzte schüttelten schweigend den Kopf und gingen, ohne auf ihrer Therapie zu bestehen: Sie kannten den Eigensinn ihrer Patientin nur zu gut. Doch dieses anhaltende Fieber, die Kopfschmerzen, der schlechte Allgemeinzustand, der nicht vorhersehbar war bei einer Person, die man um ihre Gesundheit beneidete... Ein paar Stunden später wußte es ganz Versailles: »Man befürchtet Blattern.« Am nächsten Tag wurde die Diagnose von der Ärzteschaft offiziell verkündet.

Die Blattern. Eine der gefürchtetsten, wenn nicht überhaupt die schlimmste Krankheit der Zeit, die ohne Unterschied Starke und Schwache, Junge und Alte dahinrafft und allein etwa ein Viertel aller krankheitsbedingten Todesfälle verursacht. Gerechter als die Pest, die vorzugsweise die übervölkerten Elendsquartiere dezimiert, versetzt sie die Paläste und Hütten in Schrecken und wird im Winter 1705/06 so fest an die Tore von Versailles klopfen, daß der König seine Beamten auffordert, ihre Amtswohnungen zu verlassen, um in die Stadt, »in die gesündesten Häuser«, zu fliehen. Im Frühjahr 1711 wird sie den Dauphin töten, nur weil er einen Augenblick bei einem Priester stehengeblieben war, der einem armen, von der Krankheit befallenen Mann die letzte Ölung verabreichte, und ihr Wüten wird von Versailles auf Paris, von Paris auf die Armeen übergreifen.

Doch die königliche Familie hatte schon vor dem Tod des Thronerben den Blattern ihren Tribut entrichtet. Im Oktober 1685 überstand mit ihrem üblichen Glück die schöne Prinzessin von Conti die Krankheit, sogar ohne entstellt zu bleiben, was sehr selten ist. Ihr weniger glücklicher Gemahl hatte sich nicht von ihr entfernen wollen und mit einer vielleicht von ihr nicht verdienten Ergebenheit bei ihr gewacht; er wurde innerhalb von fünf Tagen dahingerafft. Hatte auch er ein Warnzeichen empfangen? Drei Wochen zuvor hatte er Madame im Spaß versprochen, falls er vor ihr stürbe, käme er zurück, um ihr Nachricht aus der anderen Welt zu bringen ...

Nach dem Prinz und der Prinzessin von Conti war die zweite Tochter des Königs an der Reihe, die kleine Madame la Duchesse, die im Jahr zuvor Hochzeit gefeiert hatte. Man hielt sie für verloren, weshalb ihre Mutter, Madame de Montespan, eilends den Hof verließ, um sie nicht sterben zu sehen. Was tun? Sie wieder und wieder zur Ader lassen, viermal hintereinander, bis der Tod eintreten oder sie genesen möge! Sie genas. Die Vitalität ihrer zwölf Jahre hatte über die Blattern und das Messer des Baders gesiegt. Aber sie behielt sichtbare Spuren der Krankheit zurück, weniger feine Züge, fleckige Haut. Wie weit war sie weggewesen...

Nachdem die Ärzte die Blattern von Madame offiziell »verkündet« hatten, breitete sich Panik am Hofe aus. Die Prinzessinnen flohen aus Versailles. Der König ließ seine Enkel außer Reichweite der »schlechten Luft« verbringen, die beiden älteren auf das Schloß von Noisy-le-Sec, den jüngsten nach Buc zu einem Mitglied des Rates. Die im vierten Monat schwangere Herzogin von Chartres wurde mit ihrer Stiefschwester, der jungen Elisabeth, in Saint-Cloud untergebracht. Da der Sohn in der Armee ist, der Gatte in Vitré, hat Madame nun keinen der Ihren mehr bei sich, der ihr helfen könnte, der Krankheit zu trotzen und sich womöglich auf den Tod vorzubereiten.

Den Tod fürchtet sie nicht mehr – sicher auch nicht weniger – als die meisten ihrer Zeitgenossen, die von Kindesbeinen an daran gewöhnt sind, sich in christlicher Ergebenheit in ihr Schicksal zu fügen. Eines Tages schrieb sie an ihre Tante, »daß wir unsers Herrgotts Marionetten sein. [...] so lang man hier in der Welt ist, muß man es so gut machen als man kann und das übrige der Barmherzigkeit Gottes heimstellen.« Wenn man sterben muß, dann doch besser an einer Krankheit: Danken wir Gott, daß er uns den »schlechten Tod« erspart, den plötzlichen Tod, der einen in die andere Welt wirft, ohne daß man darauf vorbereitet ist. Glücklich die Kranken, ihr Leiden vereinigt sich mit dem Leiden Christi, und Gott gewährt ihnen einen »guten Tod«!

Die Krankheit anzunehmen und dem Tod ins Gesicht zu sehen hindert sie nicht daran, sich um die Lebenden zu sorgen. Madame hat alle ihre Hofdamen entlassen, da sie sie nicht der Gefahr aussetzen will und auch, weil sie nicht möchte, daß man sie leiden sieht. Den Widerstand einer Handvoll Freundinnen, die sich trotzdem mit ihr »einschließen«, konnte sie jedoch nicht brechen. Sich mit einer Kranken einzuschließen, an deren ansteckender Krankheit man höchstwahrscheinlich stirbt, gleicht einer selbstlosen, wenn nicht gar selbstmörderischen Heldentat. Und dennoch »schließt« man sich ein. Aus Freundschaft oder Liebe, Trotz, Anteilnahme oder Dankbarkeit. Entzweite Paare vereinen sich für ein paar Tage wieder, Schwache beweisen sich, indem sie einen Mut an den Tag legen, den die Welt ihnen absprach. Wie soll man die Bedeutung des »Was-werden-die-Leute-sagen« abschätzen? Niemand wird einen tadeln, wenn man sich nicht mit einschließt, doch wenn man es tut, wird es nicht unbemerkt bleiben... Von den sechs Damen, die an Elisabeth Charlottes Krankenbett ihr Leben riskierten, erwarteten drei gar nichts davon, zwei fühlten sich mehr oder weniger verpflichtet, es ihnen nachzumachen, und die letzte mußte dieses Opfer insgeheim ihrem eigenen Gewissen bringen.

Es bedurfte mehr als der Blattern, um die verwitwete Fürstin von Epinay, geborene Jeanne de Rohan-Chabot, abzuschrecken. Als sie einmal des Nachts bei sich zu Hause von einem Einbrecher mit dem Messer bedroht wurde, fuhr sie ihm an die Gurgel und drückte ihm mit beiden Händen den Hals zu; sie hätte ihn regelrecht erdrosselt, wenn ihre Bediensteten nicht rechtzeitig dazugekommen wären. So originell wie tapfer, »hatte sie das beste Herz der Welt« und war »die beste und hilfsbereiteste Freundin« – so sagten diejenigen, die sich durch ihre Häßlichkeit und ihre »hohe Intelligenz« nicht abgestoßen fühlten. Eine andere starke Persönlichkeit war die Marschallin von Clérembault. In ihrer Jugend hatte sie ein ganzes Jahr lang kein einziges Wort geredet, weil man ihr geraten hatte, sowenig wie möglich zu sprechen, um ein Lungenleiden auszuheilen. Sie hatte davon die Neigung zum Schweigen zurückbehalten. Mit ihrem weißen, undurchdringlichen Marmorgesicht wirkte diese große stattliche Frau wie die Statue einer römischen Kaiserin. Als sie von Spanien, wohin sie die Königin Marie-Louise begleitet hatte, zurückgekehrt war und in Poitiers den Brief vorfand, der sie vom Hofe verbannte, hatte sie die Zurücksetzung mit ihrer »stoischen Philosophie«, ihrer »Kühle und ihrer üblichen Ruhe« überwunden. Ganz so, wie sie auch gelassen blieb, als sie erfuhr, daß Monsieur ihr das Amt der Erzieherin seiner Kinder entzog, um es Madame de Grancey zu verleihen.

Sie war schon seit langem eine Freundin Elisabeth Charlottes und hätte es sich nie verziehen, wenn sie sie in einer so schweren Stunde im Stich gelassen hätte. Und wer weiß, ob Madame de Clérembault, die aus einem geheimnisvollen System von Zahlen und »Pünktchen« die Zukunft lesen konnte, nicht vielleicht voraussah, daß sie erst dreißig Jahre später, fast neunzigjährig, sterben würde ... Die Zeit, die sie bei Madame blieb, verbrachte sie mit Kartenspielen, der großen Leidenschaft ihres Lebens, und freute sich innerlich, den Spaziergängen und anderen oberflächlichen Zerstreuungen zu entgehen, die das Spiel nur gestört hätten.

Die sechs freiwillig Eingeschlossenen waren nicht alle vom gleichen Schlag wie die Fürstin d'Epinay oder die Marschallin von Clérembault. Die reizende Mademoiselle de Châteautiers, die nichts von einer Heldin hatte, blieb aus reiner Ergebenheit. Jung und hübsch, wie sie war, hatte Madame sie als erste fortgeschickt, doch sie kehrte durch eine Geheimtür zurück und erklärte, um nichts in der Welt wieder gehen zu wollen. Die bescheidene und zurückhaltende Châteautiers war ein Muster an Tugend und Uneigennützigkeit. Das konnte man von Madame de Châtillon nicht sagen, die ihr Amt einer *dame d'atour* Monsieur verdankte; Monsieur de Châtillon war dessen erster Kammerjunker – und sehr vertraut mit dieser Kammer, so wurde geflüstert. Von ihrem Mann ruiniert, mit dem sie sehr schlecht zusammenlebte, war sie nur zu glücklich gewesen, diesen Posten zu bekommen, der ihr 6000 Livre jährlicher Pension einbrachte. Für sie war es eine moralische Verpflichtung, bei Madame zu bleiben, denn sie hätte ihre Stellung aufs Spiel gesetzt, falls Monsieur sich über sie geärgert hätte – er war unberechenbar in seinen Launen und hätte ihr vielleicht verübelt, nicht bei Madame geblieben zu sein.

Die Herzogin von Ventadour wurde nicht so sehr von der Not getrieben wie Madame de Châtillon, eher hatte sie eine Schuld abzutragen. Niemals hätte sie vergessen, daß die Orléans sie als Hofdame aufgenommen hatte, nachdem sie sich endgültig von ihrem schrecklichen Ehemann getrennt hatte. Es gab damals für sie nur das oder das Kloster. Und sie war oft genug in Klöstern gewesen, wenn die Mißhandlungen ihres Mannes sie zwangen, dort Zuflucht zu suchen, und verspürte deshalb keine Lust, sich für den Rest ihrer Tage in ein solches zurückzuziehen. »Die arme Doudou«, wie Elisabeth Charlotte sie zärtlich nannte, hatte wenig Grips in ihrem hübschen Kopf, jedoch genug Erinnerungsvermögen und ausreichende Umgangsformen, um zu wissen, was der Anstand forderte.

Die letzte war die Gräfin Beuvron, die ehemalige Mademoiselle de Théobon. Sie war einst von der Kabale von Saint-Cloud beschuldigt worden, die angebliche Galanterie Elisabeth Charlottes mit dem Chevalier de Saint-Saëns begünstigt zu haben. Monsieur hatte sie daraufhin unehrenhaft entlassen und seiner Frau verboten, sie wiederzusehen. Mehrere Jahre lang hatten die beiden Freundinnen durch einen Pagen, der die Briefe überbrachte, heimlich miteinander korrespondiert, und ab und zu trafen sie sich in Pariser Klöstern. Die Gräfin, die Monsieurs Aufenthalt in Vitré ausgenützt hatte, um Madame in Versailles zu besuchen, war gerade dort, als die Blattern ausbrachen, und beschloß, sich mit den anderen zu isolieren.

Verdiente sie wirklich das grenzenlose Vertrauen, das Madame ihr seit zwanzig Jahren entgegenbrachte? Diese hatte nie zur Kenntnis genommen, daß die Beuvron zu Beginn der Affäre Saint-Saëns die Dinge zwischen ihr und ihrem Gemahl wissentlich verschlimmert hatte, indem sie die Gerüchte der Kabale in der Absicht übertrieben, dem Chevalier de Lorraine zu schaden, mit dem Monsieur de Beuvron – er war einst auch in die »Vergiftung« Henriette-Annes verwickelt – tödlich verfeindet war. Die Intrige hatte sich gegen sie gekehrt, aber Ludwig XIV. hatte die Gräfin aus Achtung für Madame mit einer Pension von 8000 Pfund abgefunden, dem Doppelten von dem, was sie vor ihrer Entlassung bekam, und beim Tod des Grafen Beuvron noch 4000 Pfund hinzugefügt. Die Großzügigkeit des Königs war nicht uneigennützig: Sie sollte Madame de Beuvron dazu bringen, ihren Einfluß auf Madame zugunsten der Heirat des Herzogs von Chartres mit Mademoiselle de Blois geltend zu machen. Dieser zweimalige Verrat machte ihr zweifellos Gewissensbisse, und da die Vorsehung zugelassen hatte, daß sie in diesem schicksalhaften Augenblick nach Versailles kam, würde sie nun auf eigene Gefahr dortbleiben, um ihre Doppelzüngigkeit wiedergutzumachen.

Wenn Elisabeth Charlotte sich zur Verzweiflung ihrer Freundinnen und der Ärzte hartnäckig weigert, sich ordnungsgemäß behandeln zu lassen, so tut sie das gewiß nicht aus »Empfindlichkeit«: Sie wird in ihrem Leben fünfundzwanzig teilweise sehr schmerzhafte Stürze vom Pferd überstehen, ohne jemals zu klagen. Sie hat sich sogar einige Jahre zuvor einer Reihe von äußerst unangenehmen chirurgischen Eingriffen – wiederholte Schnitte mit dem Messer oder der Schere an einem Abszeß unter dem Arm – mit einer Tapferkeit unterzogen, die allgemeine Bewunderung erregte, wobei sie es ablehnte, während der drei Wochen, die ihr erster Leibchirurg sich an ihr zu schaffen machte, auch nur einen Tag im Bett zu bleiben.

Doch Madame hat überhaupt kein Vertrauen in die Ärzte und in die Medizin, so wie sie in Frankreich praktiziert wird. »Sie« haben ihren ältesten Sohn umgebracht, die gute Königin und ein halbes Dutzend königlicher Kinder hingemordet und die arme Dauphine bei jeder Entbindung so gräßlich malträtiert, daß sie schließlich daran starb. Eingebildete Esel sind sie, das ist alles. Ihre angeblichen Heilmittel? Bluff! Wenn es nicht Gift ist. Was hat es für einen Sinn, die Leute beim kleinsten Unwohlsein, was auch immer die Ursache sein mag, zur Ader zu lassen? Heiserkeit, Rheumatismus, »Zahnfluß«, Sturz vom Pferd oder ein ausgeschlagenes Auge ist alles dasselbe: Der Arzt kommt mit seiner Lanzette und seiner Wanne. Die Einläufe und Abführmittel schwächen dich sicherer als die Krankheit, die Mineralwässer können dich in die andere Welt befördern (siehe Monsieur de Louvois), und die Eselsmilch, mit der Monsieur jedes Jahr im Mai eine Kur macht, hat nur den Vorzug, unschädlich zu sein.

Man könnte freilich die Elixiere und Heiltränke der »Empiriker« ausprobieren, jener Heiler, die die Ärzte zum Teufel wünschen und die manchmal Erfolg haben, wo die Fakultät gescheitert ist. Es gibt sicherlich gute: Man erzählt Wunderdinge von den Heilmitteln des Priors von Cabrières und des Abbé Agnan. Aber selbst der doch so renommierte Bruder Ange konnte nicht verhindern, daß die Herzogin von Fontanges mit zwanzig Jahren starb. Zu viele unbekannte Zutaten sind in ihren Drogen; auch die gelehrtesten Chemiker machen sich nicht die Mühe, sie zu analysieren. Elisabeth Charlotte wird sich allein, nach deutscher Methode, behandeln und keinen anderen Arzt zulassen als den ihren, der im übrigen auf die Rolle eines stummen Statisten reduziert ist.

Um die schädlichen Säfte abzuführen, die, wie jeder weiß, die Krankheiten durch den ganzen Körper verbreiten, ist nichts so gut wie die schweißtreibenden Pulver, auch wenn man bei dieser drückenden Julihitze dann viermal täglich die Wäsche wechseln muß. Das beste, das nur natürliche Bestandteile enthält, ist das Kenter Pulver, eine sorgsam ausgetüftelte Mischung auf der Grundlage von »Fängen der Meereskrebse«, anders gesagt, von Krabbenscheren, aus denen der schwarze Teil herausgerissen wird. Dazu kommen die zerstampften Augen derselben Tiere, ein wenig pulverisierte rote Koralle und Hirschhorn, eine Idee Bernstein, Vipernsaft, aufgelöste Perlen und ein paar Kügelchen orientalischen Bezoars, eines Sekrets, das sich im Magen einer gewissen Sorte indischer Böcke bildet und von dessen therapeutischen Eigenschaften im vorigen Jahrhundert der berühmte Ambroise Paré berichtete.

Das Kenter Pulver ist natürlich nicht für jedermann erreichbar, selbst wenn man das sehr seltene orientalische Bezoar durch seine portugiesische Nachahmung, das Bezoar von Goa, ersetzt, von dem Monsieur mehrere Schachteln besitzt, die ihm jesuitische Missionare geschickt haben. Und die Methoden Madames erregen weiterhin Anstoß bei den Hofärzten. Einer von ihnen, Bourdelot, hob, als er erfuhr, daß sie sich mit Kenter Pulver behandelte, die Arme zum Himmel und rief aus: »Madame hat ein Pulver genommen, das sie unweigerlich töten wird! Sie ist so gut wie tot!« Er wurde gefragt, ob er dieses Pulver kenne. »Nein«, antwortete er, »aber ein Pulver einzunehmen ohne Aderlaß! Sie ist so gut wie tot!«

Sie starb nicht. Durch das Schwitzen ging es ihr fünf Tage nach dem Ausbruch der Krankheit schon besser. Noch fünf oder sechs Tage, und der Marquis de Sourches kann in sein *Tagebuch* notieren: »Madame fährt mit ihrer deutschen Diät fort, und zur Schande der Ärzteschaft geht es ihr immer besser.« Zur Schande insbesondere des guten Bourdelot, der sich in einigen Jahren schließlich selbst mit Aderlässen umbringen wird (fünfzehn in einer Woche wegen einer Lungenentzündung) und den sie nicht versäumt zu necken, als sie ihn wiedersieht: »Den Leuten, die Ihr tötet, Monsieur Bourdelot, geht es recht gut!«

Da ein Rückfall immer möglich ist, entscheidet man sich, eingeschlossen zu bleiben. Die Gesellschafterinnen werden ihrerseits krank: Bei Madame de Châtillon brechen die Blattern aus, was um so mißlicher ist, als sie schwanger ist, und sie läßt sich nach Paris in die Amtswohnung bringen, die sie und ihr Mann im Palais-Royal bewohnen. Die Gräfin Beuvron klagt über hohes Fieber, die Herzogin von Ventadour zeigt beunruhigende Symptome. Elisabeth Charlotte wäre gern am 27. Juli zum »Luftschnappen« in ihr Haus in Colombes gefahren, ein Besitz, den die Orléans nur sehr selten aufsuchen, wo sie aber ihre Ruhe hätte, weitab vom Hofklatsch, der bis in ihr Gemach dringt. Sie wird einige Tage warten müssen, bis sie wegen der Beuvron und der Ventadour beruhigt sein kann, deren Beschwerden wahrscheinlich nur durch die Angst verursacht waren. Und bis die starken Augenschmerzen nachlassen, die von den Blattern herrührten.

Am 30. Juli verläßt sie endlich Versailles und begibt sich auf ihren Landsitz, wo sie den ganzen folgenden Monat eine ruhige Konvaleszenz verbringt, sogar ohne

Monsieur zu sehen, der am 12. August aus Vitré zurückgekommen ist: Aus Furcht vor Ansteckung verbot ihm Ludwig XIV., nach Colombes zu fahren, was ihn nicht sonderlich bekümmert. Er ist ganz und gar glücklich. Sein bretonisches Exil ist beendet, seine Truppen sind zwischen Flandern und Italien zerstreut, und er wird in den Genuß des Erbes seiner Cousine, der Grande Mademoiselle, kommen, die just vor seiner Abreise gestorben war und deren Universalerbe er ist. Die reichste Fürstin Europas war in der Zeit ihrer stürmischen Liaison mit Lauzun gezwungen gewesen, einen beträchtlichen Teil ihrer Güter dem Herzog von Maine abzutreten, um vom König die Befreiung ihres sechs Jahre lang in der Festung Pignerol gefangengehaltenen Geliebten zu erlangen. Doch auch nach Abzug dessen, was sie ihren Bediensteten vermacht hatte, blieb noch genug übrig, um Monsieur zufriedenzustellen. Diese Erbschaft kam ihm gerade recht, um seine notorische Verschuldung zu beheben. Noch im vergangenen Winter hatte er für 200000 Taler Chargen im Garderegiment gekauft, mit denen er reizende junge Leute beschenkte, die ihn »in allen Ehren divertiert« hatten... Ganz zu schweigen von den Arbeiten, die im Palais-Royal vorgenommen worden waren, seiner Pariser Residenz, die ihm sein königlicher Bruder anläßlich der Heirat des Herzogs von Chartres zum Geschenk gemacht hatte.

Das Palais-Royal ist ein Schlund, in den Monsieur nur zu gern sein Vermögen wirft, denn er liebt schöne Möbel, meisterhafte Gemälde und weitläufige, prunkvoll ausgestattete Gemächer. Für den Herzog und die Herzogin von Chartres hat er eine prächtige Suite einrichten lassen mit einer Fülle von Spiegeln und Lüstern, Tapisserien nach Entwürfen von Poussin, Tapeten und Vorhängen »aus Goldgewirk«. Der übrige Palast ist in vollem Umbau. Ein benachbartes Gebäude soll miteinbezogen werden, das ehemalige Palais Brion, aus dem er sein großes »Appartement« machen will, indem er ihm nachträglich eine rechtwinklige Galerie anfügt, die die beiden Bauten miteinander verbinden wird. Um so besser für Madame, wenn es ihr in Colombes gefällt! Monsieur ist so guter Laune, daß er es ihr schenkt, als ihr Eigentum. Elisabeth Charlotte ist entzückt: »Ich habe ein kleines Haus für mich!« Schade, daß sie nicht immer dort wohnen kann ...

Anfang September kehrt sie nach Saint-Cloud zurück, und das Hofleben nimmt sie wieder ganz in Anspruch. Ludwig XIV. besuchte sie, um ihr zur Genesung zu gratulieren; er geht dem Dauphin und den Fürsten entgegen, die vom Krieg zurückkehren. Die Orléans schließen sich dem königlichen Gefolge an, der Troß der Kutschen bewegt sich bis Boulogne, wo das Wiedersehen und die üblichen Umarmungen stattfinden. Zurück in Saint-Cloud, wird der König ihr freundlich raten, zur Jagdsaison, die am 18. dieses Monats beginnt, nach Fontainebleau zu kommen: Madame ist jetzt Gott sei Dank ganz gesund, und die gute Waldluft, die sie bei der Hirsch- oder Wolfsjagd in vollen Zügen einatmet, wird ihr die Kräfte zurückgeben. Außerdem wird sie dort das Vergnügen haben, ihre Freundin, die Königin von England, wiederzusehen, die zusammen mit König Jakob wie jedes Jahr für vierzehn Tage eingeladen wurde.

Niemand schien bei ihrem Anblick überrascht, alle tun so, als hätten sie nichts bemerkt, doch Elisabeth Charlotte macht sich nichts vor: Die Blattern haben sie entstellt. Schon am 17. August schrieb sie aus Colombes an »die schöne Ludres«, ihr einstiges Hoffräulein, das jetzt in Lothringen lebt: »Wenn Ihr mich sähet, würde ich Euch angst machen, denn die Blattern haben mir ein seltsames Gesicht hinterlassen. Ich hoffe aber, daß ich, wenn Ihr wiederkommt, nicht mehr so schrecklich aussehe wie jetzt.« Die schöne Ludres kam nicht wieder, doch wenn sie wiedergekommen wäre, hätte sie Madame in der Tat nur mit Mühe wiedererkannt: Die Haut war aufgedunsen, die Nase deformiert, die Wangen geschwollen und hängend. Es bedurfte eines gesunden Optimismus, um auf eine Verbesserung zu hoffen. Sie, die immer über ihre Häßlichkeit gescherzt hatte, über ihr »Bärenkatzenaffengesicht«, wie es der Kurfürst, ihr Vater, genannt hatte... Vor zwei Jahren, als sie mit dem lebensfrohen König von England, dessen Seitensprünge seine Gemahlin zur Verzweiflung brachten, in Fontainebleau jagte, hatte sie noch lachend gesagt: »Ich glaube, daß diese Königin wohl wünschen möchte, daß ihr Herr nie keine schönere Damen, als ich bin, sehen möchte.« Die Blattern haben ihr endlich recht gegeben: Sie ist unbeschreiblich häßlich.

Nun braucht sie nur noch dick zu werden, was nicht lange auf sich warten lassen wird. Bis sie viereckig ist »wie ein Würfel«. Vielleicht weil sie, um zu kompensieren, zuviel ißt, obwohl sie die französische Küche weiterhin verabscheut. Oder weil die Widrigkeiten aller Art ihr inneres Gleichgewicht gestört haben: »Wenn ich unglücklich bin, werde ich fett«, bemerkt sie mit einer erstaunlichen Intuition für psychosomatische Phänomene, die ihren Zeitgenossen noch weitgehend unbewußt sind. Eine dicke, rotwangige Dame mit Doppelkinn und reizlosen Zügen in ihrem breiten Löwengesicht: Das ist sie nun, so wird das Bildnis von Rigaud sie der Nachwelt überliefern.

11

Die Puppe des Königs

Seit 1686 konnte Paris sich rühmen, einen in seiner Art einzigen Platz zu besitzen, der ganz und gar zum Ruhm des herrschenden Königs entworfen und verwirklicht worden war. Die Idee stammt von einem Höfling, dem Marschall de la Feuillade, der bei einem Bildhauer eine riesenhafte Statue aus vergoldeter Bronze in Auftrag gegeben hatte: Sie stellte Ludwig XIV. dar, der von einer geflügelten Viktoria mit Lorbeer bekränzt wird. Das Werk war prachtvoll, doch wohin damit? Es galt, einen würdigen Standort zu finden. Feuillade, der große Pläne hatte, brauchte nicht lange, um sich zu entscheiden: Die Statue sollte sich auf einem schönen, hufeisenförmigen Platz erheben, der zwischen der Rue des Fossés Montmartre und der Rue-Neuve-des-Petits-Champs angelegt werden würde. Zu diesem Zweck kaufte er eine Häuserzeile und ließ sie abreißen. Darauf erwarb die Stadt in edlem Wettstreit ein weiteres Gebäude, dem das gleiche Schicksal zuteil wurde. Die Place des Victoires war geboren. In der Mitte trug ein sieben Meter hohes Podest aus weißem Marmor die Statue; an den vier Ecken des Podests waren vier bronzene Sklaven angekettet, die die besiegten Nationen verkörperten. Trophäen, Medaillons und Basreliefs feierten die Heldentaten des Monarchen, und eine lateinische Inschrift in goldenen Lettern besagte, wem das Monument gewidmet war: »dem unsterblichen Mann« *(viro immortali)*.

Das Denkmal des Herrn de la Feuillade war nicht nach jedermanns Geschmack. Manche spotteten, die alten Griechen und Römer hätten wenigstens soviel Takt besessen, den Tod der Helden abzuwarten, bevor sie ihr Bild zur Vergötterung freigaben. Andere lachten über die Laternen, die den Sonnenkönig und seine Eroberungen die ganze Nacht erleuchten sollten, und sangen auf den Marschall:

La Feuillade, du willst wohl scherzen
Stellst die Sonne zwischen vier Kerzen

Wieder andere meinten, es sei doch sehr anmaßend, Deutschland und Savoyen, Holland und Spanien für immer in der Unterwerfungshaltung zu zeigen, in die sie der Frieden von Nimwegen gezwungen hatte.

Es dauerte in der Tat nicht lange, bis die vier »Sklaven« den Kopf erhoben. Gut zwei Jahre nach der triumphalen Einweihung der Place des Victoires brach der Krieg der Augsburger Liga aus. Die Zeit verging, die Bronze der Statuen verlor allmählich ihren Glanz, doch der Sieg ließ immer noch auf sich warten.

Trotz hervorragender militärischer Erfolge zieht sich der Krieg in die Länge und verschlimmert von Jahr zu Jahr das Elend der Ärmsten. Im Herbst 1692 kommt es zu Aufständen; die Gewalt richtet sich vor allem gegen die Bäcker, die für das fortwährende Ansteigen der Brotpreise verantwortlich gemacht werden. In Versailles entschließt man sich, einen dieser Unglücklichen einzusperren, »um das Volk zu beschwichtigen«. Anstatt sich zu beruhigen, plündert die Menge den Laden. In Paris meldet der Polizeikommandant, Nicolas de la Reynie, schwere Zwischenfälle an der Place Maubert, wo Soldaten die Hungernden anspornen, sich in den Bäckereien zu bedienen. Zwei oder drei der Anführer werden verhaftet und im Châtelet rasch abgeurteilt, doch die Unruhen flackern von neuem auf, und am 3. Dezember informiert la Reynie den Ersten Vorsitzenden des Pariser Parlaments mit den Worten:

»Heute morgen um Viertel nach acht griffen acht Soldaten mit dem Schwert in der Hand die Frau eines Bäkkers von Vaugirard an, die mit ihrem Jungen einen brotbeladenen Wagen zum Markt fuhr. Die Frau wurde von einem Schwertstreich an der Hand verletzt, und die Soldaten nahmen über vierzig Brote vom Wagen und luden sie auf die Karren anderer Personen, die ihnen gefolgt waren.«

Im Jahr darauf findet am Louvre, in den Tuilerien, bei der Bastille und im Jardin du Luxembourg eine öffentliche Brotverteilung statt, und zwar auf Anregung eines gewissen Monsieur de Pile, der sich erboten hatte, für die Armen der Hauptstadt hunderttausend Brotrationen zu zwei Sou das Pfund zu liefern. In der Provinz lassen die Verwalter Speicher durchsuchen, um das Horten von Getreide und die Spekulation zu bekämpfen. Währenddessen versucht der *Mercure Galant,* die königstreue Zeitung, den Anteil des Krieges an der gegenwärtigen Not herunterzuspielen: Nach ihm sind es die Feinde, die die Hungersnot dem Krieg anlasten, um Frankreich zu zwingen, um Frieden zu bitten. Doch allein die Natur sei dafür verantwortlich mit den späten Frösten und den feuchten Sommern.

Der Staat kürzt seinen Etat. Die Militärkuriere, deren Kosten sich leicht auf 500 000 Taler belaufen, werden auf die Hälfte reduziert: Die Generäle werden nur noch in Angelegenheiten größter Wichtigkeit an den König schreiben. Die Gobelin-Manufaktur wird geschlossen und ein Teil der Arbeiter nach Beauvais versetzt, einundzwanzig von ihnen werden in die Armee eingezogen, und dreiundzwanzig flämische Dekorateure werden in ihre Heimat zurückgeschickt. Der Akademie der Wissenschaften und der Akademie der Künste

Kriegsszenen und Greueltaten der Franzosen

in den Niederlanden; Radierung, 1673.

werden die Mittel gestrichen. Was tut man nicht alles? Als Madame aus Fontainebleau zurückkehrt, nachdem sie ihre Rekonvaleszenz beendet hat, erreicht die Sparsamkeitswelle gerade den Hof: Beim »Appartement« werden weder Liköre noch Schokolade gereicht!

Zur gleichen Zeit sind in Paris die Kommissare von la Reynie von fünf Uhr morgens bis zum Abend auf den Märkten und verteilen unauffällig ein paar Münzen aus der schwarzen Kasse des Polizeipräfekten an »diejenigen aus dem Volk, die am verzweifeltsten waren oder die mit ihren Klagen am meisten Aufsehen erregten«. Doch, warnt la Reynie, »wenn keine andere Hilfe kommt, werden wir dieser Situation nicht länger begegnen können«.

Man mußte ihr allerdings noch über drei Jahre lang begegnen. Wenn nur »die Krankheit« (so hießen alle Epidemien) mit ihren Verheerungen nicht noch zur Hungersnot hinzukam! Im Juni 1694 werden die Armen vom Land, die in Versailles Hilfe suchen, davongejagt, weil man fürchtet, daß »die Menge schlechte Luft mitbringt«. Auf Paris, schreibt der Marquis de Sourches, geht »eine Sintflut von Armen hernieder, deren vom Hunger ausgemergelte Gesichter einem angst machten und die zumeist auf Misthaufen oder auf dem Straßenpflaster lagen und vor Elend schrien und starben«. Das Brot wird immer teurer: Die Ration zu zwei Sou kostet jetzt sieben. Durch den endlosen Krieg traumatisiert, überlassen sich die Menschen ihren Phantasmen, und kollektive Halluzinationen sind an der Tagesordnung. So in der Bretagne, wo Anfang des Jahres 1696 der Statthalter des Königs eine Untersuchung über die drei geheimnisvollen Armeen eröffnet, die rote, die weiße und die schwarze: Zahlreiche Zeugen wollen gesehen haben, wie sie auf einer Heide zwischen Vannes und Rennes einander gegenüberstanden und sich schließlich in Luft auflösten, wobei sie außer einer Rauchwolke und Pulvergeruch keine weiteren Spuren hinterließen.

Zum Glück sind die anderen kriegführenden Nationen auch müde, und die französische Diplomatie, die unablässig bemüht war, die Koalition auseinanderzutreiben, sieht endlich im Sommer 1696 die Hoffnung auf einen ehrenhaften Frieden aufkeimen. Nach langen Verhandlungen, die sich über ein Jahr hinziehen, wird er in Rijswijk in Holland unterzeichnet. Er bringt ein unerwartetes Geschenk mit sich: eine Kindprinzessin, die den König verzaubern wird und dem Hof eine seit langem vergessene Jugend und Fröhlichkeit zurückgeben wird.

Der erste, der nachgab, war Monsieur de Savoie, der Schwiegersohn von Monsieur, dessen jüngere Tochter aus der Ehe mit Henriette-Anne er geheiratet hatte. Der Herzog von Savoyen war ein tüchtiger Mann, der es verstanden hatte, seinen vorzeitigen Rückzug aus der Koalition gut zu verkaufen. Der mit ihm im August 1696 in Turin geschlossene Vertrag spricht ihm bedeutende Landgewinne zu und sieht die Heirat seiner Tochter Marie-Adélaïde mit Louis, Herzog von Burgund, dem ältesten Sohn des Dauphin, vor. Monsieurs Enkelin wird Enkelin von Ludwig XIV. und, wenn es Gott gefällt, Königin von Frankreich.

Eine Kinderehe. Die Prinzessin von Savoyen ist noch nicht elf, der Herzog von Burgund gerade vierzehn Jahre alt. Er ist ein zarter Junge und hat viel mehr von seiner Mutter als vom Dauphin, von dem der König gerne sagt, daß er »das gesunde Aussehen eines deutschen Bauern« hat: Sosehr der Vater dick, gedrungen, rotwangig ist, sosehr ist der Sohn blaß, schmächtig, kränklich. Ursprünglich ganz normal gewachsen, erlitt er früh eine Krümmung der Wirbelsäule, gegen die kein Mittel half und die sich durch keine noch so raffinierte Kleidung verbergen ließ. Ein verwachsener Körper, ein nicht gerade hübsches Gesicht, jedoch schöne, schwarze, vor Klugheit leuchtende Augen, eine für sein Alter ungewöhnliche intellektuelle Reife und bereits ein wacher Sinn für die Pflichten, die ihm eines Tages obliegen werden – in jenem außerordentlichen Rang, in den Gott ihn durch seine Geburt versetzte. Viel verdankt er seinem Hofmeister Fénelon, der es verstand, das schwierige, ungestüme Kind in einen vorbildlichen jungen Prinzen zu verwandeln, einen vielleicht etwas zu frommen, zu ernsten Prinzen, dessen offener Geist jedoch mit einem guten Herzen gepaart ist.

Selbstverständlich wurde der Herzog von Burgund bei der Wahl seiner Zukünftigen nicht gefragt, und er kennt sie nur von einem Bildnis, das er anscheinend »mit Freuden empfangen« hat und oft betrachtet. Im übrigen wird Louis und Marie-Adélaïde – und darin haben sie es besser als die meisten fürstlichen Paare – Zeit gelassen, sich aneinander zu gewöhnen, bevor sie fürs Leben vereint werden. Eine Klausel des Vertrages von Turin sieht vor, daß die Prinzessin von Savoyen an den französischen Hof geschickt werden soll, um dort ihre Erziehung zu vollenden, bis die Hochzeit gefeiert wird.

Monsieur ist außer sich vor Freude. Endlich wird er sein ältestes Enkelkind sehen, dieses Mädchen, das er nicht kennt, dessen Bildnis ihn aber an seine teure Anne-Marie erinnert, die zwölf Jahre zuvor nach Savoyen gegangen ist. Monsieur ist ein sehr liebender Vater, einer von der Sorte, die ihre Kinder besonders lieben, weil sie sich nie um sie gekümmert haben. Er hat eine Idee: Er könnte doch mit dem Gefolge, das im Oktober aufbricht, um die Prinzessin abzuholen, nach Savoyen reisen? Es wäre eine Gelegenheit, seine Tochter wiederzusehen, das einzige von seinen beiden älteren Kindern, das ihm nach dem frühen Tod der unglücklichen Königin von Spanien verblieben ist... Voller Ungeduld legt er dem König seinen Plan vor und wird sofort zurechtgewiesen: »Aber, aber, mein Bruder, wir sind zu alt, um solche Reisen zu unternehmen!« Mit sechsundfünfzig Jahren zu alt? Noch vor kurzem war er nicht zu alt, um ihn in der tiefsten Bretagne verschmachten zu lassen! Monsieur mag noch so sehr räsonieren: Er wird sich damit begnügen müssen, seine Enkelin in Montargis zu erwarten, wo er von Ludwig XIV. noch einmal gerügt werden wird, weil er ihr entgegeneilt und sie als erster, noch vor dem Dauphin, umarmt: Die Zärtlichkeit des Großvaters war stärker als die Beachtung der Rangfolge. In Gegenwart des Sonnenkönigs scherzt man nicht mit der Etikette.

Elisabeth Charlotte blieb mit dem Hof in Fontainebleau, der sich etwas später als gewöhnlich dorthin begab, um die vollständige Genesung des Königs abzuwarten. Er litt an einem Karbunkel, das ernste Folgen hätte haben können. »Vorgestern«, schrieb sie am 13. September, »habe ich Ihro Majestät den König verbinden sehen, seine Wunde ist länger als eine Hand.« Daher ihre Sorge: »Wie ich des Königs Sohns Humor sehe, würde alles noch zehnmal ärger werden als es ist, wenn dieser sollte König werden!« Einen Monat später ist die Gefahr vorüber, der König wieder ganz hergestellt und sie ihrer Befürchtungen ledig.

Doch ihre Situation am Hof ist im Augenblick nicht sehr behaglich. Zu Beginn des Jahres war sie sehr kritisiert worden wegen einer dummen Geschichte, die ein junger Einfaltspinsel, der Chevalier de Bouillon, heraufbeschworen hatte, indem er sich überall damit brüstete, sie sei in ihn verliebt. Anstatt die Sache zu ignorieren, schlägt Madame zurück. Er will sie lächerlich machen? Nun, er selber ist lächerlich! Wagt zu behaupten, daß sie sich für ihn interessiert, dieser Trunkenbold, der seinen eigenen Vater als »alten Irren« bezeichnet, dieser kleine Schwätzer, der über alle und jeden tausend Dummheiten verbreitet! Er hat Glück, daß Duelle verboten sind, sonst bekäme er es zu tun mit all denen, die er diffamiert – in der Oper, in der Komödie, an allen öffentlichen Orten! Wenn nur sein Vater diesen Kerl züchtigen würde, wie er es verdient, wäre es nie zu einer solchen Affäre gekommen! Das brachte die gesamte stolze Familie des Bürschchens auf die Beine, bis hin zum Kardinal de Bouillon, der kam, um Madame »Komplimente zu Füßen zu legen«. Dabei blieb es, und manche haben diese einer respektlosen Jugend verabreichte Lektion gutgeheißen. Doch es wurden auch Stimmen laut, die Madame vorwarfen, zu heftig zurückgeschlagen zu haben: »Andere sagen, ich hätte es heimlicher und nicht so öffentlich tun sollen.«

Ein weiteres schlechtes Zeichen und schlimmer als die »greulichen Dispute«, die die Affäre Bouillon am Hof erregt hatte, ist die Grobheit, mit der man ihr allenthalben begegnet; ihre Höflichkeitsbesuche beim König werden ignoriert, und Madame de Maintenon hat beschlossen, ihre Existenz nicht zur Kenntnis zu nehmen: »Sobald ich zum König komme, geht die Frau Zott fort; wenn ich sie bitt zu bleiben, antwort sie nichts und purt [saust] doch fort mit einem höhnischen Maul.« Die erste Dame des Reichs muß sogar im Vorzimmer warten: Oft muß sie sich eine halbe Stunde gedulden, bevor sie hereingelassen wird; manchmal schickt man sie sogar fort, während die Bastarde und Monsieur sich in dem Zimmer befinden.

Elisabeth Charlotte war es leid, und sie ergriff die erste Gelegenheit, sich bei Ludwig XIV. zu beschweren. Sie war mit Monsieur bei ihm, und sie warteten auf ihre Tochter, die sich beim Spaziergang verspätet hatte. Monsieur, der immer fürchtete, seinem Bruder zu mißfallen, fragte seine Frau, ob Elisabeth noch nicht zurückgekommen sei. »Ich habe nach ihr geschickt«, antwortete sie. »Denn da man mich immer eine halbe Stunde warten läßt, bevor ich erfahre, ob ich die Ehre habe, hier eingelassen zu werden, glaubte ich, daß meine Tochter genügend Zeit hätte zu kommen.« Der König sagte nichts, aber das endlose Warten vor der Tür hörte wie durch Zauberei auf.

Die Ankunft der Prinzessin von Savoyen sollte die Stellung, die Madame seit dem Tod der Dauphine innehatte, wesentlich verändern. An welcher Stelle in der höfischen Hierarchie stünde die junge Marie-Adélaïde in der Zeit zwischen ihrer Ankunft in Frankreich und dem noch nicht festgelegten Tag ihrer Hochzeit, die sie zur Herzogin von Burgund machen würde? Eine fast unlösbare Frage: Da die Verlobung erst am Vortag oder am Morgen der Hochzeit gefeiert werden durfte, konnte die zukünftige Herzogin von Burgund bis dahin keinen anerkannten Status bekommen. Deshalb ordnete der König an, daß sie von nun an, im Vorgriff auf die Heirat, als *fille de France* behandelt werden solle. Die Lösung war gut, doch Madame verlor dabei den ersten Rang. Monsieur war furchtbar gekränkt, nicht wegen seiner Frau, die ihm völlig gleichgültig war, sondern weil er maßlos empfindlich war, wenn es um seine eigene oder die seinen Nächsten gebührende Ehre ging.

Diese unangenehme Nachricht und die Rüge, die ihm erteilt worden war, weil er seine Enkelin vorschnell umarmt hatte, verdarben ihm die Freude für den Rest der Reise. »Er ist sehr trübsinnig, er sagt, er sei krank«, schrieb der König aus Montargis an Madame de Maintenon. Madame machte scheinbar weniger Wesens darum: »Da sie doch endlich vor mich gehen müsse, kann es ja nichts auf sich haben, ob es ein Jahr eher oder später ist.« Sourches jedoch, der sie gut kennt, meint, daß sie »vielleicht nicht alles sagte, was sie dachte«. Was sie dachte? Daß die »alte Rompompel«, um ihr eins auszuwischen, den König zu seiner Entscheidung angestiftet hat!

Am 5. November 1696 um fünf Uhr abends schließlich trifft Ludwig XIV. mit der zukünftigen Herzogin von Burgund in Fontainebleau ein. Sobald die Kutschen angekündigt werden, geht das Gedränge und Geschiebe, der Sturm auf den »Cour du Cheval Blanc« los. Zwei Damen werden von der Menge rückwärts durch einen ganzen Saal getrieben und fallen auf Madame de Maintenon, die Elisabeth Charlotte beherzt abstützt: »Hätte ich letzte nicht beim Arm erhalten, wären sie übereinander gefallen wie Karten. Es war recht possierlich.«

Die Höflinge formieren sich auf der Hufeisentreppe, die einfachen Neugierigen drängen sich unten. Das Schauspiel ist unvergeßlich. Durch den erleuchteten Hof schreitet langsam der König mit einem ganz kleinen Mädchen an der Hand, das »aus seiner Tasche zu kommen« scheint. »Ein recht Püppchen«, sagt Madame gerührt und beschreibt ihre »artige und schmale Taille«, ihre »schönen blonden Haare in großer Menge«, ihre glatte, etwas dunkle Haut und ihre schwarzen Augen mit langen Wimpern. Die Nase ist unauffällig, der Mund groß, die Lippen dick (»ein recht österreichisch Maul und Kinn«), doch welche Geschmeidigkeit des Ganges, welche Grazie bis in die kleinsten Bewegungen! Ernst wie eine kleine Königin, vergoß sie keine Träne, als sie in Pont-de-Beauvoisin in der Isère die Vertrauten verließ, die sie zur Grenze begleitet hatten. »Und erschrecklich politisch«, bemerkt Elisabeth Charlotte, die sich wie jedermann über dieses junge Mädchen wundert, dieses Kind, das schon ganz und gar in die Feinheiten des französischen Hofs eingeweiht ist: Sie »macht wenig Werks aus ihrem Schwiegervater [dem Dauphin], sieht kaum meinen Sohn noch mich an, aber sobald sie Madame de Maintenon sieht, lacht sie sie an und geht mit offnen Armen zu ihr«.

Wunder der Kindheit, der Hof verjüngt sich. Der König war sofort bezaubert von der Anmut, der Phantasie und der Intelligenz dieses kleinen Mädchens, das den Puppen ähnelt, die es mitgebracht hat, aber auch schon als königliche Hoheit auftritt, wenn es sein muß. Am Abend ihrer Ankunft in Fontainebleau ließ sie zwei Stunden lang das Defilee über sich ergehen, mit dem Prinzen und Prinzessinnen, Herzöge und Herzoginnen, Marschälle von Frankreich und ihre Gemahlinnen sie begrüßten. Am nächsten Tag spielte sie mit dem dicken Dauphin, der Frau des Staatssekretärs Pontchartrain und der alten Prinzessin Harcourt Blindekuh – bis auch Madame mitmacht, die entzückt ist, sich »ein bißchen Bewegung zu verschaffen und ein bißchen Radau zu machen«.

Der König ist wie verwandelt. Er, der so verschwiegen, so wenig mitteilsam ist, vertraut dem Marquis de Dangeau an, »er könne nur mit Mühe seine Freude zurückhalten«, und weiß gar nicht, was er noch erfinden soll, um seine zukünftige Enkelin zu verwöhnen und zu unterhalten. Sie wird 500 Taler monatlich bekommen für ihre kleinen Vergnügungen und alle Kronjuwelen, die auf über elf Millionen geschätzt werden, um sich mit ihnen zu schmücken, so oft es ihr Spaß macht. Sie liebt Musik? Sie bekommt Cembalo- und Tanzunterricht. Tiere? Der König schenkt ihr die schönste Menagerie, die von Versailles, von der ein Flügel hergerichtet wird, damit sie dort Kuchen backen kann, wenn sie Lust darauf hat. Spazierritte auf dem Esel, Angeln in den Bassins von Versailles, Marionettentheater (Ludwig XIV. hat ihr prächtige Marionetten geschenkt, die noch hübscher waren als die, die sie in Marly gesehen hatte): »Der König sucht jeden Tag etwas Neues, um die Prinzessin zu amüsieren.«

Madame de Maintenon ist nicht weniger begeistert. Marie-Adélaïde nennt sie »liebe Tante«, eine charmante Anrede, die geschickt Zuneigung und förmliche Ehrerbietung vereint, und begegnet ihr mit respektvoller Zärtlichkeit, was sie entzückt. »Nichts gleicht den Schmeicheleien«, sagt Saint-Simon, »mit denen sie Madame de Maintenon alsbald zu betören verstand.« Die

Marie-Adelheid von Savoyen,
die Gemahlin des Herzogs von Burgund;
Stahlstich von Quéverdo nach Santerre.

alte Dame und das kleine Mädchen lassen nicht voneinander, gehen zusammen im Wald von Fontainebleau spazieren, plaudern stundenlang miteinander und vertreiben sich die Zeit zwischen zwei Besuchen in Klöstern und zwei Lektionen in der Anstalt Saint-Cyr, einer Schöpfung von Madame de Maintenon, wo die Prinzessin mehrmals in der Woche ihre Erziehung vervollständigt.

Madame kritisiert scharf die Schwäche des Königs und seiner Gefährtin gegenüber diesem Kind, das mit seiner Fröhlichkeit das graue Einerlei vom Hof vertrieben hat. »Die Duchesse de Bourgogne verwöhnen sie ganz; sie bleibt keinen Augenblick in einer Kutsche an einem Platz, setzt sich auf alle Knie, so in den Kutschen sein, und schwärmt immer herum wie ein Äffchen [. . .] Manchmal kommt's ihr an, um fünf morgens herum, zu schwärmen; das läßt man ihr alles zu.« Erinnert sie sich nicht, daß Liselotte von der Pfalz im gleichen Alter so lebhaft war, daß sie eines Tages in der Kutsche ihres Vaters auf den Botschafter Seiner Majestät des Kaisers purzelte? Und ihr morgendliches Ausreißen in Heidelberg, um auf dem Berg Kirschen zu essen, sollte sie es vergessen haben? Dem Ärger und der Verdrießlichkeit, die sie ungerecht machen, verdanken wir diese köstliche Darstellung der kleinen Herzogin an der Tafel des Königs:

»In voller Tafel fängt sie an zu singen, sie tanzt auf ihrem Stuhl, macht abscheuliche Grimassen, zerreißt in den Schüsseln die Hühner und Feldhühner mit der Faust, steckt die Finger in den Saucen, summa, ungezogener kann man nicht sein. Und die hinter Ihrer Liebden stehen, rufen: ›Ah, qu'elle a de grâce, qu'elle est jolie!‹ [Ach, wie anmutig ist sie, wie hübsch.]

Marie-Adélaïde kümmert sich nicht um Fragen der Etikette. Sie duzt ihren Schwiegervater, den Dauphin, den das nicht im entferntesten stört, sondern eher erfreut. Und erst ihre Vertraulichkeit mit dem König! Sie dringt in sein Arbeitszimmer ein, springt ihm an den Hals, stöbert in seinen Papieren, streut sie umher, zerreißt sie. »Ich glaube, es wird ihnen mit der Zeit gereuen, diesem Kind so seinen Willen gelassen zu haben.« Eine düstere Prognose, die die Zukunft widerlegen wird.

Die »beklagenswerte« Erziehung der Herzogin von Burgund würde Madame sicherlich weniger empören, wenn sie in ihrer Familie mehr Befriedigung fände: Man muß ja seine Laune an etwas auslassen... Ihre Beziehungen zu Monsieur sind herzlich schlecht. Er hat seiner Frau und seiner Tochter unumwunden erklärt, daß er nun, da er zu altern beginne, keine Zeit mehr zu verlieren habe und sich nicht mehr zurückhalte, das Leben in höchstem Maße auszukosten, solange er es noch könne. Seine Familie möge sich damit abfinden! Sie werde schon wissen, was sie zu tun habe, wenn er gestorben sei. Inzwischen verbringt er seine Nächte mit Lustknaben, die er königlich aushält, und wenn er in Geldknappheit ist, verkauft oder versetzt er seine Juwelen, um sie für ihre Gunst zu bezahlen. Das pfälzische Familiensilber ist schon längst eingeschmolzen und in Geschenke für die jungen Leute umgesetzt worden (»täglich kommen neue angestochen«), die die Ehre haben, ihm zu gefallen. Elisabeth Charlotte aber muß ihn wochenlang um ein paar Livres anbetteln, damit sie die alten Bettlaken und die ausrangierten Hemden ersetzen kann, und bald werden »meine armen Pferde nicht mehr gehen können, denn Monsieur hat mir nie keine neuen gekauft und wird sie mir auch wohl nicht kaufen«. Wenn diese unglückseligen Tiere vollends am Ende sind, muß sie dann auf die Jagd verzichten? Die Ausschweifungen Monsieurs haben die Familie derart ruiniert, daß Madame, falls er plötzlich stürbe (»Gott bewahr uns davor!«), nichts zu essen hätte und auf die Barmherzigkeit des Königs angewiesen wäre. Einige Jahre später wird das tatsächlich ihre Situation sein.

Zu den Geldschwierigkeiten kommen die familiären Sorgen. Wie vorauszusehen war, hat Madame keinerlei Sympathie für die Frau ihres Sohnes, diese arrogante Bastardin, die ihre ganze Schwiegerfamilie verachtet, von Monsieur, auf den sie herabsieht, über ihren Gemahl, dem sie eine große Ehre erwiesen zu haben glaubt, indem sie ihn heiratete, bis hin zur jungen Elisabeth, »von der sie sich gern bedienen lassen würde als sei sie ihre Dienstmagd«. Schwiegermutter und Schwiegertochter leben wie Fremde miteinander, grüßen sich allenfalls, wenn sie sich begegnen, und wechseln praktisch nie ein Wort. So voreingenommen Elisabeth Charlotte auch ist, es ist bei weitem nicht nur ihre Schuld.

Der Herzogin von Chartres wäre es ganz gleichgültig, wenn die Welt um sie herum einstürzte – Hauptsache, sie hat ein Bett, um sich auszustrecken – sie ißt, spielt und empfängt im Bett –, und einen Vorrat scharfer Getränke in Reichweite: »Sie säuft sich alle Woch drei- oder viermal sternsvoll.« Daher der Beiname »Weinsack«, den ihre Schwestern, Madame la Duchesse (die mindestens genausoviel trinkt) und die Prinzessin von Conti, ihr verliehen haben. Auch das ist ihr wie alles übrige völlig gleichgültig.

Doch Madames Herz verkrampft sich, als sie mitansehen muß, wie die Herzogin sich eines Tages »eine brave Collation von vier großen Schüsseln vorsetzen ließ«, während eines ihrer Kinder im Sterben liegt! Dem Kind geht es so schlecht, daß man im Palais-Royal jeden Augenblick mit seinem Tod rechnet. Kein Grund für die junge Mutter, eine Träne zu vergießen, oder für Monsieur, seine Partie Landsknecht auch nur um eine Stunde zu verschieben.

Der Herzog von Chartres, ihr so sehr geliebter Sohn, ist ein Libertin und Wüstling und wird es bis zum letzten Atemzug bleiben. Zur großen Unzufriedenheit Ludwigs XIV., der, seit er in sich gegangen ist, sittenstreng und unnachgiebig geworden ist. Philipp kümmert sich nicht darum und macht nicht einmal den Versuch, seine Seitensprünge zu vertuschen. Im Gegenteil, die Provokation scheint ein Teil des Vergnügens zu sein. Jede Nacht gibt er sich in Paris Ausschweifungen hin, auch wenn der Hof in Marly ist, wo nichts dem wachsamen Auge des Königs entgehen kann. Wenn Madame ihm seine Liederlichkeit vorwirft, erwidert er lachend, daß er im Gegensatz zu seinem Vater wenigstens Geschmack an Frauen fände! Seine offizielle Mätresse ist zur Zeit eine ehemalige Hofdame von Madame, Mademoiselle de Séry, später Comtesse d'Argenton, für deren Schmuck er sich ruiniert und die ihn gänzlich beherrscht. Was ihn nicht hindert, zu den Schauspielerinnen, den »Opernmädchen« und den Damen in den geschlossenen Häusern zu laufen, zum großen Kummer seiner Mutter, die sich um seine Gesundheit sorgt und vielleicht sogar um sein Leben bangt. Zunächst hat ihn das schon die Gunst des Königs gekostet, der ihm nie verzeihen wird, daß er seine Tochter so schmählich betrügt, und der von ihm sagt: »Mein Neffe ist ein Ausbund des Lasters.«

Verzweifelt und ohnmächtig versucht Elisabeth Charlotte, sich einzureden, daß Philipp im Grunde nur gute Neigungen hat und daß er von seinem Vater beeinflußt ist, dessen unverzeihliche Schwäche und schlechtes Beispiel allein verantwortlich für seine Ausschweifungen sind: »[dann] lacht mich Monsieur mit meinem Sohn aus, führen ein Leben zu Paris, daß es eine Schande ist.« Es fällt schwer, ihr zu glauben, wenn sie gleichzeitig behauptet, sie erweise ihrem

Mann den größten Respekt und unterwerfe sich wortlos seinem Willen...

Ebenso muß man sich über den durchweg bekümmerten Ton ihrer Briefe aus jener Zeit wundern, wenn man andererseits weiß, daß die Zeitgenossen sie meistens fröhlich und freudestrahlend erleben. Ist es der Wunsch, von ihrer Familie in Deutschland bedauert zu werden? Die Erklärung ist einfach und paßt schlecht zu ihrem Stolz und ihrer Weigerung, um Mitleid zu betteln, beides grundlegende Charakterzüge von ihr. Da die Briefe ihr einziges Ventil sind, dramatisiert sie wahrscheinlich ihren Ärger und steigert sich beim Schreiben in ihn hinein. Wenn es ihr möglich gewesen wäre, die zwanzig oder dreißig Seiten noch einmal durchzulesen, die mehrmals wöchentlich nach Hannover abgehen, hätte sie sicher mehr als einen Abschnitt gestrichen. Dangeau, der keinerlei Phantasie hat, findet sie im Mai 1697 nach einem schlimmen Sturz vom Pferd »genauso fröhlich wie immer«, und sie »schien nur von der Befürchtung geplagt, nicht so bald wieder reiten zu können«. Würde er sich so ausdrücken, wenn er sie immer so mürrisch und griesgrämig erleben würde, wie ihre Briefe glauben machen?

Einige Monate später ertappen wir sie bei einer Unaufrichtigkeit. Am Tag nach der Hochzeit des Herzogs von Burgund und Marie-Adélaïdes von Savoyen schreibt sie ihrer Tante: »Euer Liebden gnädiges Schreiben kam mir gestern wohl à propos, um mich zu erfreuen und zu trösten über alle Langeweile, so ich bei dem Beilager ausgestanden.« Langeweile? Selbst wenn wir im weiteren Brief gründlich suchen, finden wir nichts als die üblichen kleinen Unannehmlichkeiten, die mit solchen Zeremonien verbunden sind: die Menge, die so dicht war, daß man eine Viertelstunde an jeder Tür warten mußte, bevor man eintreten konnte (der König selbst ist vor seinen Gemächern aufgehalten worden), und die Last der großen juwelenbesetzten Goldbrokatrobe, die so schwer war, daß sie fast von ihr niedergedrückt worden wäre. Sagen wir lieber, daß sie es nur im Jagdkostüm aushält und daß es ihr die Laune verdirbt, wenn sie länger als zehn Minuten mit Ankleiden und Frisieren verbringen muß.

Doch wenn sie sich wirklich so gelangweilt hätte, würde sie dann so spontan die verschiedenen Episoden des Tages und die zur Schau gestellten Toiletten beschreiben, und sei es nur, um die Neugier der lieben Tante Sophie zu befriedigen? Aus Bescheidenheit vergißt sie zu sagen, daß ihre Tochter sehr bewundert wurde, doch der *Mercure Galant* berichtet davon und betont den »ausgezeichneten Geschmack« der Stickereien, die die grüne Samtrobe von Mademoiselle zieren. Madame, die ihre Tochter so sehr liebt, muß stolz und glücklich über die Komplimente gewesen sein. Im übrigen erkennt sie an, daß das Feuerwerk, das zu Beginn des Abends über dem Wasserbassin der Schweizer gezündet wurde, »großartig« war und daß die Ausstattung des Brautgemachs – die »Toilette« der Herzogin von Burgund und der Schmuck des Bettes aus »ellenlanger« Venezianer Spitze – alle Vorstellung übertraf. Beim Hochzeitsmahl amüsierte sie sich sogar weidlich dank des Herzogs von Berry, der ein jüngerer Bruder des Herzogs von Burgund ist. Dieser reizende elfjährige Knabe brachte sie durch seine Antworten und seine Mimik ständig zum Lachen. Es ist derselbe, der abends beim angedeuteten Zubettgehen der Brautleute (sie sind zu jung und zu zart, als daß man ihnen erlaubt, die Ehe zu vollziehen) ausrufen wird, er wäre an Stelle seines Bruders mit »seiner kleinen Frau« im Bett geblieben und hätte seinem Vater nicht gehorcht, der den Bräutigam, kaum im Bett, wieder aufstehen ließ und in sein Zimmer schickte. Wir können uns Elisabeth Charlottes Gelächter vorstellen, als sie hört, wie dieser gewitzte kleine Kerl die Bravheit seines älteren Bruders lächerlich findet und spitzbübisch erklärt, er hätte sich das nicht gefallen lassen.

Nein, in Wirklichkeit lag es an ihrer allgemeinen Verstimmung, daß sie die angebliche Langeweile bei dieser Hochzeit so hervorhob. Einmal mehr verderben ihr Ärger und Mißgunst die besten Momente ihres Lebens am Hof. Sie hätte, wie die anderen auch, die Herzogin von Burgund köstlich gefunden, deren Mutter sie selbst aufgezogen hatte und die sie in mehr als einer Hinsicht an ihre eigene Kindheit erinnerte, wäre da nicht Madame de Maintenon gewesen.

Treu ihrer Politik der Zurückhaltung und Bescheidenheit, die ihr seit über fünfzehn Jahren so gut gelungen war, erschien Madame de Maintenon zu keiner der Hochzeitsfeierlichkeiten außer zu den beiden großen Bällen, die in der folgenden Woche gegeben wurden: Sie verbrachte da, hinter der Königin von England sitzend, eine kleine halbe Stunde, dann verschwand sie. Doch sie verläßt nie die junge Braut, die wie vor der Heirat unter den schützenden Fittichen der »lieben Tante« lebt. Sie ist sogar bei den Soupers dabei, die die Neuvermählten mehrmals in der Woche allein für sich bei ihr einnehmen. Ein merkwürdiges Zusammensein zu dritt, bei dem »die Dame«, halb Großmutter, halb Anstandswauwau, über die Keuschheit des Paares wacht. In der Tat hat der König seinem Enkel verboten, sich Marie-Adélaïde zu nähern, und sei es, um »ihr die Fingerspitze zu küssen«. Diese Rolle der Sittenwächterin gefiel der »Pantokrat« nicht schlecht, denn dadurch konnte sie ihren Einfluß, den sie vom ersten Tag an auf das Lieblingskind des Königs ausgeübt hatte, erhalten. Jedermann weiß: Wenn man über die Anmut der kleinen Herzogin in Entzücken gerät, wenn ihre Streiche und Launen wohlgefällig kommentiert werden, so ist es Madame de Maintenon, der man schmeichelt.

Wilhelm III. von Oranien;
nach einem Gemälde von Caspar Netscher, um 1680.

Ob Madame in diesen Bewunderungschor miteinstimmt? Da kannte man sie aber schlecht. Übrigens, jetzt, da die Herzogin von Burgund in jeder Hinsicht den ersten Platz einnimmt, kann sie sich von Hofe ein wenig zurückziehen, fast nach ihrem Geschmack leben, so entfernt wie möglich, »wie in einer Einsiedelei«.

Eine fürstliche Einsiedelei natürlich, mit Jagdpartien, Theater, Oper, mit einer gutausgestatteten Bibliothek und der Gesellschaft einiger treuer Freundinnen. Trotz ihrer familiären Sorgen ist sie nicht so unglücklich, wie in ihren Briefen die manchmal mechanisch heruntergebeteten Klagen glauben machen könnten. Die Beziehungen zu ihrem Mann scheinen besser, weniger distanziert zu sein: Die beiden fahren zusammen in der Kutsche spazieren – Monsieur steigt nur aufs Pferd, wenn es nicht zu vermeiden ist, und kann sich nicht vorstellen, daß man zu Fuß gehen kann –, und im Sommer, wenn sie in Saint-Cloud sind, besuchen sie miteinander die schöne Porzellan- und Fayencemanufaktur, die unlängst von Vater und Sohn Chicanaux gegründet wurde. Sollten sie endlich eine gemeinsame Vorliebe entdeckt haben?

Der Krieg ist zu Ende. Keine Ängste mehr um das Leben des Herzogs von Chartres (die Mädchen von der Oper sind trotz allem weniger gefährlich als die Musketen des Feindes), keine Sorgen um die Pfalz, die sich wieder einmal anschickt, aus den Ruinen aufzuerstehen. Niemand hat wirklich gewonnen, niemand wirklich verloren. Ludwig XIV., der König Jakob von England weiterhin ein vergoldetes Asyl gewährt, mußte Wilhelm von Oranien, Wilhelm III. von England, als legitimen Herrscher anerkennen – zur insgeheimen Freude von Elisabeth Charlotte; sie empfand stets größte Bewunderung für ihren Cousin, der durch seine kühle Hartnäckigkeit den Willen des Sonnenkönigs schließlich gebeugt hatte. Der Frieden ist wie der Krieg eben auch eine Familienangelegenheit, und der Vertrag von Rijswijk wird unmittelbar in das Geschick der Bewohner von Saint-Cloud eingreifen.

12

Die Freuden des Friedens

Mit einundzwanzig Jahren beginnt Mademoiselle – so wird die Tochter von Monsieur und Madame genannt –, sich zwischen einem Vater, der sich für sie so wenig interessiert, als wäre sie gar nicht vorhanden, und einer Mutter, deren etwas unvermittelte Zärtlichkeit zuzeiten eher auf ihr lastet, zu langweilen.

Als Kind ist sie ein lebhaftes und willensstarkes kleines Mädchen gewesen, ebenso schalkhaft und eigensinnig, wie es Liselotte in dem Alter war, geistreich und häßlich, von kurzem, gedrungenem Wuchs, mit einem eckigen Schädel, einem großen Mund und einer witzigen Stupsnase. In den Entwicklungsjahren hatte sich das häßliche junge Entlein plötzlich verändert. Der Körper hatte sich gestreckt, die Gesichtszüge waren feiner geworden, und es war offensichtlich, daß Mademoiselle, wenngleich ihre Züge noch weit von klassischer Vollkommenheit entfernt waren, eine hübsche Figur, schöne Augen und eine wunderbare Haut hatte und daß sie hinreißend tanzte.

Nur Madame, die um keinen Preis ihre Kinder überbewerten will und fortfährt, die Seele über den Körper zu stellen (»ein schön Gesicht ändert bald, allein ein gut Gemüt ist zu allen Zeiten gut«), beharrt darauf, sie häßlich zu nennen. Wie so oft übertreibt sie in negativer Richtung. Der anmutigen und eleganten jungen Elisabeth Charlotte mangelt es nicht an Charme, und sie ist zweifellos nicht die mißlungenste unter den

Prinzessinnen der königlichen Familie. Man braucht sich nur die Töchter von Monsieur le Prince anzusehen: Die älteste ähnelt einer Kröte, die anderen sind beinahe Zwerginnen. Und die Herzogin von Chartres, die Stunden damit verbringt, sich im Spiegel zu bewundern, ist sie wirklich so schön mit ihrem platten Gesicht, ihrem unsauberen Teint und ihren kahlen Brauen? Madame, die doch Augen hat zu sehen, dürfte wissen, daß ihre Tochter, verglichen mit den anderen, ihr eher Ehre macht.

Da ihr Mann ihr so früh die Erziehung des Herzogs von Chartres entzogen hat, hat sie die von Mademoiselle um so sorgfältiger überwacht. Sicher meint der Pfarrer von Versailles, François Hébert, nicht sie, wenn er in seinen Memoiren die Gleichgültigkeit der Eltern gegenüber ihren Kindern beklagt, die sie schon in sehr jungen Jahren irgendwelchen Erziehern und Erzieherinnen anvertrauen, ohne sich über deren Eignung oder Moral Gedanken zu machen. So daß die jungen Menschen, die sich selbst überlassen sind oder durch das schlechte Beispiel verdorben werden, »in abscheuliche Zuchtlosigkeit« verfallen. Trotz aller ihr von ihrer Stellung auferlegten Zwänge hat Madame ihre Pflichten als Mutter und Erzieherin immer erfüllt und kann auf das Ergebnis stolz sein. »Man hat mich gefragt, wie ich meine Tochter so wohl erzogen hätte. Ich habe geantwort, ihr allezeit mit *raison* zu sprechen, ihr erweisen, warum ich eine Sache für gut oder übel finde, ihr keine erlaubte Lust zu wehren, ... sie nie durch bösen Humor zu zörnen ...« Eine ausgezeichnete Methode. Was den »bösen Humor« angeht, so sei es jedoch erlaubt, skeptisch zu sein ...

Soll man Saint-Simon glauben, der versichert, daß Mademoiselle »entzückt wäre, von Madames strenger Zucht befreit zu sein«? Mutter und Tochter mögen sich ja innig lieben, aber ihre Beziehungen sind bisweilen gespannt. Madame macht dafür ihren Gemahl verantwortlich, der Elisabeth systematisch Haß auf Deutschland und die Deutschen einflöße, so sehr, daß sie es kaum ertragen könne, eine deutsche Mutter zu haben. Ohne den Einfluß von Monsieur herabzumindern, dürfen wir wohl annehmen, daß es nicht die antideutsche Propaganda ihres Vaters war, die Mademoiselle die ewigen Loblieder auf das »liebe Deutschland«, das »deutsche Herz«, die »deutschen Sitten«, ja die deutschen Würste und das deutsche Kraut verleidete. Dazu kommt noch, daß die meisten jungen Damen ihrer Gesellschaftsschicht in dem Alter schon das Elternhaus verlassen haben, um eine eigene Familie zu gründen, und so Generationskonflikte umgehen, die sich verschlimmern, je länger Eltern und Kinder zusammenwohnen.

Mademoiselle möchte gern heiraten. Ihre Mutter beschäftigt sich schon lange damit, nicht um sie loszuwerden (die Trennung, das weiß sie im voraus, wird ihr das Herz brechen), sondern weil junge Mädchen dazu geschaffen sind zu heiraten. Außer wenn sie – einäugig, bucklig oder krummbeinig – keine andere Aussicht haben, als sich der frommen Schar der Bräute Jesu Christi anzuschließen. Da das zum Glück bei Elisabeth nicht der Fall ist, muß ein Gemahl für sie gesucht werden, dessen Stand dem ihren entspricht, was um so schwieriger ist, als die Jungfer von hoher Geburt ist. Eine ihrer Halbschwestern war Königin von Spanien, die andere ist Herzogin von Savoyen. Die kleine Mademoiselle war erst acht Jahre alt, als sie sich schon durchaus der Würde bewußt war, auf die sie bei ihrer Heirat Anspruch haben würde. Eines Tages hatte ihr die Dauphine, um sich einen Spaß zu machen, vorgeschlagen, ihren jüngeren Bruder zu heiraten, und das kleine Mädchen hatte ohne zu zögern geantwortet: »Ich schicke mich nicht, Madame, für einen jüngeren

Sohn.« Diese Erwiderung hatte sehr gefallen, und man hatte daraus geschlossen, daß Mademoiselle »schöne und erhabene Neigungen« hätte. Wenn man Prinzessin ist, wird die Gefühlswelt von Thronen und Kronen bestimmt.

Aber wie kann man die schönen Neigungen der Nichte des Sonnenkönigs befriedigen, wenn die Augsburger Liga so viele auswärtige Mächte gegen Frankreich mobilisiert? Mademoiselle ist auf ihre Weise ein Opfer des Krieges: Bei Ausbruch der Feindseligkeiten ist sie zwölf, einundzwanzig zur Zeit des Friedens von Rijswijk – das erleichtert eine Eheanbahnung nicht gerade.

Während all dieser Zeit wurden die verschiedensten Pläne entworfen. Es begann damit, daß der König sie dem Herzog von Maine bestimmte, dem »garstigen Bastard« und Schützling der Madame de Maintenon. Welche Beruhigung für Madame, als es durch allerlei Intrigen dem Prinzen von Condé gelang, ihm eine seiner Zwerginnen zu geben! Der Herzog von Maine hat die kleinere gewählt, ein unerträgliches Geschöpf, das den unmöglichen Charakter aller Condé geerbt hat, ihn sein Leben lang an der Nase herumführt und ihn in die verrücktesten Unternehmungen hineinzieht. Madame gönnt es ihm von Herzen.

Wer könnte, nachdem der Herzog von Maine ausgeschieden ist, Mademoiselle heiraten, ohne daß es ein Abstieg für sie wäre? Vielleicht der Dauphin, der seit 1690 Witwer ist? Die nahe Verwandtschaft und die mangelnden Reize dieses Menschen haben Madame offensichtlich nicht abgeschreckt. Aber die Zustimmung des Königs war erforderlich, der sie sicherlich nicht gegeben hätte, und natürlich die des Betroffenen. Und der Dauphin hatte öffentlich erklärt, daß er sich nicht wieder verheiraten wolle, und nacheinander eine Infantin von Portugal, eine polnische Prinzessin und die

Tochter des Großherzogs der Toskana ausgeschlagen. Sprechen wir also nicht mehr vom Dauphin...

1692 ergibt sich eine neue Aussicht: Wenn schon der Dauphin nicht in Frage kommt, warum nicht sein ältester Sohn, der Herzog von Burgund? Er ist zehn Jahre alt, Mademoiselle sechzehn, man brauchte nur ein paar Jahre zu warten... Wenn nicht der König auf den Gedanken kommt, wie manche Leute durchblicken lassen, sein anderer Bastard, der Graf von Toulouse, könne den Platz einnehmen, den der Herzog von Maine mit seiner Absage unbesetzt gelassen hat. Aber welche Qualitäten der Graf von Toulouse auch haben mag, er bleibt ein Bastard, und mit der Herzogin von Chartres gibt es schon eine Bastardin zuviel in der Familie der Orléans.

1693 erscheint endlich ein möglicher Anwärter – der Kronprinz von Dänemark, der zu einem Privatbesuch nach Versailles gekommen ist. Monsieur, der nur zu froh ist, ein Fest geben zu können, lädt ihn ins Palais-Royal ein, wo zu seinen Ehren ein großer Ball stattfindet. »Dieses Fest war der Herrlichkeit von Monsieur würdig«, berichtet der *Mercure Galant,* der seinen Leserinnen ausführlich die Toiletten der Damen – meist aus schwarzem Samt und blitzend von Edelsteinen – schildert und der vom Andrang der vornehmsten Persönlichkeiten des Reiches in den Gemächern, auf der großen Galerie, selbst im Gardesaal, auf der Treppe und in den Höfen berichtet. Ein prächtiges Unternehmen, dieser Ball am 24. Januar, und eine gute Gelegenheit für die Höflinge, Gerüchte von einer Heirat in Umlauf zu bringen. Prinz Frederik hat ein Menuett mit Mademoiselle getanzt, er hat sie dabei unverwandt angeschaut und ist am Ende des Menuetts wie benommen mitten im Ballsaal stehengeblieben; er würde noch dort stehen, wenn ihn nicht Madame bei der Hand genommen hätte, um ihn an seinen Platz zurückzuführen. Kein

Zweifel: Der Prinz hat sich in Mademoiselle verliebt! Madame protestiert: der Prinz von Dänemark in ihre Tochter verliebt? Nicht doch! Dieser verstörte Blick, den alle gesehen haben, ist ganz normal bei ihm: Er ist ja so beschränkt, der arme Junge! Und häßlich noch obendrein. Nein, Elisabeth wird nicht Königin von Dänemark, niemand hat auch nur einen Augenblick ernsthaft daran gedacht. Es dauert lange, ehe Madame ihren Lieblingskandidaten hat, den König von Ungarn oder, anders ausgedrückt, den ältesten Sohn des Kaisers Leopold, der 1690 den Titel Römischer König erhalten hat, die offizielle Bezeichnung des Anwärters auf den Kaiserthron.

Der Papst hatte als erster an diese Verbindung gedacht. In dem Wunsch, den Krieg der Augsburger Liga so bald wie möglich zu beenden, hatte er schon Ende 1688 den kriegführenden Parteien seine Vorstellungen unterbreitet. Da zu der Zeit kein Frieden ohne eine Heirat geschlossen wurde, hatte der Heilige Vater vorgeschlagen, der Sohn des Kaisers solle die Nichte von Ludwig XIV. heiraten. Man kann sich die Freude von Elisabeth Charlotte denken: ihre Tochter die künftige Kaiserin von Wien! Die päpstliche Mission scheiterte, aber die Möglichkeit einer Heirat blieb bestehen. Während 1690 der Krieg tobt, berichtet Spanheim, daß man »diese Ehe am Hof von Frankreich nicht aus den Augen verliert und sie eines Tages, wenn es sich ergibt, zu einer der Bedingungen des Friedens mit dem Kaiser machen will«. Der König sei bereit, seiner Nichte eine großzügige Mitgift zu geben, und Madame, ihre Tochter schon jetzt nach Wien zu schicken, falls man dort eine für die zukünftige Kaiserin »zu französische Erziehung« verhindern wolle. Aber ach, der Römische König heiratet 1699 Amelia von Braunschweig-Lüneburg: Wien hat inzwischen den Frieden angenommen, aber mit dem kaiserlichen Erben hatte man andere Pläne.

»Wenn das so weitergeht, wird meine Tochter eine alte Jungfer«, klagt Madame, die zusammen mit ihrer Tante, der Äbtissin von Maubuisson, Luftschlösser baut, um sich zu trösten. Englische Luftschlösser, genauer gesagt, denn jetzt geht es um Wilhelm, Wilhelm von Oranien, Witwer der Prinzessin Maria, deren Vater er entthront hat. Wilhelm ist nicht nur ein Vierteljahrhundert älter als Elisabeth und steht zu Recht in dem Ruf, homosexuell zu sein, er ist vor allem der Todfeind Ludwigs XIV., der einer solchen Heirat nie zustimmen würde. »Ob ich zwar leider wohl weiß, daß nichts aus diesen allen werden kann, freut es mich doch, davon zu reden, als wenns sein könnte.« Und dann lachen die beiden Frauen, die alte Äbtissin und ihre geliebte Liselotte, insgeheim bei dem Gedanken, daß die ahnungslosen Nonnen von Maubuisson zum Herrn beten, es möge doch die arme Mademoiselle nicht genötigt sein, diesen englischen Hugenotten zu heiraten: »Würden sich also über die Maßen skandalisiert haben, wenn sie gehört hätten, daß ich es so sehr wünschte.«

Waren die Gebete der frommen Schwestern erhört worden? Kurz nach dem Besuch von Madame in Maubuisson ereignet sich ein Wunder: Man spricht »ausdrücklich von der Heirat zwischen Mademoiselle und dem Herzog von Lothringen«. Zwei Monate später nehmen der König und die Eltern der Zukünftigen den offiziellen Antrag an. Der Frieden von Rijswijk, der dem Hof von Frankreich schon die entzückende kleine Herzogin von Burgund eingebracht hat, bringt als neue Gabe eine ehrenwerte Heirat für Mademoiselle mit einem Prinzen, der jung ist, katholisch (die Danksagungen müssen von den Gewölben von Maubuisson aufgestiegen sein) und dazu noch deutscher Abstammung: Seine Mutter ist eine Schwester des Kaisers, dessen Vornamen er übrigens trägt.

Das Herzogtum Lothringen, das da so eingekeilt liegt, immer von Invasionen bedroht und zwangsläufig vom guten Willen Frankreichs abhängig, ist natürlich nicht soviel wert wie das Königreich Spanien, das man ehedem Marie-Louise von Orléans geboten hat, nicht mal soviel wie das Fürstentum Savoyen, das in der Politik der Großmächte die Vermittlerrolle spielt. Das läßt die Witzbolde sagen, Monsieur hätte von seinen drei Töchtern die älteste mit dem Hof verheiratet, die zweite mit der Stadt und die dritte mit dem Land. Einem Land übrigens, in dem sich Herzog Leopold eben erst niedergelassen hat. Sein Vater, mit dem Kaiser gegen Frankreich im Bunde, hatte es nie in Besitz nehmen können, und er selbst, der ihn vor sieben Jahren beerbt hatte, wartete die ganze Zeit, daß er seine von Ludwig XIV. konfiszierten Besitzungen wieder übernehmen könnte. Der Vertrag von Rijswijk gibt sie ihm zurück und dazu die Hand von Mademoiselle, um den französisch-lothringischen Streit für immer zu beenden.

Freude herrscht in Saint-Cloud. Elisabeth, die ihr Leben lang das Haus Lothringen von ihrem Vater und sogar von ihrer Mutter hat preisen hören, ist nicht gekränkt, daß sie eine weniger glänzende Ehe eingehen soll als ihre Schwestern. Sie ist im voraus überzeugt, daß sie bei Herzog Leopold das Glück finden wird, und tröstet sich leicht darüber hinweg, daß sie weder Königin noch Kaiserin wird. »So wie ich sie kenne, glaube ich, daß sie mit ihm glücklicher wird, als mit dem Römischen König«, versichert ihre Mutter und setzt hinzu: »Was mich hoffen macht, daß meine Tochter in ihrer Heirat glücklich sein wird, ist, daß sie nichts abschreckt, was sie auch von ihres zukünftigen Herren Armut hören mag.«

So arm er auch ist – wie sollte er es nicht sein als Herrscher über ein kleines Land, das in Jahrzehnten des Krieges verwüstet worden ist –, Leopold hat seiner Verlobten gleich außer dem traditionellen Porträt im edelsteinbesetzten Rahmen ein herrliches Geschmeide geschickt: Kollier und Armbänder aus Perlen, Ohrringe, Anhänger und Ringe mit Diamanten. Für 400 000 Livre Juwelen, die die Bewunderung des ganzen Hofes erregen, der gekommen ist, um Monsieur und Madame zu gratulieren. Wann soll die Hochzeit sein? Nicht vor Juli, denn der Herzog von Lothringen muß zuvor sein Schloß in Nancy instand setzen und neu ausstatten, das er »in beklagenswertem Zustand« vorgefunden hat.

Das gibt den Rechtskundigen Zeit, die Bestimmungen des Ehevertrags auszuhandeln, den Gerüchten, eine romantische weitere Entwicklung auszuspinnen (der Herzog, heißt es, soll im Mai inkognito kommen, um seine Verlobte in Augenschein zu nehmen), und Madame, sich auf die Trennung vorzubereiten.

Die Prüfung ist zweifellos härter, als sie sich vorgestellt hatte, während sie ihre Luftschlösser baute. Elisabeth Charlotte ist nicht übertrieben mütterlich, aber sie liebt ihre Tochter zu sehr, als daß sie sie frohen Herzens ziehen ließe. Noch ist die Zeit für Tränen nicht gekommen, aber ihre Nervosität während der Monate vor der Hochzeit zeigt deutlich, wie sie leidet. Im April verfällt Monsieur auf den unglücklichen Gedanken, sich eine Weile in Paris aufzuhalten, einer Stadt, die sie verabscheut, deren Luft sie, wie sie sagt, augenblicklich krank macht. In Paris gibt es keine Jagd, da gibt es Theatervorstellungen, die einem verleidet werden durch die Dreistigkeit der Zuschauer, die sich neben den Schauspielern auf der Bühne drängen, und vor allem gibt es fade Abende, bei denen sie in einer Ecke des Salons darauf wartet, daß Monsieur seine Partie beendet. Er besteht darauf, daß sie anwesend ist, aber ohne daß er sie sehen kann, denn sie bringt ihm Un-

Leopold Joseph Karl, Herzog von Lothringen;
Kupferstich von Clemens Kohl, 1791.

glück! So kommt es, daß »ich alle die alten Weiber, die nicht spielen, am Hals habe und sie entretenieren muß. Das währt von sieben bis zehn und macht mich greulich gähnen.« Im allgemeinen läßt sie das mehr oder weniger über sich ergehen, aber diesmal meutert sie. Sie schreibt dem König, der sich mit dem Hof in Marly aufhält, »daß sie sich in Paris befinde und ihn bitte, ihr, wenn ihr Unwohlsein anhielte, zu genehmigen, daß sie morgen nach Marly komme; sonst würde sie sich entschließen, ganz allein nach Saint-Cloud zu fahren«. Der Marquis de Dangeau, der den Wortlaut dieses Ultimatums wiedergibt, berichtet auch über den Ausgang: Am gleichen Abend noch schickte Ludwig XIV. Madame die Nachricht, daß ihre Gemächer in Marly sie erwarteten und ein Pavillon für die Damen ihres Gefolges bereitstünde.

Juli hatte es geheißen. Aber der Sommer kam, ohne daß das Datum der Hochzeit festgesetzt wurde. Das hindert den lothringischen Klüngel von Saint-Cloud nicht, sich aufzuspielen und von dem Interesse zu profitieren, das der entfernte Verwandte, der Verlobte von Mademoiselle, erregt. Einmal mehr nutzt der Chevalier de Lorraine die Situation aus. Auf Ersuchen von Monsieur schenkt ihm der König 20000 Taler mit einer Grußbotschaft, die Madame hätte in die Luft springen lassen, wenn sie sie gehört hätte: »Dieses Geschenk ist Euer und meiner unwürdig, aber der Stand meiner Geschäfte erlaubt es mir im Augenblick nicht, mehr zu tun.« Die geschickte Dosierung seiner Gunst ist charakteristisch für Ludwig XIV.: Die Mitgift, die er seiner Nichte bestimmt, 900000 Livre, davon ein Drittel bar, ist einer *petite-fille de France* wahrhaft würdig. Im Vergleich dazu sind die 400000 Livre von Monsieur und Madame, zu zahlen nach ihrem Tod, eine eher dürftige Summe. Dazu kommen allerdings noch Juwelen im Wert von 300000 Livre... vorausgesetzt, die gibt es nicht nur auf dem Papier.

Am 6. August ist der Ehevertrag endgültig ausgehandelt. Zu spät, um die Hochzeit am 15. zu feiern, wie es zeitweilig geplant gewesen war. Man spricht jetzt von Mitte September, aber im September gibt es neue Verzögerungen. Seit dem 25. August hält sich der Hof in Compiègne auf, wo der König unter dem Vorwand, die militärische Ausbildung des Herzogs von Burgund zu vervollständigen, bis zum 21. September ein riesiges Manöverlager abhält, bei dem 60000 Mann in Waffen zusammengezogen werden. Drei Wochen lang gibt es Paraden, Aufmärsche und Truppenschauen, die wechselnd und in tadelloser Ordnung ablaufen. Eine simulierte Schlacht, eine fingierte Belagerung, prächtige Zelte überall in der Umgebung, Uniformen, »die Feste hätten schmücken können«, Feste, die es verdienten, in Romanen besungen zu werden: Ludwig XIV. macht allen Nationen klar, daß Frankreich, weit entfernt davon, nach neun Jahren Krieg erschöpft zu sein, die erste Macht der Welt ist. Das ist der Eindruck, den die zahlreichen ausländischen Botschafter gewinnen, die gezielt nach Compiègne eingeladen wurden und wie geblendet von »diesem ungeheuren Schauspiel der Pracht und des Luxus« zurückkehren.

Eine solche Vorführung kann man nicht aus dem Ärmel schütteln. Warum hat man dann den 14. September für die Hochzeit von Mademoiselle vorgesehen, wenn man doch wußte, daß das Heerlager von Compiègne erst gegen Ende des Sommers stattfinden konnte, weil sonst die Ernte vier Meilen im Umkreis vernichtet worden wäre? Und woher kommen die Andeutungen, es hätten sich zwischen den königlichen Unterhändlern und den Gesandten des Herzogs von Lothringen gewisse Schwierigkeiten wegen des Ehevertrags ergeben? Er ist seit mehr als einem Monat abgeschlossen, denn der Herzog hatte seinen Botschafter angewiesen, alle Forderungen der Franzosen anzunehmen. Bei der Rückkehr aus Compiègne – wohin aus der königlichen Familie einzig Monsieur und Madame nicht mitgereist waren – spricht Ludwig XIV., sichtlich verärgert über die umlaufenden Gerüchte, ein Machtwort: Die Verlobung findet am 29. dieses Monats statt, die Hochzeit am 30.

Aber nein. Die Anordnungen des Königs werden nicht durchgeführt, denn plötzlich kommt man darauf, daß niemand daran gedacht hat, in Rom um einen Verwandtschaftsdispens nachzusuchen. Die zukünftigen Ehegatten sind Vetter und Cousine vierten Grades, ihre Hochzeit kann ohne die Erlaubnis des Papstes nicht gefeiert werden. Und es dauert normalerweise drei Wochen, von Paris nach Rom und zurück zu reisen. Es wird sofort ein Kurier losgeschickt, der alle

Pferde zuschanden reiten wird, um am 12. Oktober wieder in Fontainebleau zu sein, dem unwiderruflich für die Verlobung festgesetzten Termin, der am nächsten Tag die Vermählung folgen soll.

»Ich werde so schwach, so grüblerisch und so traurig...« Einen Monat vor den Feierlichkeiten vertraut Elisabeth Charlotte ihren Kummer der »schönen Ludres« an, die sich vor mehr als zehn Jahren nach Lothringen zurückgezogen hatte. Sie hat gute Gründe, traurig zu sein. Außer der bevorstehenden Abreise ihrer Tochter haben sie innerhalb weniger Monate zwei Trauerfälle betroffen. Ihr Onkel, der Kurfürst von Hannover, Ehemann der Tante Sophie, ist im Februar gestorben, und vor ganz kurzer Zeit hat sie ihre alte Freundin, die verwitwete Fürstin von Epinay, verloren: Sie hatte, als sie sich unwohl fühlte, eben noch Zeit, um »Ungar-Wasser« zu bitten und ihre Verwandten zu beruhigen (»Ich glaube, es sind nur Winde.«), da fiel sie tot um. Als man ihr Testament eröffnete, fand man als erste Zeile den ahnungsvollen Satz: »Da es nichts Alltäglicheres gibt, als eines plötzlichen Todes zu sterben...«

Mit 46 Jahren fürchtet Elisabeth Charlotte nicht den Tod, aber sie fühlt sich älter werden, je mehr Lücken sich um sie herum auftun. Einschließlich dieser Heirat, die sie sich so gewünscht hat und die sie jetzt, da sie unmittelbar bevorsteht, depressiv stimmt. Wie für alle Mütter ist für sie die Tochter noch ein Kind, und sie kann sich nicht entschließen, sie als erwachsen zu betrachten. »Meine Tochter ist noch so kindlich«, sagt sie und vergißt, daß sie selbst in diesem Alter schon lange ihre Familie und ihr Land verlassen hatte.

Eine verrückte Hoffnung, genährt von der wohlwollenden Haltung des lothringischen Hofes, spukt ihr kurzfristig im Kopf herum: daß sie Elisabeth nach Nancy begleiten und vielleicht für immer dortbleiben könn-

Elisabeth Charlotte von Orléans,
Tochter der Liselotte von der Pfalz,
vermählt mit Leopold Joseph Karl von Lothringen;
Gemälde von Hyacinthe Rigaud.

te. In zwei Briefen vom September 1698 an Madame de Ludres spricht sie davon, wobei sie zugleich feststellt, daß die Hoffnung vergeblich ist: »Leider bin ich vom König und von Monsieur abhängig und vermag nichts gegen ihren Willen!« Und wem oder was würde sie übrigens in Lothringen nützlich sein können? »Ich glaube, daß ich binnen kurzem den gesunden Menschenverstand verlieren und nicht mehr fähig sein würde, mich selbst zu beherrschen, dementsprechend also auch andere nicht.«

Der große Tag rückt heran. Der nach Rom geschickte Kurier hat das Wunder vollbracht, den Weg hin und zurück in zwei statt in drei Wochen zurückzulegen. In Fontainebleau ist alles bereit, trotz der unvermeidlichen Zwischenfälle in letzter Minute. Der König hat persönlich den Streit schlichten müssen, der zwischen den Vikaren der königlichen Kapelle und dem Pfarrer der Gemeinde ausgebrochen war, weil sie sich um die Ehre zankten, »in der Stola« am Verlöbnis und an der Hochzeit teilzunehmen.

Auch in bezug auf Madame la Duchesse und ihre Schwägerin, eine Condé, die mit dem jüngeren der Prinzen Conti verheiratet war, mußte erst ein Machtwort gesprochen werden. Um die Orléans zu ärgern, bestanden die beiden jungen Frauen darauf, in Trauerkleidung zu den Feierlichkeiten zu erscheinen; ihr Neffe, ein kränklicher Sohn des Herzogs von Maine, sei kürzlich im Kindesalter gestorben. Hingerissen von der trefflichen Idee, beschlossen alle Condé, es ebenso zu machen. Monsieur bekam einen Wutanfall und sprach mit dem König darüber, der die beiden Schuldigen zu sich rief und sie anwies, die Trauer für die Hochzeit von Mademoiselle abzulegen. »Das geht nicht«, antworteten sie, »wir haben gar keine anderen Kleider mitgebracht.«

Sie hätten standgehalten, wenn der König nicht zornig geworden wäre und ihnen befohlen hätte, sich sofort welche besorgen zu lassen, in Paris oder in Versailles. Worauf sie sich mit allen Zeichen des lebhaftesten Unwillens verneigten.

Viel Lärm um fast nichts. Wie alle *per procurationem* gefeierten Hochzeiten reduziert sich diese auf eine Folge von Formalitäten, die schnell erledigt sind. Sie beginnen am Sonntag, dem 12. Oktober, mit der Zeremonie des Abschieds vom König. Traditionsgemäß vergießen alle Anwesenden ungeheure Ströme von Tränen. Die Braut ist in Tränen aufgelöst, die kleine Herzogin von Burgund schluchzt bei der Umarmung, der König selbst weint so heftig, daß er sich in eine Ecke des Raumes zurückziehen muß.

Gleich darauf treffen sich die Beteiligten im Kabinett des Königs wieder zur Verlobung, mit den englischen Majestäten im Exil und den Gesandten des Herzogs von Lothringen. Innerhalb weniger Minuten spricht der Kardinal de Coislin den Segen über die Gelöbnisse von Mademoiselle und dem Herzog von Elbeuf, der den Herzog von Lothringen vertritt. Unterzeichnung des Vertrages, Empfang des Abendsegens in der königlichen Kapelle, ein musikalisches Divertimento, von Lalande komponiert, Souper »wie gewöhnlich«. Mademoiselle zieht sich in ihre Gemächer zurück, um in Ruhe weinen zu können, was die lothringischen Gesandten tatsächlich auch in Unruhe versetzt.

Am nächsten Morgen dann die Hochzeitsmesse, ohne »irgend etwas, das anders wäre, als bei den Hochzeiten von Privatpersonen«... außer daß der Bräutigam nicht anwesend ist. Neuer Abschied, neue Tränen. Die Orléans verlassen Fontainebleau und fahren nach Paris, von wo die Herzogin von Lothringen, die endlich aufgehört hat zu weinen, drei Tage später in ihr neues Land aufbrechen wird, mit einem stattlichen Reisegepäck: Vier riesige Kisten enthalten eine Aussteuer, feines Leinen und Spitzen, die auf 20000 Taler geschätzt wird, und prachtvolles »Mobiliar«, ein Geschenk von Ludwig XIV., nämlich Bett, Tischdecke, sechs Sessel und vierundzwanzig Stühle, »alles aus dickem gekräuselten venezianischen Goldstoff, mit Goldstoff gefüttert«. Dieses überraschende Geschenk, königlicher Großzügigkeit entsprungen, ergreift Madame sehr; sie ist von der meisterhaften Arbeit entzückt (»es gibt nichts Schöneres«) und bemerkt befriedigt: »Ich glaube, man wird meine Tochter in Lothringen nicht übel esquipiert finden.«

Am allerschönsten ist der Frieden. Mademoiselle verdankt ihm eine glückliche Vermählung – aus Lothringen kommt die Nachricht, daß sich die Jungverheirateten sofort ineinander verliebt haben –, und Madame kann jetzt endlich wieder Verbindung zu Verwandten und Freunden aufnehmen, aus denen der Krieg Feinde gemacht hatte. Mylord Portland, Botschafter König Wilhelms von England, macht ihr lange Besuche, versichert sie der ungebrochenen Freundschaft seines Herrn, des Königs, und beschwört mit ihr zusammen die Erinnerung an die Herzogin von Hannover, der er bei seinen diplomatischen Missionen so oft begegnet ist. Jetzt, wo der Frieden wieder eingekehrt ist, drängen auch deutsche Adlige wieder nach Versailles, wo es Madame Freude macht, sie zu empfangen. An einem bestimmten Sonntag finden sich einundzwanzig bei ihr ein, darunter sechs Fürsten und vier Grafen, und alle sind entzückt, am Hofe des Sonnenkönigs eine Landsmännin zu finden, die sich nach so vielen Jahren ihr »deutsches Herz« bewahrt hat, auch wenn sie ihre Muttersprache teilweise vergessen hat.

Der ganze Hof wirkt jetzt fröhlicher, es ist, als träfe man sich fünfzehn Jahre früher, vor dem Krieg, wieder. Gewiß, die Feste werden nie wieder das sein, was sie waren, als die Maintenon noch nicht regierte, und wehe dem, der die Vorschriften heuchlerischer Unterwürfigkeit verletzt: Wenn man ganz ungehindert *Tartuffe* spielen kann, dann, weil sich niemand darin wiedererkennen will. Aber die italienischen Komödianten, die es gewagt haben, ein Lustspiel mit dem Titel *Die falsche Spröde* aufzuführen, sind nach drei oder vier erfolgreichen Vorstellungen aus dem Reich verjagt worden. Madame, die ihnen vorher von der Aufführung abgeraten hatte, weil sie wußte, welches Risiko sie eingingen, kann sich nicht für sie verwenden: warum für eine von vornherein verlorene Sache kämpfen?

Es blieb zum Glück der Karneval und damit die Gelegenheit, die Herzogin von Burgund zu zerstreuen, die

Der französische Komödiendichter Jean-Baptiste Molière; nach einem Gemälde von Pierre Mignard, um 1665.

sich ob ihrer Jugend nicht für musikalische Messen und Militärparaden, selbst so gelungene wie die von Compiègne, erwärmen kann. Mit dem ersten Karneval nach dem Krieg leben auch die Maskeraden von ehedem wieder auf, zuweilen über den gleichen Stoff und mit den gleichen Amateurdarstellern, denen sich die junge Generation zugesellt. Die drei Enkel des Königs wetteifern mit ihrem Vater, dem Dauphin, den seine Fettleibigkeit nicht daran hindert, sich auf die komischste Weise zu verrenken, und mit ihrem Vetter, dem Herzog von Chartres. Ausnahmsweise belustigt er sich diesmal auf anständige Art.

Man weiß nicht, welcher seiner burlesken Auftritte am meisten beklatscht wurde: Die *Drei Flaschen,* in denen er und zwei seiner Freunde als Weine der Champagne, der Bourgogne und Spaniens auftraten? Oder

der *Mascarille,* der Molière alle Ehre gemacht hätte? Darin war er mit Schleifen und Bändern geschmückt und trug auf dem Kopf eine »monströse« Perücke, die vier Pfund Puder enthielt. So ging er zu Monsieur und Madame und schüttelte sie vor ihren Nasen aus, bevor er in einem grotesken Purzelbaum zusammenbrach. Und der Herzog von Berry, war er nicht komisch als *Baron de la Crasse*? Und der dicke Marquis d'Anton, als Frau verkleidet! Bei seiner heftigen Zappelei stieß er den dicken Herrn de Brionne um, »der fiel auf den Hintern, gerade vor der Königin in England Füßen. Euer Liebden können wohl gedenken, was für ein Gelächter es gab.«

Die Zeit vergeht schnell zwischen Versailles und Marly, wo sie jeden Tag mit dem Dauphin Hirsch oder Wolf hetzt und wo es jeden Abend eine Komödie oder Oper gibt. Mit der Zeit hat sich die Jagdleidenschaft bei Madame ein bißchen gemäßigt; sie reitet nicht mehr so gut wie früher. Wenn sie dennoch weiter mit dem Dauphin jagt, auf dessen Gesellschaft sie ebensogut verzichten könnte (er bringt es fertig, drei oder vier Stunden hintereinander zu reiten, ohne ein Wort zu sagen), dann tut sie das, um in Übung zu bleiben, die kräftigende Waldluft zu atmen und Unpäßlichkeiten zu überwinden, die Herzschmerzen, die sie ab und zu überfallen.

Das Theater ist ihre Lieblingsunterhaltung geworden, und der König, der das weiß, sorgt dafür, daß sie es nicht entbehren muß, auch wenn er selbst schon seit langem darauf verzichtet. Molière bleibt der große Favorit, der allen Modeströmungen widersteht und jedes Publikum begeistert. So auch an dem Abend, als Ludwig XIV. seinen Enkeln zum erstenmal erlaubte, eine Komödie zu sehen. Der Herzog von Burgund, der gewöhnlich so ernst war, daß er schon traurig wirkte, lachte Tränen; sein Bruder, der Herzog von Anjou, ein kräftiger Bursche, aber langsamen Geistes, saß mit offenem Mund und weit aufgerissenen Augen da, während die beiden jüngsten, der Herzog von Berry und die Herzogin von Burgund, sich köstlich amüsierten und gar nicht still sitzen konnten; Berry rutschte dauernd vom Stuhl, und die kleine Herzogin stand auf Zehenspitzen, um besser sehen zu können. »Sie war auf ihre Art auch sehr possierlich.«

Die schöne Jahreszeit verbringen sie wie jedes Jahr in Saint-Cloud, das Monsieur weiterhin verschönert. Das neueste ist ein Wasserfall, der nach Zeichnungen von Mansart wiederhergestellt worden ist, und alle kommen, um ihn zu bewundern. Die englischen Majestäten sind als erste erschienen. Dann folgt der Dauphin in Begleitung seiner Lieblingsschwester, der Prinzessin Conti. Monsieur ließ ein üppiges Mahl in dem hübschen Haus am Ende des Parks auftischen, in dem noch immer seine ehemalige Mätresse lebt, Elisabeth de Grancey. Schließlich begab sich am 14. Juli der König selbst nach Saint-Cloud, um den Wasserfall zu sehen. »Der Park von Saint-Cloud«, berichtet der *Mercure,* »ist jeden Abend gefüllt mit dem Vornehmsten, das Paris zu bieten hat«, und Monsieur hat befohlen, das Wasser dort spielen zu lassen, auch während seiner Abwesenheit, zur Freude der Besucher.

Elisabeth Charlotte hält sich möglichst fern von diesen mondänen Festivitäten. Sie tut nur, was sie ihrer Stellung schuldig ist, nicht mehr. Sie zieht sich in Saint-Cloud in ihr mit den Porträts pfälzischer Fürsten geschmücktes Kabinett zurück und widmet sich zwischen zwei Jagdpartien in Marly oder Meudon ihrer Korrespondenz. Wie schade, daß Maubuisson so weit weg ist, sieben Meilen! Wie gern würde sie öfter dorthin fahren und ungezwungen mit ihrer Tante, der guten Äbtissin, plaudern! Im Alter von 77 Jahren ist diese noch sehr rüstig, spricht fließend vier Sprachen und

Aufführung des ›Eingebildeten Kranken‹ mit Molière in der Hauptrolle, 1673.

hat sich trotz der strengen Ordensregeln (die Matratze ist steinhart, es gibt niemals Fleisch, die Nächte werden von Gebeten unterbrochen) eine jugendliche Fröhlichkeit bewahrt, die ihre Nichte bezaubert und ihr hilft, mit ihren Sorgen fertig zu werden.

Madame hat in diesem Sommer Trost sehr nötig. Ihre Tochter erlebt soeben ihre erste Schwangerschaft, der bis 1715 noch viele folgen werden; die Geburt steht kurz bevor. Drei Monate zuvor hatte Elisabeth Charlotte an eine Verwandte geschrieben: »Wenns der König erlaubt, wollte ich gern zu meiner Tochter Kindbett; denn die ist ein wenig neu in diesem Handwerk, möchte also gern zu ihr.«

Der König erlaubte es nicht: Die Reise nach Lothringen würde »viel kosten und unnötige Ausgaben zur Folge haben«. So erfährt sie Ende August in Saint-Cloud, mit rund zehn Tagen Verspätung, von der Geburt ihres Enkels Charles – des ersten Jungen in dieser Generation, denn der Herzog und die Herzogin von Chartres haben bisher nur Töchter. Der ganze Hof eilt, den glücklichen Großeltern zu gratulieren, mit Ausnahme von Madame de Maintenon, die nicht zu erscheinen geruht und nicht einmal eine schlichte Grußbotschaft sendet. »Die Dame«, die zu Hause in einem Lehnstuhl sitzend empfängt wie eine Königin und ihren Besuchern, wer sie auch sein mögen, nur Schemel anbietet, sollte doch wissen, daß Höflichkeit die erste Tugend der Königinnen ist. Aber was kann man anderes von der Witwe Scarron erwarten?

Trotz der »Pantokrat« und ihrer Kleinlichkeit ist Madame glücklich. Die Entbindung ist gut verlaufen, und bald wird ihre Tochter nach Versailles kommen. Tatsächlich muß ihr Mann, Herzog Leopold, Ludwig XIV. noch seine Huldigung darbringen für das Herzogtum Bar, ein Lehen der Krone von Frankreich, und die Herzogin begleitet ihn. Fünf Wochen lang sind Mutter und

Tochter unzertrennlich; die junge Frau verlängert ihren Aufenthalt nach der Abreise ihres Mannes. Kurz nach ihrer Ankunft hatte sie einen Anfall von Blattern, der offenbar harmlos war, denn es bleiben keine Spuren zurück. Sie muß aber doch warten, bis die Anstekkungsgefahr vorüber ist. Madame hat während der ganzen Krankheit Tag und Nacht bei ihrer Tochter gewacht und den Ärzten nicht erlaubt, sie anders als nach ihren eigenen Vorschriften zu behandeln. Ob sie, wie einst bei sich selbst, das berühmte Kenter Pulver angewendet hat? Immerhin beglückwünscht sie sich gegenüber ihrer Halbschwester, der Raugräfin Amalie, daß sie die von der Fakultät empfohlene Behandlung abgelehnt hat: »Nichts als Euer Rezept habe ich meiner Tochter gebraucht zu ihren Blattern; es hat, gottlob, sehr wohl geglückt.«

Überhaupt hat das junge Herrscherpaar von Lothringen während seines Aufenthaltes in Frankreich viel Erfolg. Herzog Leopold wurde in Versailles und Marly von Ludwig XIV. und in Meudon vom Dauphin königlich empfangen – gar nicht zu reden von Saint-Cloud und dem Palais-Royal, wo sich Monsieur zum Empfang seines Schwiegersohnes selbst übertraf –; Leopold wurden alle einem souveränen Herrscher zustehenden Ehren zuteil, als wäre sein winziges, zwischen Frankreich und dem Kaiserreich eingeklemmtes Herzogtum ein mächtiges Königreich, das ganz Europa die Stirn bieten könnte. Der König hat ihm einen prächtigen Bildteppich aus der Gobelin-Manufaktur geschenkt, der mit Goldstickerei abgesetzt und fast 60 französische Ellen (70 Meter) lang ist und die Eroberungen Alexanders des Großen darstellt. Darüber hinaus hat er ihm die Hilfe seines besten Architekten bei der Wiederherstellung des Schlosses von Nancy angeboten, das der Herzog halb zerstört vorgefunden hatte und umbauen möchte. Der ihm in Lothringen gemachte Voranschlag gefiel ihm nicht, vor allem lagen die Kosten viel zu hoch für die Möglichkeiten des Herzogtums. Mansart wird sich nach Nancy begeben und vor Ort einen Plan für die Arbeiten aufstellen. Mit der für den Herzog angenehmen Überraschung, daß die Kosten gegenüber dem vorigen Plan um drei Viertel gesenkt werden.

Nachdem ihr Mann wieder nach Lothringen gereist ist, ist die von ihrer Krankheit genesene Herzogin an der Reihe, nach Versailles eingeladen zu werden.

Ein Empfang folgt auf den anderen, bis zum Tag nach Weihnachten, wo sie wieder nach Nancy aufbricht; ihrer Mutter hat sie versprochen, ihr einen Wachsabdruck von dem kleinen Prinz Charles zu schicken, den Madame so gern kennenlernen möchte und von dem sie traurig sagt: »Ich zweifle sehr, daß ich ihn jemals mit eigenen Augen sehen werde.« Die Trennung ist grausam für die Zurückbleibende, aber sie weiß, daß die junge Frau ihr Glück an der Seite eines Gemahls gefunden hat, der sie liebt und den sie liebt: Ist das nicht der beste Trost? Man würde vergebens nach einer Spur von Egoismus in der Mutterliebe von Elisabeth Charlotte suchen, die ihre Tochter erst nahezu zwanzig Jahre später wiedersehen wird, aber nie auch nur ein bitteres Wort über diese Entfernung verliert.

»So vergeht die Zeit, ohne große Freuden, das stimmt, aber auch ohne Leiden, solange ich gesund bin.« Ohne Leiden, aber nicht ohne Sorgen. Der Herzog von Chartres, taub gegenüber allen Vorhaltungen, führt weiterhin ein Leben, das ihm zur Schande gereicht und »seine Gesundheit untergraben wird«. Was tun? Sich damit abfinden, ertragen, was man nicht ändern kann? Und die ewigen Kapricen von Monsieur, die sie inzwischen mit einer Art milder Nachsicht erträgt; sie wiederholt immer wieder, daß er »der beste Mann von der Welt« wäre, wenn er nicht so schwach wäre gegenüber seiner Umgebung. »Er ist mehr zu bejammern als zu hassen, wenn er einem was zu übels tut.«

Eine ungewöhnliche Resignation, als bemühte sie sich, um jeden Preis ein zerbrechliches familiäres Gleichgewicht zu bewahren; vielleicht spürt sie, daß diesem Gleichgewicht, ähnlich wie dem so lange ersehnten und nun immer stärker bedrohten äußeren Frieden, ein baldiges Ende bestimmt ist.

13

»Nicht ins Kloster!«

Beginnt das neue Jahrhundert am 1. Januar 1700, oder muß man das Jahr 1701 abwarten, um die vergangenen hundert Jahre als abgelaufen zu betrachten? So unsinnig sie auch scheint, diese Frage beschäftigt den ganzen Hof, vom König bis zum letzten Lakaien. Der erlauchte Fagon, Leibarzt Seiner Majestät, hat unvorsichtigerweise die Diskussion eröffnet. Er ist für 1700, unterstützt von Elisabeth Charlotte (die, wie sie sagt, zu gern »die Ansicht von Herrn Leibniz über diesen Punkt« wüßte) und einigen unerschrockenen Höflingen. Alle anderen, angefangen mit Ludwig XIV., neigen zu 1701. »Wohin man auch geht, man hört nur darüber reden. Selbst Sänftenträger befassen sich damit.« Die Sorbonne und die Académie werden offiziell zu Rate gezogen, um ein so grundlegendes Problem zu lösen. Nach langen und gelehrten Diskussionen entscheiden sich die beiden höchsten Autoritäten für die Lösung – muß man sich darüber wundern? – Ihrer Majestät... Man wird also das letzte Jahr des Jahrhunderts feiern, um dann »rein und untadelig das nächste betreten zu können«.

1700 oder 1701, das 18. Jahrhundert beginnt nicht gerade unter den besten Vorzeichen. Im April 1700 erhält Madame die Nachricht, daß der kleine Prinz Charles von Lothringen im Alter von sieben Monaten von Krämpfen dahingerafft worden ist, die die Ärzte mit den Methoden der Zeit behandelt haben: Innerhalb von zwölf Stunden vier Klistiere mit Zichorien- und Ampferwasser, ein geheimes Pulver, konzentriertes Melissenwasser und »englische Tropfen«. Dem war das sonst kräftige Baby nicht gewachsen. Noch vor dem Ende des Jahres wird die Herzogin von Lothringen ihr zweites Kind verlieren, eine Tochter, die zu früh geboren wird und nur wenige Tage lebt. So alltäglich der Tod von Kleinkindern damals sein mag, so groß auch die Ergebenheit in den Willen der Vorsehung ist, der Schmerz ist deshalb nicht weniger heftig. Wie immer in einem solchen Fall äußert sich das bei Madame in einer Anklage gegen die Ärzteschaft: »Des Herzogs [von Lothringen] Doktor hat das Kind ums Leben bracht... Es war ein groß, stark Kind... der Doktor gabe ihm in 12 Stunden Zeit 4 Klistier... ein Pulver gegen die Gicht, gar viel vom starken Melissenwasser und englische Tropfen, das muß das arme Kind erstickt haben.«

Zu dem privaten Kummer gesellen sich hartnäckige Gerüchte von Krieg, kaum drei Jahre nach dem Vertrag von Rijswijk. Als der Frieden endlich unterzeichnet worden war, sagten die größten Zweifler – oder die wirklich Klugen – wie zum Beispiel der Herzog von Saint-Simon voraus, daß er »wahrscheinlich das Schicksal aller anderen erleiden« würde. Aber so bald, wer hätte das gedacht?

Elisabeth Charlotte konnte trotz ihres angeborenen Optimismus sich im Sommer 1699 nicht enthalten zu schreiben: »Wenn der König in Spanien sterben sollte, würde wohl gar gewiß der Krieg kommen.« Und sie äußert im Oktober die gleiche Befürchtung: »Es wäre ein Glück vor ganz Europa, wenn die Königin in Spanien ein Kind bekommen könnte; Bub oder Mädchen, alles wäre gut, wenn's nur ein Kind wäre und leben blieb. Man muß kein Prophet sein, um zu sehen, daß es Krieg geben muß, wenn der König in Spanien ohne

Karl II. von Spanien;
Gemälde von J. C. de Miranda, um 1680.

Erben sterben sollte.« Denn schon beginnt unter den Großmächten die Jagd auf die Krone von Spanien und ihr sagenhaftes Kolonialreich... Die Königin von Spanien aber hat kein Kind und wird nie eins bekommen, der König ist sehr krank, der König wird sterben.

Im Alter von 32 Jahren ist der schwächliche Karl II., den die arme Marie-Louise von Orléans seinerzeit zu heiraten gezwungen wurde, schon seit Monaten nur noch ein künstlich mit Herzstärkungsmitteln und Elixieren am Leben gehaltener Leichnam. Ein spindeldürrer bewegungsloser Körper, der im Zustand fast vollständiger Bewußtlosigkeit dahindämmert. Der Ernst der Lage, die von Tag zu Tag ernster wird, läßt sich nicht mehr verschleiern, sowenig wie die Sinnlosigkeit der therapeutischen Anstrengungen. Aber man braucht Zeit, die Erbfolge vorzubereiten, in geheimen diplomatischen Verhandlungen ... Die Staatskanzleien arbeiten emsig, die Gesandten sind geschäftig, Depeschen gehen hin und her. Wessen Kandidat wird siegen, der des Königs von Frankreich oder der des Kaisers? Der Frankreichs ist Philippe d'Anjou, zweiter Sohn des Dauphins. Für Wien ist es Erzherzog Karl, der jüngere Sohn Leopolds I.

Als der König von Spanien nach einer gräßlichen Agonie an Allerheiligen 1700 stirbt, sind die Würfel gefallen. Das Testament des Verstorbenen, in dem der Herzog von Anjou zum Erben bestimmt wird, soll bald von den Cortes bestätigt werden. Es ist die französische Diplomatie teuer zu stehen gekommen, dieses Ziel zu erreichen, im eigentlichen wie im übertragenen Sinne. Der Form halber ist es jetzt nur noch notwendig, daß Ludwig XIV. dieses seinem Enkel angebotene Danaergeschenk »annimmt«. Wenn er es annimmt, setzt er sich über das vor kurzem mit England und den Vereinigten Niederlanden geschlossene Abkommen hinweg, das Spanien im voraus dem Erzherzog zugesprochen hatte. Und dann gibt es Krieg, dann verbündet sich Europa wieder, unter der Führung von Wilhelm III., wie zur Zeit der Augsburger Liga. Wie viele Jahre lang? Mit welchem Ergebnis? Ist die Krone Spaniens soviel Elend wert?

Elisabeth Charlotte vergißt ihre Sorgen und amüsiert sich über das Geheimnis, das der Hof aus der Entscheidung Ludwigs XIV. machen will und das doch die Spatzen von den Dächern pfeifen: »Gestern sagte immer eins dem andern ins Ohr: ›N'en parlez pas, mais le roi a accepté la couronne d'Espagne pour monsieur le duc d'Anjou.‹ [Der König hat die spanische Krone für den Duc d'Anjou angenommen, aber sagt's nicht weiter!] Ich schwieg stille, aber wie ich den duc d'Anjou auf der Jagd in einem engen Weg hinter mir hörte, hielt ich still und sagte: ›Passez, grand roi, que Votre Majesté passe.‹ [Reitet vorbei, großer König. Ich lasse Euer Majestät gern vorbei!] Ich wollte, daß Euer Liebden gesehen hätten, wie verwundert das gute Kind war, daß ich es wußte...« Ihm muß der Mund offengeblieben sein; eine schlechte Angewohnheit, die ihm Madame vergeblich abzugewöhnen versucht hatte.

Das gute Kind – so sieht sie diesen großen Dummkopf von siebzehn Jahren, der kräftig wie ein Fels, tugendhaft und gutmütig, aber nur mittelmäßig intelligent ist und unter krankhafter Schüchternheit leidet. »Der duc d'Anjou sieht recht einem König in Spanien gleich«, bemerkt sie boshaft in Anspielung auf die gezwungene Haltung des Prinzen, der wenig spricht, noch weniger lacht und in jeder Situation eine steife Würde bewahrt. Sie mag ihn lieber als seinen älteren Bruder, den Herzog von Burgund, den sie »méprisant« und »absonderlich« findet, aber sie bedauert, daß die Krone von Spanien nicht an den jüngsten der drei Brüder fällt, ihren »lieben Berry«, diesen schelmischen jungen Menschen, dessen Lebhaftigkeit und Possierlichkeit sie bezaubern. Tat er doch so, als beklagte er sich ganz heftig über sein Los. »Ich bin ja so unglücklich. Ich habe keinerlei Hoffnung, König zu werden wie meine Brüder, und nach der Abreise meines Bruders, des Herzogs von Anjou, werden jetzt alle Hofmeister und Unterhofmeister über mich herfallen. Ich hab schon genug an meinen, was soll ich mit den anderen?«

Der artige Berry, Berry mit dem guten Herzen; statt eifersüchtig zu sein, ist er außer sich vor Freude und eilt, sobald die Nachricht amtlich ist, herbei, um dem neuen König von Spanien die Hand zu küssen. Er ist sicher der einzige, der mit der Unbekümmertheit seiner fünfzehn Jahre nicht merkt, daß England, die Niederlande und das Kaiserreich es nie zulassen werden, daß ein Enkel von Ludwig XIV. in Madrid regiert.

Wie viele Tränen beim Abschied Philipps V. von Spanien am 4. Dezember! Selbst der gewöhnlich so gleichgültige Dauphin ist ganz aufgewühlt. »Er embrassierte seinen Sohn mit solcher tendresse, daß ich noch weinen muß, wenn ich nur dran denke.« Als Elisabeth Charlotte an der Reihe ist, bricht sie zusammen: »Der gute König embrassierte mich auch so von Herzen, konnte kein Wort nicht reden vor Weinen.«

Und dann das beklommene Warten auf die Reaktion der Großmächte. Spanien hat seinen neuen König begeistert empfangen, aber die Depeschen aus London und Den Haag sind alles andere als beruhigend. Noch ist jedoch nichts verloren, solange sich England und die Niederlande nicht für den Kaiser ausgesprochen haben. Und der scheint, selbst mit Hilfe der deutschen Fürsten, die ihm eine Armee von hunderttausend Mann angeboten haben, nicht die Mittel zu besitzen, einen Krieg zu führen. Es reicht nicht, daß man hunderttausend Mann zur Verfügung hat, sie müssen auch während des Feldzugs unterhalten werden, »denn die Menschen leben nicht von Wind«.

Drei Monate später der gleiche etwas gezwungen wirkende Optimismus, als sie die Gerüchte notiert, die am Hofe wuchern: »Man kann noch nicht glauben, daß es Krieg soll werden; sie sprechen immer vom Frieden.« Einem Frieden, der durch ein wunderliches Karussell von Entschädigungen aufrechterhalten werden soll: Der Kaiser bekäme Mailand, der König von Frankreich Lothringen, »und meinen Herzog von Lothringen [würde man zum] Comte de Flandre machen. [... Er] verlöre nichts dabei.«

Während man auf die Verwirklichung dieser Hirngespinste wartet, sind die Kriegsvorbereitungen schon im Gange. Und am 19. März 1701, am Tag vor Ostern, geschieht etwas, das die Nachrichten aus London und Wien in den Hintergrund treten läßt: Der Dauphin wäre um ein Haar gestorben. Wie üblich hat er sich beim Souper des Königs überfressen, und als er zu Bett gehen wollte, fiel er wie tot um, mit verdrehten Augen und zusammengepreßten Kiefern. Ein Diener besaß zum Glück die Geistesgegenwart, ihm mit einem Taschenmesser die Zähne auseinanderzuhebeln, bevor er Hilfe herbeirief. Fagon stellte sogleich einen Schlagfluß fest und ließ ihn zur Ader. Als der Dauphin wieder zu sich kam, sagte er nur: »Das ist sehr ernst.« Drei Tage lang schwebte er zwischen Leben und Tod, vollgestopft mit Medikamenten und wieder und wieder zur Ader gelassen, bis die Gefahr vorbei war.

Große Bestürzung beim Volk von Paris. Die Marktweiber schickten zweimal eine Abordnung, um dem Prinzen ihre guten Wünsche zu übermitteln, den sie lieben, ohne zu wissen warum. Beim ersten Mal hatten die Wachen sie rücksichtslos fortgeschickt, worüber der König und der Dauphin, als sie davon erfuhren, sehr ungehalten waren. Beim zweiten Anlauf wurden die sichtlich bewegten Marktweiber vor den verehrten Kranken gebracht, dem sie ihre Glückwünsche aussprachen und ihre Geschenke überreichten. Danach hat der König sie empfangen, hat sie in Versailles gespeist und sie in seiner Karosse nach Paris zurückbringen lassen. Zwischen den Heringsfässern und Kuttelnkesseln wird man noch lange von diesem denkwürdigen Tag sprechen.

Das dem Dauphin zugestoßene Unglück war freilich vorhersehbar gewesen. »Er aß mehr als drei Männer zusammen«, sagt der Marquis de Sourches, und war schon vor seinem vierzigsten Jahr chronisch fettleibig. Als junger Mann war er groß im Ballspiel und im Eislauf; er war auch ein guter Schwimmer. Aber schon früh war er träge und faul geworden und hatte außer der Hetzjagd jeglichen Sport aufgegeben. Bei der Hetzjagd trieb er seine Pferde ab, ohne selbst ein Gramm von seinem Fett zu verlieren. Diesmal hat er Angst zu sterben. Wird er seine Freßsucht zügeln? Nein. Er begnügt sich damit, die Schauspielerin fortzuschicken, die er ausgehalten hat, nicht ohne ihr eine hübsche Pension auszusetzen. Damit er, wie er sagt, weniger Sünden auf dem Gewissen hätte, wenn es Gott gefiele, ihn plötzlich abzuberufen, wie es ja fast schon geschehen wäre ...

Elisabeth Charlotte ist das Unglück des Dauphins nicht besonders nahegegangen. Natürlich hat sie die Aufregung bei Hofe miterlebt, und sie und Monsieur haben am Ostermorgen um sechs Uhr Saint-Cloud, wo sie sich seit einigen Tagen aufhielten, verlassen, um sich eilig nach Versailles zu begeben. Die Traurigkeit des Königs, der von der Krankheit seines Sohnes niedergeschmettert war, hat ihr weh getan. Aber sie hat keine hohe Meinung von diesem fetten Faulpelz, dem es an jeder Empfindsamkeit mangelt und der, wenn er nicht jagen und sich nach seinem Geschmack amüsieren kann, sich einen Dreck um seinen zukünftigen Beruf als König kümmert. Schließlich wäre er, wenn er weniger fräße und sich mehr bewegte, nicht so anfällig für einen Schlaganfall!

Sie selbst hat übrigens seit einigen Monaten Probleme mit ihrer Gesundheit, die sie bei aller Haltung und aller Tapferkeit nicht länger übersehen kann. Für Elisabeth Charlotte fängt dies Jahrhundert schlecht an. Im Sommer davor hat »eine Art Cholera-morbus« sie sehr mitgenommen. Diesen Winter sind es Fieberanfälle, die Madame zunächst vor ihrer Umgebung verbirgt bis zu dem Tag, an dem ihr an der königlichen Tafel fast schlecht geworden wäre. Eine endlose Woche lang hat sie das Zimmer hüten müssen, sich jedoch geweigert, sich ins Bett zu legen, und den Arzt zum Teufel geschickt, sobald ihre Beine sie wieder trugen. Sie triumphierte zu früh.

Als Anfang Mai die Orléans Versailles verlassen und nach Saint-Cloud reisen, wo sie wie gewöhnlich den Sommer verbringen wollen, wird Madame erneut krank. Eins von diesen geheimnisvollen Zweitage- oder Dreitagefiebern oder Zweimaldreitagefiebern, das die Ärzte nach der Häufigkeit der Anfälle so bezeichnen und dessen Ursache sie weder kennen noch heilen können. Die Anfälle, mehr oder weniger lang, mehr oder weniger heftig, häufen sich; sie werden von Ruhepausen unterbrochen, in denen sie den Beginn der Heilung zu sehen meint; aber jedesmal macht ein neuer Anfall ihre Hoffnung zunichte.

Monsieur dagegen erfreut sich bester Gesundheit; er ist der Gastgeber, als am 17. Mai die Herzogin von Burgund zu Besuch kommt: Spiel, Imbiß, Spaziergang im Park – ein schöner Frühjahrsnachmittag, von dem die Kranke nichts hat, die in ihrem Zimmer bleiben muß und sich langweilt. Und am 20. empfängt Monsieur in Paris, noch immer ohne Madame, den König im Palais-Royal. Das Grand Appartement und die neue Galerie, die es abschließt, sind endlich nach drei Jahren Bauzeit fertig, und der König, der weiß, wie sehr sich sein Bruder darüber freut, hat den Wunsch geäußert, diesen prächtigen Komplex an Ort und Stelle zu besichtigen.

In Saint-Cloud und in Versailles beunruhigen sich die Gemüter, weil sich die Fieberanfälle von Madame verschlimmern. Am 21. Mai besucht sie der Dauphin, der seine Rekonvaleszenz in Meudon abgeschlossen hat, zusammen mit der Herzogin von Burgund. Die beiden treten nur ein und gehen wieder: Madame, berichtet Dangeau, »hatte sehr starkes Fieber und liebt es nicht, sich in diesem Zustand des Leidens sehen zu lassen«. Am 30. Mai abermals ein Besuch der Herzogin von Burgund. Das Enfant terrible des Hofes, die liebe »Nichte« der Madame de Maintenon, die gar keinen

Grund hat, sich zweimal zu der Frau zu begeben, die sie als Spielverderberin betrachtet, wurde in Wirklichkeit vom König geschickt: Ludwig XIV. zeigt der Kranken seine Teilnahmslosigkeit, indem er es unterläßt, sie selber zu besuchen, möchte aber dennoch über ihren Zustand auf dem laufenden bleiben. Wenig Änderung, immer noch unregelmäßige Fieberanfälle, einen Tag geht es besser, einen schlechter.

Am Morgen des 8. Juni bricht Monsieur, »ganz frisch und gesund«, zusammen mit seiner Schwiegertochter, der Herzogin von Chartres, nach Marly auf. Nach einem ausgiebigen Mahl beim König macht man sich auf den Weg nach Saint-Germain-en-Laye, wohin die englischen Majestäten im Exil eben von einer Badereise nach Bourbon-l'Archambault zurückgekehrt sind. Abends um sechs Uhr ist Monsieur wieder in Saint-Cloud und erzählt Madame bei bester Laune den neusten Klatsch des Hofes von Saint-Germain. Am Souper möchte Elisabeth Charlotte, die an diesem Tag einen längeren Fieberanfall überstanden hat und sich deshalb nicht wohl fühlt, nicht teilnehmen. Als sie sich in ihre Gemächer zurückziehen will, ruft er ihr vergnügt nach: »Ich werde soupieren und es nicht machen wie Sie, denn ich habe großen Hunger!«

Eine halbe Stunde später hört sie Lärmen, Schreie, aufgeregtes Hinundherrennen, schon taucht ihre Hofdame, Madame de Ventadour, auf, totenbleich: »Kommen Sie schnell, Monsieur geht es nicht gut!« Mitten beim Essen ist Monsieur auf den Herzog von Chartres gesunken, unverständliche Worte lallend. Man hebt ihn auf, man schüttelt ihn, läßt ihn zur Ader, einmal, zweimal, dreimal. Inzwischen liegt Monsieur auf einem kleinen Bett in seinem Kabinett, in das man ihn gebracht hat, um ihn besser behandeln zu können. Er gibt kaum noch Lebenszeichen von sich, trotz des Brechmittels, das man ihm mühsam eintrichtert.

Schon galoppiert ein Kurier nach Marly, um den König zu benachrichtigen, der seine Karossen bereitstellen läßt und einen Boten nach Saint-Cloud schickt: Falls es Monsieur schlechter gehe, solle man ihn sofort rufen, gleichgültig, zu welcher Nachtstunde. Ludwig XIV. hat Grund, besorgt zu sein. Zweimal an dem Tag ist sein Bruder von einem Unwohlsein befallen worden, und er hat ihm nachdrücklich geraten, sofort einen Aderlaß vornehmen zu lassen. Als Monsieur nichts davon wissen wollte, hat er sogar gesagt, er »wüßte nicht, was ihn abhalten sollte, ihn in sein Zimmer zu führen und den Aderlaß sogleich vornehmen zu lassen«. Puterrot und mit blutunterlaufenen Augen hat Monsieur den Aderlaß abgelehnt und sich wie gewöhnlich beim Diner vollgestopft. Und jetzt dieser Zusammenbruch...

Der König ist gerade schlafen gegangen, als ein neuer Kurier eintrifft: Monsieur geht es ein wenig besser, aber die Ärzte bitten um Schaffhäuser Wasser, das sei »hervorragend für Schlaganfälle«. Zufällig hat Prinz Conti immer etwas in Reserve. Um ein Uhr nachts der dritte Kurier: Monsieur ist in einem hoffnungslosen Zustand, Brechmittel, Schaffhäuser Wasser und sogar Englische Tropfen haben nichts bewirkt.

Im Gefolge des Königs drängt sich ganz Marly in die Kutschen, bunt durcheinander und ohne Rücksicht auf die Etikette. Der Dauphin, seinen eigenen Zusammenbruch noch frisch im Gedächtnis, kann kaum laufen; ein Stallmeister muß den Zitternden zu seinem Wagen schleifen, fast tragen.

In Saint-Cloud liegt Monsieur immer noch ohne Bewußtsein auf seinem Bett. An seinem Kopfende, in Tränen aufgelöst, sein Beichtvater, Père du Trévou, der ihn ganz treuherzig bittet, ins Leben zurückzukehren: »Monsieur, erkennen Sie denn Ihren Beichtvater nicht? Sehen Sie den guten alten Père du Trévou nicht, der mit Ihnen spricht?« Der Sterbende sieht nichts mehr, hört nichts mehr, weder den Père du Trévou noch Madame, die heftig schluchzt und die der König in ihre Gemächer führen läßt. Kurz darauf sucht er sie dort auf und spendet ihr Trost und gute Worte, bevor er nach Marly zurückfährt; es ziemt sich nicht, daß man die letzten Augenblicke seiner Verwandten miterlebt.

Gegen Mittag verlöscht das Lebenslicht ganz. Willenlos läßt sich Madame in eine Kutsche setzen, die sie mit dem Herzog und der Herzogin von Chartres nach Versailles bringt. Der Schock ist so heftig gewesen, daß ihr Fieber augenblicklich zurückgegangen ist. Im übrigen weiß sie nicht, wie sie diese traurigen Stunden durchlebt hat, sie erinnert sich nur, daß sie gegen Morgen ein paar Worte an ihre Tante in Hannover gekritzelt hat. Aber was hat sie ihr eigentlich geschrieben? Sie wüßte es nicht zu sagen.

Zweifellos hat sie auch keine Ahnung von dem schrecklichen Streit, der am Tag zuvor in Marly zwischen dem König und Monsieur ausgebrochen ist, kurz vor dessen erstem Unwohlsein. Seit mehr als zwei Monaten zankten sich die beiden Brüder; der eine warf dem anderen die Liederlichkeit seines Sohnes vor, der andere gab zurück, der junge Prinz habe sich ja nur über seine enttäuschten Hoffnungen hinwegzutrösten versucht: Warum verweigere der König ihm hartnäckig jegliches Kommando in dem bevorstehenden Krieg? An diesem Tag waren sie sehr laut geworden, und Monsieur war schließlich völlig außer sich geraten und hatte gesagt, sein Sohn habe nur »den Schimpf und die Schande«, Mademoiselle de Blois geheiratet zu haben, »ohne daß ihm das jemals Vorteil bringen würde«. Daher das gerötete Gesicht und der zornige Blick, als man zu Tisch ging, nachdem vorher schon die erhobenen Stimmen aus dem Kabinett des Königs zu hören waren. Es hätte nichts genützt, wenn man Madame von dem Streit berichtet hätte; sie hatte genug zu leiden unter diesem plötzlichen Tod, der Monsieur so oder so vielleicht vom Schicksal bestimmt war.

Als man ihr meldete, daß es vorbei sei, entfuhr ihr ein Angstschrei: »Nicht ins Kloster! Sprecht mir nicht vom Kloster! Ich will nicht ins Kloster!« Tatsächlich hat sie in dem Augenblick, da Monsieur seinen letzten Atemzug tat, aufgehört, Madame la Duchesse d'Orléans zu sein, und ist nur noch eine Witwe, die wie alle Witwen durch die Bestimmungen des Ehevertrags gebunden ist. Und dieser Vertrag, der mit einer unglaublichen Leichtfertigkeit abgefaßt ist, schreibt für den Fall der Witwenschaft vor, daß Madame sich entweder in ein Kloster oder, was kaum eine reizvollere Aussicht ist, auf Schloß Montargis zurückziehen muß, das zur Apanage der Orléans gehört. Sie hat die Wahl, ihre Tage in Maubuisson zu beschließen bei ihrer Tante, der Äbtissin, oder in einem Schloß in der Provinz zu verkümmern. Im Alter von 49 Jahren, von denen sie dreißig am Hof verbracht hat, sind beide Alternativen nicht gerade attraktiv, selbst für sie, die sie sich nie von der Großartigkeit von Versailles hat blenden lassen. Außerdem – wird man ihr diese Wahl überhaupt lassen? Es steht zu befürchten, daß Madame de Maintenon, um sie zu ärgern, dem König die radikalere Lösung empfiehlt: Aus einem Kloster kommt man noch schwerer heraus als aus einem Schloß... Und wenn der König dann entscheidet, daß Madame Maubuisson »wählt« – wie kann sie sich dem entziehen?

In ihrer Verwirrung wird sie also versuchen, die Pantokrat für sich zu gewinnen. Diese hat sich beim Tode von Monsieur – den sie von Herzen verabscheute – so betrübt gezeigt, daß Elisabeth Charlotte um eine Unterredung nachsucht unter dem Vorwand, ihr für die ihr bewiesene Anteilnahme danken zu wollen. Nun fordert aber der Anstand, daß man während der ersten

Tage einer Trauer zu Hause bleibt; sie muß also erreichen, daß die Dame ihrerseits bereit ist, zu ihr zu kommen. »Derowegen habe ich den duc de Noailles gebeten, dieser Dame von meinetwegen zu sagen, daß ich so touchiert wäre von aller Freundschaft, so sie mir in meinem Unglück bezeugt, daß ich sie bäte, doch die Mühe zu nehmen, zu mir zu kommen, denn ich dürfte nicht ausgehen.« Wenn Madame geahnt hätte, welche Marter ihr die andere bereiten würde, hätte sie Noailles nie zu ihr geschickt...

Madames Bestürzung bei der Vorstellung, sich in Maubuisson vergraben zu müssen, ihr verzweifelter Schrei am Morgen des 9. Juni, waren ihrer Hofdame, Madame de Ventadour, nicht entgangen. Die junge Frau mit dem Madonnengesicht, die zwanzig Jahre zuvor ihrem mißgebildeten, lasterhaften Gatten davongelaufen war, war mittlerweile eine wichtige Person geworden, die ihre mangelnde Intelligenz durch eine bei Hofe erworbene Gewandtheit wettmachte. Und sie hatte derjenigen, die sie damals aufgenommen und ihr damit das Kloster erspart hatte, zu dem sie als geflüchtete Ehefrau verdammt gewesen wäre, absolute Treue geschworen. Die Herzogin von Ventadour, die ihre Dankesschuld längst dadurch abgetragen hat, daß sie sich freiwillig den Blattern ausgesetzt hat, als Madame so krank war, wird ihrer Wohltäterin diskret zur Seite stehen.

Ludwig XIV. war schon immer dem Marschall de Villeroy zugetan, der seinerseits seit Jahren ein guter Freund der Madame de Ventadour war. Monsieur hatte die Augen noch nicht geschlossen, da gelang es der Herzogin und dem Marschall bereits, mit dem König über das Thema der Zukunft von Madame zu sprechen. Zunächst galt es, die Bedrohung durch Maubuisson abzuwenden. Dann, die Nachteile eines Ruhestands in Montargis ins rechte Licht zu rücken, der ei-

Monsieur, der Gemahl Liselottes von der Pfalz; Stahlstich, 19. Jahrhundert.

ner Schwägerin des Sonnenkönigs kaum würdig wäre. Nachdem dies erreicht war, enthüllt der Marquis de Sourches, »wurde beschlossen, daß sie nach Versailles sollte, wo sie ihre vollständig eingerichtete Wohnung und alle Bequemlichkeit vorfände«. Gewissensbisse des Königs, weil er Monsieur beim letzten Streit so in die Enge getrieben hat und dadurch wohlmöglich den fatalen Schlaganfall provoziert hat? Oder wollte er seinem alten Freund Villeroy nur gefällig sein? Ludwig XIV. konnte Villeroy nichts abschlagen sowenig wie dieser der stets charmanten Herzogin.

Und Madame de Maintenon? Auch ihr gegenüber wußten die beiden Unterhändler Wunder an Diplomatie zu vollbringen. Die Sache war also schon vor dem von Madame erbetenen Besuch gewonnen. Aber es war nicht gesagt, daß die Witwe Scarron eine so gute Gelegenheit, sich zu rächen, vorbeigehen lassen würde.

Da sitzen sich die beiden Damen in Schwarz also gegenüber und als dritte, auf Verlangen von Madame de Maintenon, die Herzogin von Ventadour. »Ich habe ihr gleich wiederholt«, schreibt Elisabeth Charlotte ihrer Tante in Hannover, »wie content ich von ihr wäre und begehre ihre Freundschaft.« Dann folgt der Bericht über eine offenherzige Aussprache, mit der 21 Jahre der Mißverständnisse aufgehoben werden, dann viele freundschaftliche Ratschläge von Madame de Maintenon an ihre neue Freundin, ebenso viele schöne und gute Versprechungen und zum Abschluß eine herzliche Umarmung. Die Herzogin von Hannover muß sich gefreut haben, daß ihre liebe Liselotte ohne größere Schwierigkeiten wieder in Gnaden aufgenommen war.

Die arme Liselotte lügt unverfroren, erbärmlich, halb tot vor Erniedrigung bei der Erinnerung an das, was sie erduldet hat und das sie Tante Sophie um nichts in der Welt gestehen würde! Es stimmt, Madame de Maintenon hat mit gnädiger Miene ihre Artigkeiten und das Angebot von Freundschaft entgegengenommen, ja sogar ihre schüchternen Klagen wohlwollend angehört – Warum hat der König sich nie nach ihr erkundigt, als sie so krank war, bevor Monsieur starb? Was wirft man ihr vor? –, aber sie hat hinzugefügt, daß der König ihr aufgetragen habe, Madame zu sagen, daß ihr gemeinsamer Verlust alles in seinem Herzen lösche, vorausgesetzt, daß er in Zukunft Grund hätte, zufriedener mit ihr zu sein . . .

Elisabeth Charlotte ist erschrocken: zufriedener mit ihr? Was hat sie getan, das Seiner Majestät mißfiel? Freilich, es ist vorgekommen, daß sie laut bedauert hat, daß ihrem Sohn die Ehre verweigert wird, im Krieg für den König zu sterben. Aber sonst? »Lesen Sie dies, Madame«, hat Madame de Maintenon nur geantwortet und ein Papier aus der Tasche gezogen. »Erkennen Sie die Schrift?« Herrgott! Einer ihrer Briefe an die Herzogin von Hannover, auf der Post abgefangen und für alle Fälle sorgfältig aufbewahrt! Und natürlich einer der kompromittierendsten. Da steht es schwarz auf weiß, das anstößige Konkubinat des Königs mit seiner alten Mätresse, die größenwahnsinnige Politik, das Elend im Königreich ... Madame de Ventadour, ganz krank von der Wende, die das Gespräch genommen hat, versucht abzulenken. Aber Elisabeth Charlotte bricht tief betroffen in Tränen aus. »Ist Ihnen klar, Madame«, fährt Madame de Maintenon mit sanfter Stimme fort, »welche Ungeheuerlichkeit jeder Teil dieses Briefes bedeutet, noch dazu im Ausland?« Was antworten? Nichts, außer daß sie sich vor Reue, Bitten, Versprechungen fast überschlägt, während die Herzogin von Ventadour noch immer verzweifelt versucht, das Gespräch in andere Bahnen zu lenken.

Und das war nur der Anfang. In dem gleichen gemessenen Ton fährt Madame de Maintenon fort: »Nachdem ich den Auftrag ausgeführt habe, den mir der König gegeben hat, bitte ich Sie, Madame, mir ein Wort in eigener Sache zu gestatten. Sie haben mir ehedem die Ehre erwiesen, meine Freundschaft zu wünschen und mir die Ihre geschworen. Wie kommt es, daß Sie seit etlichen Jahren mir gegenüber so verändert sind?«

Elisabeth Charlotte glaubt sich gerettet: Madame de Maintenon wirft ihr vor, sich verändert zu haben? Aber wer hat sich denn als erste verändert? War es nicht Madame de Maintenon, die sich von ihr zurückgezogen und sie endlich genötigt hat, sie nicht mehr zu sehen? Bevor sie sich dieser Zurückweisung gebeugt hat, hat sie vergebens nach dem Grund dafür geforscht. Man möge ihn ihr doch bitte nennen! Die Dame in Schwarz zögert, sucht Ausflüchte und gesteht schließlich, von

Fragen bedrängt, wie gegen ihren Willen, daß es sich um ein Geheimnis handele. Ein Geheimnis, das sie bisher noch niemandem anvertraut habe, obwohl diejenige, die es ihr mitgeteilt hat, seit mehr als zehn Jahren tot sei. »Aber da Sie es so sehr wünschen, Madame, will ich mich überwinden und es Ihnen entdecken.« Und sie wiederholt ganz gelassen Stückchen für Stückchen »tausend Sachen, eine immer beleidigender als die andere«, die Madame der Dauphine über sie gesagt hatte, als sich die junge Frau beklagte, daß sie von Madame de Maintenon verfolgt würde. Ist das zu glauben, daß die unschuldige, so schüchterne Dauphine das alles Wort für Wort weitererzählt hat, um sich damit bei der Maintenon beliebt zu machen und ihre Gnade wiederzugewinnen? Der Blitz, der Elisabeth Charlotte traf, hätte nicht niederschmetternder sein können.

Madame de Ventadour hat ihr Geplauder von neuem aufgenommen, aber sie hört es nicht. Stumm, regungslos kann sie ihre Gedanken nicht von der Dauphine lösen, ihrer Freundin, ihrer Vertrauten, die sie so treulos verraten hat. Es bleibt ihr nichts übrig, als sich ein zweites Mal zu demütigen, tiefer als je zuvor. Und Madame de Maintenon kostet ihren Triumph aus, bevor sie ihr verzeiht. Die gute Herzogin von Ventadour weint jetzt vor Freude, als sie sieht, wie sie sich umarmen; sie war so aufgewühlt, daß sie die erstaunliche Szene, der sie unfreiwillig beigewohnt hatte, nicht für sich behalten konnte. Und so, schließt Saint-Simon, »ist endlich alles am Hofe bekannt geworden«.

Es bleibt ihr noch, dem König gegenüberzutreten und sich mit ihm zu »versöhnen«. Ludwig XIV. gibt sich ganz großmütig und kommt nicht mehr auf die Vorwürfe zurück, mit denen seine Vollstreckerin niederer Dienste Madame gequält hat. Er weiß nichts, will nichts wissen, die Vergangenheit ist vergessen, und da

Monsieur – leider! – nicht mehr von dieser Welt ist, können die, die er zurückließ, auf seine Freundschaft und Protektion rechnen. Endlich ein Sonnenstrahl nach den Heimsuchungen der letzten Tage! In ihrer Freude kann Elisabeth Charlotte nicht an sich halten und gesteht: »Wenn ich Sie nicht so geliebt hätte, hätte ich Madame de Maintenon nicht so gehaßt, von der ich glaubte, daß sie mir Ihre Gnade entzogen!« Der König, von diesem Geständnis gerührt und amüsiert, beginnt zu lachen und umarmt sie herzlich. Gott sei Dank ist »alles sehr gut verlaufen«.

Für den nächsten Tag ist die Eröffnung des Testaments von Monsieur vorgesehen, eine Formalität, der sich Madame nicht entziehen kann. Anwesend sind der König, der neue junge Herzog von Orléans, Monsieur de Pontchartrain, Kanzler von Frankreich, sein Sohn, Staatssekretär am Hofe des Königs, sowie der Kanzler des verstorbenen Fürsten. Ein sehr einfaches, sehr klassisches Testament: zunächst die Messen – nicht weniger als sechstausend! –, die für die Seelenruhe des Erblassers gelesen werden müssen, dann die frommen Stiftungen, für Val-de-Grace, das seine geliebte Mutter, die Königin Anna von Österreich, gegründet hat, für das Hospital von Villers-Cotterêts und das von Saint-Cloud. Dann folgen die üblichen Ermahnungen an seinen Sohn, der Universalerbe ist: daß er die Bedienten behalten soll, die ihm so gut gedient haben, und die entschädigen, von denen er sich trennen muß. Endlich die Erinnerungsstücke: für seine Tochter, die Herzogin von Savoyen, »den dicken Diamanten, der über dem dicken Diamanten meiner Cousine [der Grande Mademoiselle] auf der großen Attache ist«. Für seine andere Tochter, die Herzogin von Lothringen, »die Attache über meinem Kreuz mit den blitzenden Diamanten«. Für die Herzogin von Burgund, seine geliebte Enkelin, »den Diamanten, den ich vom Kardinal de Richelieu bekam«. Für Madame nicht einmal den kleinsten Ring, nicht die einfachste Brosche, wie man sie einem Zimmermädchen hinterläßt, nicht einmal ein Wort der Zuneigung. Als wäre sie tot, oder als hätte sie nie gelebt.

In der folgenden Nacht bekommt sie wieder Fieber. Dabei muß sie die Besuche des ganzen Hofes über sich ergehen lassen, der zur Weihwasser-Zeremonie nach Saint-Cloud gekommen ist, und muß die Herzogin von Burgund trösten, die der Verlust eines so nachsichtigen und lustigen Großvaters, der alles tat, sich bei ihr beliebt zu machen, besonders hart trifft.

Erst eine Woche später geht der Trauerzug zur Basilika von Saint-Denis ab, wo die Höflinge und Bediensteten von Monsieur vierzig Tage lang Wache halten, bevor der Festgottesdienst diese endlosen Leichenfeiern endlich beschließt. Aber Elisabeth Charlotte, erschöpft von Fieber und Trauer, hat nicht so lange gewartet, um ihrem Gemahl, der so wenig ihr Gemahl gewesen ist, die letzte Ehre zu erweisen. Wie eine Diebin ist sie in seine Gemächer geschlichen und hat Kästchen geöffnet, in denen, mit Schleifen zusammengebunden, die Liebesbriefe seiner Favoriten liegen. Es gibt ganze Stapel davon, so stark mit Duftwässerchen getränkt, daß ihr schlecht wird. Sie überwindet ihren Widerwillen, nimmt sie ohne hinzuschauen und wirft sie mit einer entschlossenen Bewegung in den Kamin. »Wenn man in jener Welt wissen könnte, was in dieser vorgeht, glaube ich, daß Ihro Liebden Monsieur selig sehr content von mir würden sein.« Monsieur kann in Frieden ruhen: Madame hat ihm vergeben.

14

Friedliches Alleinsein

Vierzig Tage Zurückgezogenheit, ohne ihre Gemächer in Versailles zu verlassen – so will es die Sitte bei Trauerfällen. Und dann auch noch diese schreckliche Kleiderordnung, die noch über die vierzig Tage hinaus gilt! Als Madame endlich ausfahren kann, um die Kondolenzbesuche zu erwidern, trägt sie den großen »Witwenhabit«. Schwarz von Kopf bis Fuß, den Trauermantel in seiner ganzen Länge hinter sich herziehend, ein Band um die Stirn, das den Kreppschleier hält, der wie eine Haube darüber liegt. In dieser Aufmachung fährt sie in der größten Sommerhitze, um dort alle Mitglieder der königlichen Familie zu treffen, bis nach Saint-Germain-en-Laye, wo der König von England, der sehr krank ist, von Tag zu Tag schwächer wird ... Elisabeth Charlotte erstickt fast, und so erläßt ihr der König die Trauerrobe, die er selbst furchtbar findet; und um allen zu zeigen, daß sie ab sofort wieder am Hofleben teilnimmt, lädt er sie zum erstenmal seit dem Begräbnis von Monsieur zu einer Fahrt nach Marly ein.

Der Hof kann sich nicht genug darüber wundern. Wie – so rasch ist Madame wieder in Marly dabei und zeigt sich ohne Trauermantel, Schleier und Band an der Seite von Seiner Majestät und Monseigneur le Dauphin? In ihrem schwarzen Kleid könnte man sie für eine Laienschwester halten, es fehlt nur das Kreuz! Aber nun gut, wenn der König es so will und meint, daß sie mit ihm und bei ihm ja »en famille« sei, dann muß man sich wohl damit abfinden...

Ein weiterer Anlaß zu Gerede ist die Anwesenheit der Marschallin von Clérembault in Marly, wohin der König sie zum erstenmal in ihrem Leben eingeladen hat. Zu Lebzeiten von Monsieur, der sie nicht ausstehen konnte, war die alte Marschallin nie in Marly empfangen worden. Der König tut noch mehr: Er weist Madame de Clérembault und der Gräfin Beuvron, die Monsieur nicht weniger haßte, in Versailles Gemächer zu, ganz nah bei Madame, und gewährt beiden eine Pension von 4000 Livre.

Diese Freundschaftsbeweise trösten sie ein wenig darüber hinweg, daß sie mehrere Monate auf Jagd und Theater verzichten muß. »Ich höre alle Tage: Heut ist eine neue Opera, morgen wird eine neue Komödie sein.« Als ob es mit dem Teufel zuginge, werden in dieser Saison sechs Komödien und drei Opern uraufgeführt. Die einzige Zerstreuung, die während der Trauerzeit erlaubt ist, sind Ausfahrten oder Spaziergänge. Zum Glück ist Elisabeth Charlotte immer gern spazierengegangen, und eine Meile täglich in der frischen Waldluft ist noch immer eines der besten Mittel gegen Traurigkeit. So seltsam es auch scheinen mag, sie ist doch traurig, nachdem sie sich dreißig Jahre lang über Monsieur beklagt hatte. Jetzt, nach seinem Tod, ist sie doch gerührt: »Der arme Mann fing an devot zu werden. Er hatte sich also gebessert und tat mir kein Leid mehr an.« Viele Jahre später dann dieses bewegende Bekenntnis: »Meinen Herrn habe ich in den drei letzten Jahren ganz gewonnen, mit ihm selber über seine Schwachheiten zu lachen, und alles ohne Zorn [er] hatte ein recht Vertrauen zu mir, nahm allzeit meine Partei, aber vorher habe ich erschrecklich gelitten. Ich war recht im *train* glücklich zu sein, wie mir unser Herr Gott den armen Herrn genommen hat.«

Die Angst vor der Hölle hatte sicher dazu beigetragen, daß Monsieur sich mit zunehmendem Alter gebessert hatte. Das bemerkt auch Saint-Simon, der das Verdienst seinem Beichtvater, dem »guten kleinen Père du Trévou«, zuschreibt. Doch diese letzten drei Jahre ehelichen Friedens sind zu schön, um wahr zu sein. Idealisierte sie die Erinnerung, wünschte sie sich unbewußt, die Vergangenheit zu verschönern? Die jetzt ihren »armen Mann« beweint, schrieb einige Monate vor seinem Tod: »Monsieur ist wie allezeit gewesen. [...] und ob er mir zwar gute Worte gibt und in Apparenz wohl mit mir lebt, so mag er mich doch in der Tat nicht leiden.« Man kennt diese alten Ehepaare, die plötzlich vergessen, daß sie sich ein Leben lang nicht verstanden haben und untröstlich sind über den Tod des anderen.

Zu dem Kummer über den schweren Schlag kommen für Madame auch noch materielle Sorgen, die ihre Witwenschaft mit sich bringt; diese »Affairen«, von denen sie angeblich niemals etwas gehört hat und von denen sie behauptet, nicht das geringste zu verstehen. Einen Monat nach dem Tod von Monsieur weigert sich der Kurfürst von der Pfalz, ihr die im Vertrag von Rijswijk zugesicherten 100000 Florin (200000 Livre) jährlicher Rente zu bezahlen. Sie waren ihr bis zur endgültigen Regelung über die von dem Streit um die pfälzische Erbfolge betroffenen Gebiete vorläufig ausgesetzt worden.

Die Böswilligkeit des Kurfürsten war nicht neu: Ein Jahr nach dem Vertrag von Rijswijk hatte er sich unter dem Vorwand, Ludwig XIV. habe noch nicht alle Verpflichtungen erfüllt (aus drei Dörfern der Pfalz waren die französischen Soldaten noch nicht abgezogen worden), um die Auszahlung von 100000 Florin an Monsieur gedrückt, der dieser in seiner Eigenschaft als Vorstand der Ehegemeinschaft im Namen seiner Frau empfangen sollte. 1699 dasselbe Ausweichmanöver,

Die Comédie Française; aquarellierte Zeichnung, um 1780.

das noch weniger gebilligt werden konnte, da der Kurfürst seinen Untertanen inzwischen eine Sondersteuer auferlegt hatte, die *Orleanse guelte.* Ludwig XIV. hatte es sehr übelgenommen und ein starkes Militärkontingent an die Grenze entsandt und mit Zwangseintreibung gedroht, was im Vertrag von Rijswijk ebenfalls vorgesehen war. Die Bewohner der Pfalz, die ihrem Fürsten die *Orleanse guelte* bereits gezahlt hatten, fürchteten das Schlimmste und sammelten Geld, um seine Schulden zu tilgen... Daß die pfälzische Erbfolge bei Monsieurs Tod immer noch nicht geregelt war, kam dem Kurfürsten sehr gelegen, und er beeilte sich, der Witwe zu verweigern, was er dem Gatten erbittert streitig gemacht hatte. Diesmal, am Vorabend des Krieges, der durch die Thronbesteigung Philipps V. in Spanien ausgelöst werden wird, unternimmt Ludwig XIV. nichts, um die Rechte seiner Schwägerin zu verteidigen.

Sie hat noch andere Rechte geltend zu machen, wie die Ansprüche auf das Vermögen von Monsieur, die sich aus der im Ehevertrag festgelegten Gütergemeinschaft ergeben. Zusätzlich zu ihrer Witwenrente von jährlich 40000 Livre, die ihr sofort zugestanden werden, kann Elisabeth Charlotte eine ganze Reihe von Forderungen an ihren Sohn, den Universalerben, stellen. Vor allem die 64000 Livre ihrer Mitgift, die ihr vom Vater versprochen und neun Jahre nach ihrer Hochzeit vom Bruder ausgezahlt worden waren (als Monsieur davon erfuhr, lachte er schallend wie bei einem guten Scherz und sagte, er hätte nicht geglaubt, daß diese Mitgift jemals käme). Des weiteren 150000 Livre in Edelsteinen, Ringen und Juwelen, die ihr von ihrem verstorbenen Ehemann in dem erwähnten Ehevertrag vermacht worden waren, von denen sie aber niemals auch nur den kleinsten Karat gesehen hat. Ihr Anteil am Nachlaß der Grande Mademoiselle, die 1693 gestorben war und den größten Teil ihres Vermögens Monsieur hinterließ, betrug 160 000 Livre. Schließlich gab es in der Gütergemeinschaft Gemälde, Tapisserien, Goldschmiedearbeiten und wertvolle Möbel, die aus dem pfälzischen Erbe von Madame stammten und einen Geldwert von beinahe 600 000 Livre hatten. Dieses Vermögen hatte Monsieur nach und nach verschleudert, ebenso wie die 200 000 Livre, die der Kurfürst von der Pfalz 1699 und 1700 gezahlt hatte.

Damit Madame diesen ihren Anteil zurückerlangen konnte, mußte das allerdings im Heiratsvertrag vorgesehen sein. Das ist aber bezeichnenderweise versäumt worden. Die Rechtsberater des Herzogs von Orléans können dem vom König mit den Geschäften Madames beauftragten Monsieur de Pomereu leicht entgegenhalten, daß im Vertrag keinerlei Rückgabe für den Fall vorgesehen ist, daß Madame die Gütergemeinschaft aufgibt, wenn »Kinder aus der Ehe vorhanden sind«.

Dieser Juristenjargon bedeutet ganz einfach, daß die Witwe vor eine vernichtende Alternative gestellt wird: Entweder sie bezahlt (mit welchem Geld?) die Hälfte der von ihrem Mann hinterlassenen Schulden, was ihr erlauben würde, ihre Ansprüche auf das gemeinsame Gut geltend zu machen; oder sie verzichtet auf alle Rechte am gemeinsamen Vermögen, um von den Schulden befreit zu sein. »Meinen Heiratskontrakt hat man so elend aufgesetzt, als wenn ich eine Bürgerstochter wäre«, seufzt sie. Man sieht, daß sie kaum weiß, wovon sie spricht: Ein Bürger hätte seine Tochter nie verheiratet, ohne sicherzustellen, daß sie den Wert der aus ihrer eigenen Familie stammenden Güter wiederbekäme, falls die Verschwendungssucht ihres Mannes sie eines Tages zwingen sollte, die Gütergemeinschaft aufzugeben. Madame muß sie aber aufgeben angesichts der ungeheuren Schulden von Monsieur. Ohne die 200 000 Livre des Kurfürsten von der Pfalz –

das ist fast die Hälfte des Einkommens, mit dem sie rechnete – und ohne Ansprüche auf ihren Anteil aus der Gütergemeinschaft: Wie soll sie ihren Lebensunterhalt bestreiten?

Wenn es nur um ihre persönlichen Bedürfnisse ginge, würde sie sich nicht solche Sorgen machen. Schmuck und Kleider haben sie nie gereizt, und mit fünfzig Jahren findet man nicht plötzlich Geschmack an Firlefanz. Die große Hofgalakleidung, ein oder zwei Jagdkostüme, keine Mäntel, die »bürgerlich« wirken, keine Hauskleider, die nachlässig wirken: Ihre Garderobe kostet nicht viel. Möbel und Kunstgegenstände? Monsieur hat sich sein ganzes Leben lang damit ruiniert, und sie hat keine Lust, es ihm gleichzutun. Abgesehen vom Unterhalt ihrer Pferde und Hunde, von Bücherkäufen, auf die sie ungern verzichten würde, hat sie nur noch Ausgaben für ihre Sammlung von Münzen und Medaillen, von denen sie im übrigen viele geschenkt bekommen hat. Elisabeth Charlotte könnte also selbst bei geringeren Einkünften ohne Geldsorgen leben.

Ihr Rang erlegt ihr jedoch außer den Personen ihres Hofstaats, die auf ihre Kosten unterhalten und entlohnt werden, ein Heer von Domestiken und Bediensteten (das ist damals nicht dasselbe) auf, das ihr Budget stark belastet. Das geht vom Schatzmeister und vom Kommandanten der Wachen, die ehrenvolle und begehrte Ämter ausüben, bis zum letzten Diener in der Kleiderkammer. Man ist bei der Lektüre ihrer Rechnungsbücher überrascht von der Vielfalt der Ämter und Posten aller Art, deren Nutzen nicht immer einzusehen ist: zwei »Polsterträger« nur für das Kissen, auf dem Madame bei der Messe kniet? Ein »Brotlieferant«, während man an anderer Stelle Hoflieferanten und Hilfskräfte für den gleichen Dienst findet? Und was machen wohl die »Tafelknaben«, die den »Tafeldienern« helfen, die ihrerseits den »Tafelmeistern« unterstehen, deren einzige Aufgabe es ist, die Schüsseln in Empfang zu nehmen, wenn der Tisch abgedeckt wird? Vermutlich treiben sie sich den ganzen Tag herum.

Adel verpflichtet. Unter anderem dazu, einen Schwarm von Leuten zu unterhalten, die wenig arbeiten und gut bezahlt werden. Von den achtzehn Kammerzofen Madames melden sich die meisten regelmäßig krank, 15 Tage, 22 Tage, 31 Tage, je nachdem. Wo ein Bürger sich über Diener, die ihm nicht dienen, ärgern würde, zahlt eine königliche Hoheit auch die ausgefallenen Tage und verzichtet auf die Dienste.

»Die liberalste Fürstin der Welt« (so beurteilt sie der Marquis de Sourches) gewährt auch großzügige Entschädigungen: 30 Livre »an Gernet, den Wäschediener, für seine guten Dienste«, 15 »an Leblan, den Mundschenk, wegen seiner guten Dienste«, 24 »an den kleinen Bürodiener für seine Gänge und Gratifikationen«...

Und was soll man zu dem Geld sagen, das so nebenbei versickert und das nur zwischen den Zeilen der uns erhaltenen Rechnungsbücher auftaucht? Wenn die beiden für den Lebensmitteleinkauf zuständigen Damen Heranger und Marchand die Rechnung (1833 Livre) der Frau Santerre, »Fischhändlerin, für von ihr gelieferte Fische« oder die (1305 Livre) des Herrn Feuché, »Metzger, für von ihm geliefertes Fleisch« vorlegen, setzen wir voraus, daß sie ehrlich sind – da wir sicher keinen Grund haben, von vornherein daran zu zweifeln..., es sei denn, sie hätten es genauso gemacht wie Davoust, der fünfundzwanzig Jahre lang der Schatzmeister von Madame war und sie systematisch betrog und sich umbrachte, als es schließlich herauskam, indem er sich bei seiner Verhaftung aus dem Fenster stürzte. Damit die Veruntreuungen, die von den Bediensteten leicht bemerkt werden konnten, nicht aufgedeckt würden, nahm es Davoust vielleicht mit den kleinen Profiten der anderen nicht allzu genau.

»Mein Haus ist so groß«, seufzt Elisabeth Charlotte, als ihr klar wird, daß die Pension von 200000 Livre, für die der König normalerweise aufkommt, nur die Hälfte ihrer Unkosten deckt... Wie kann sie mehr bekommen, nun, da der Spanische Erbfolgekrieg erklärt ist? Im übrigen verletzt es ihre Würde, wenn sie sich vorstellt, dauernd »wie eine Bettlerin« von Almosen leben zu sollen. Aber ihre Lebenshaltungskosten einzuschränken würde heißen, diejenigen ins Elend zu stürzen, die sie entlassen müßte, vor allem die Ärmsten und am wenigsten Qualifizierten, die Sänftenträger und Wäschejungen, die Mantelträger, Frottierer, Brotlieferer... Und die »kleinen Diener« für Obst, Gebäck, Getränke, die Knaben des königlichen Küchenpersonals und die Knaben der Gesindeküche, was soll aus ihnen werden, wenn man sie auf die Straße setzt?

Ein paar Monate lästiger Ungewißheit, und, o Wunder, alles wendet sich zum Guten! Ein am 6. Februar 1702 vor Maître Bellanger, Notar in Paris, geschlossener Vertrag regelt auf unverhoffte Weise ihre Rechte an dem Vermögen ihres Mannes. Der junge Herzog von Orléans ist trotz all seiner Fehler ein Mann mit Herz und ein vorbildlicher Sohn. Er hat auch die Mittel, sich großzügig zu zeigen. Tatsächlich hat der König beschlossen, ihm außer seiner Pension auch noch die seines Vaters von 600000 Livre zu gewähren. Nur aus Prinzip erinnern also seine Rechtsberater an die Verfügungen des Heiratsvertrags, die seine eigenen Verpflichtungen auf die Bezahlung der Mitgift, des Leibgedinges und der 150000 Livre für die einst von Monsieur versprochenen Juwelen beschränken. Der Herzog fügt 400000 Livre hinzu, über die Madame verfügen kann, wie sie will, und eine jährliche Rente von 200000 Livre. Sie ist gerettet.

Drei Monate später ist der Herzog von Orléans gezwungen, den Schmuck Monsieurs zum Verkauf anzubieten, um die erdrückenden Schulden, die er geerbt hat, bezahlen zu können. Wußte Elisabeth Charlotte, daß ihr Mann solche Schätze angehäuft hatte? Sie, deren schönster Ring, ein gelber Diamant, ihr von der Dauphine hinterlassen worden war, während das übrige in ihren Augen nur »Plunder« war... Drei Wochen, vier bis fünf Stunden täglich, dauert es, um all die Schatullen und Truhen von Monsieur zu sichten. Alle großen Juweliere der Hauptstadt sind da, Lagneau, Boursin, die Lebrun, Gaudin, der am Quai des Orfèvres einen Laden »Zur Königin von England« unterhält, der junge Devarenne. Selbst Herr Lévy, »englischer Jude«, und Joseph Muchsaphia, »Jude aus Edingburgh«.

Man muß zugeben, daß Monsieurs Juwelen die Mühe wert sind: die schönsten Steine, Saphire, Rubine, Smaragde und eine wahre Diamantmine. Große und kleine Diamanten, Brillanten mit Facettenschliff, als Rosette mit Fassung, mit Facettenschliff und Fassung, als Solitäre oder mit anderen Steinen verarbeitet. Diamanten aller Art und für jeden Zweck, als Schuhschnallen, Hutnadeln, Knöpfe und »Knopflöcher«, Spangen, Broschen, Ohrringe, Kreuze, Armbänder. Monsieur war in der Kunst, sich zu ruinieren, geradezu ein Genie! Der Verkauf wird 500800 Livre und 15 Sou erbringen, ein recht bescheidener Betrag angesichts des Wertes der Stücke. Doch der Krieg zwang dazu, die Preise niedrig anzusetzen, um die Käufer nicht abzuschrecken, die fast alle Fachleute sind und teilweise sogar Zahlungsaufschub erbitten und erlangen.

In Versailles veranlaßt der Krieg die übliche Flut von Abreisen. »Man sieht überall Leute, so Abschied nehmen.« Wie gewöhnlich gibt es solche, die niemandem die Ehre überlassen würden, für den König zu sterben, und die anderen, die plötzlich eine Krankheit entdekken, die sie zwingt, eiligst eine Kur zu machen oder sich auf ihre Güter zurückzuziehen ... »Der Hof wird bald sehr leer sein, das ist aber meine geringste Bekümmernis.« Elisabeth Charlotte hat recht. Dreißig Jahre lang mußte sie sich als Frau von Monsieur zwingen, ihrer Rolle gerecht zu werden, nicht nur bei offiziellen Zeremonien, die sie langweilten, sondern in jedem

Der Schloßpark in Versailles;

Augenblick eines wie ein Uhrwerk ablaufenden Hoflebens. Was Saint-Simon, der für sein Teil auf das Ritual von Versailles nur ungern verzichten würde, bei ihr für einen »harten und unbezähmbaren Charakter« hält, ist in Wirklichkeit nur der Freiheitsdrang einer unabhängigen Natur, die sich in ihren Ketten unwohl fühlt.

Mit dem Tod von Monsieur ist Madame von einer gewissen Anzahl Verpflichtungen befreit, die an ihre Schwiegertochter, die neue Herzogin von Orléans,

Gemälde von Hubert Robert, 1775.

übergehen. Sie braucht die für ihr Gleichgewicht so notwendigen Augenblicke des Alleinseins nicht mehr zu erkämpfen: »Ich bin den ganzen Tag allein in meinem Kabinett, und die Zeit wird mir nicht lang.«

Allein inmitten des riesigen »Hauses«, das sie umgibt? Tatsächlich zählen die Bediensteten nicht, auch wenn sie nie versäumt, ihnen ihr Wohlwollen zu beweisen. Bleibt ihr persönlicher Hofstaat. Sie hat ihn eingeschränkt, indem sie ihre Hoffräulein nach Hause schickte ebenso wie ihre Hofmeisterin und Unterhofmeisterin, die sie mit einer jährlichen Pension ausstattet. Fünf Personen weniger und eine ausgezeichnete Gelegenheit, sich der Hofmeisterin, Madame de Langalerie, zu entledigen, deren Dummheit sich mit Unverschämtheit paart und die unaufhörlich blöde lacht. Was die Fräulein betrifft – Madame de Maintenon fürchtete, so heißt es, daß der König unter ihnen eine neue Fontanges finden könnte –, so fällt es Elisabeth Charlotte nicht schwer, sich von ihnen zu trennen: Sie ist nicht mehr in ihrem Alter. Die Zeit ist fern, da sie als zwanzigjährige Prinzessin ins Gelächter ihrer Begleiterinnen einstimmte und ihre Vertraulichkeiten zu hören bekam.

Wo sind die einstigen Hoffräulein? Die kleine Loubes, die so hübsch war und so flatterhaft, daß man ein Lied auf sie gemacht hatte (»Die kleine Loubes ist so leidenschaftlich Hoffräulein...«), wird im Kloster unter ihrem Nonnenschleier langsam alt. Die schöne Ludres, die vom König geliebt wurde, hat die Fünfzig überschritten... Erinnert sie sich dort in Nancy, wo sie jetzt lebt, der schrecklichen Szenen, die ihr die vor Eifersucht rasende Madame de Montespan machte? Die arme Mademoiselle de Simiane ist sehr jung innerhalb von drei Tagen an einem bösartigen Fieber gestorben. Andere haben, nicht immer aus Liebe, geheiratet: Wer nur die Schönheit als Mitgift hat, wie Mademoiselle de

Rouvroy, weist einen alten Edelmann nicht ab, der außer seinem Rheumatismus noch 40000 Livre Rente und ein Herrenhaus in der Provinz zu bieten hat. So geht es im Leben...

Nachdem die Hoffräulein fort sind, hat Madame nur noch wenige um sich, das Minimum, das ihr Rang vorschreibt. Der Ehrenritter und der erste Stallmeister sind ebenso überflüssig wie die Hausgeistlichen. Der erste Stallmeister, Monsieur de Mortagne, hat übrigens eine langjährige Freundin Elisabeth Charlottes geheiratet, die Gräfin Quintin, eine vortreffliche Frau, die wie sie Hugenottin ist. Die Ehrendame ist immer noch Madame de Ventadour, so lange, bis sie ihren Platz für die Herzogin von Brancas frei macht, noch eine unglücklich Verheiratete: geschlagen, betrogen, bestohlen von einem Mann, der Frauen nicht mochte und seine eigene verabscheute. *Dame d'atour* ist Madame de Châtillon, die Elisabeth Charlotte seit fünfzehn Jahren erträgt und auf die sie gern verzichten würde; sie wird zum Glück unterstützt von Mademoiselle de Châteautiers, der liebenswerten, der ergebenen, der vollkommenen Châteautiers.

Kein Vergleich mit der Menge von Schmarotzern, die Monsieur früher in Saint-Cloud unterhielt und die sein Tod in alle vier Winde zerstreut hat. Saint-Cloud gehört jetzt dem neuen Herzog von Orléans, und seine hoffärtige Gemahlin hat von ihrem Vater, dem König, die Erlaubnis bekommen, dort hofzuhalten – ein Hof, der mit dem des verstorbenen Monsieur nichts gemein hat. Madame ist in Saint-Cloud nicht mehr zu Hause. Als sie das erstemal dorthin zurückkehrt, im August 1702, um ihrer Schwiegertochter einen Besuch abzustatten, bleibt sie nur kurz, zu Tränen gerührt von der Erinnerung an ihren Mann. Sie beeilt sich, wieder nach Marly zurückzukommen, wo der Hof Abwechslung von den Vergnügungen von Versailles sucht.

Madame scheint sich mit Marly zu versöhnen. Vielleicht, weil durch die Leere, die der Krieg entstehen ließ, das Gedränge und der Lärm des großen Salons weniger störend sind als früher. Doch sie liebt die Aufenthalte in Marly vor allem wegen der Anwesenheit und Zugänglichkeit des Königs.

Ludwig XIV., der ihr seit dem Tod Monsieurs in der Öffentlichkeit die größte Aufmerksamkeit zuteil werden läßt, lädt sie allerdings genausowenig wie vorher zum *Particulier,* den familiären Abenden, ein, zu denen sich nach dem Souper Kinder und Enkel des Königs in seinem Kabinett versammeln. Monsieur war dabei. Madame nie. Ein einziges Mal, im Oktober 1701 in Fontainebleau, war sie in das Heiligtum eingeführt worden: »Seine Majestät war sehr gnädig mit mir, hat mit mir gesprochen und mir Orangen, Limonen und Zitronen angeboten.« Einmal ist keinmal. Die Herzogin von Burgund, die mit sechzehn Jahren die Manieren eines verwöhnten Kindes noch nicht abgelegt hat, verspürt offensichtlich keinerlei Sympathie für die Witwe ihres Großvaters, und die Einladung wird nicht wiederholt.

Dagegen bietet Marly Gelegenheit, sich dem König anders zu nähern als nur zum Gruß, wenn er sich in die Messe oder in den Staatsrat begibt. Elisabeth Charlotte geht mit ihm in den wundervollen Parks spazieren, die sich von einem Tag zum andern verwandeln wie von Zauberhand berührt: anstelle eines Teichs ein frisch gepflanztes Wäldchen; dort, wo die Schaukel stand, ein großes Becken mit goldenen und silbernen, himmelblauen und feuerroten Zierfischen. An einem anderen Tag begleitet sie ihn, um zuzusehen, wie neue Statuen aufgestellt werden, eine Fama und ein Merkur, aus einem einzigen Block weißen Marmors gehauen. »Man kann nichts Schöners sehen. Ich glaube nicht, daß man in der Welt einen schönern Garten finden kann, als dieser hier ist.« Etwas taucht wieder auf aus ferner Vergangenheit, da Ludwig XIV. es liebte, seiner jungen Schwägerin die Alleen, die Wäldchen und Beete von Versailles zu zeigen, das damals gerade gebaut wurde.

Nein, die Zeit wird ihr nicht lang. Auch wenn sie sich mit zunehmendem Alter entschließen mußte, auf die Jagd zu Pferde zu verzichten. Nach Monsieurs Tod hat sie endgültig aufgehört zu reiten; die Hirschjagd in der kleinen vergoldeten Kalesche des Königs, die ihr weder Regen noch Geholper erspart, hat sie deswegen aber nicht aufgegeben. Dreißig Jahre früher sahen dieselben Wälder von Marly oder Fontainebleau zwei kecke Reiter, eine schlanke Amazone, flink wie ein Knappe, und einen Sonnenkönig im Glanze seines Ruhms... Ach was, würde Elisabeth Charlotte sagen, was nützt es, der verflossenen Jugend nachzuweinen? »Bin nie schön gewesen, habe also nicht viel verloren.« Es genügt, die anderen anzusehen, um sich zu trösten: außer Madame de Maintenon – wie macht sie es nur, sich nicht zu verändern? Sie ist noch genauso wie vor dreißig Jahren – sind alle nicht mehr wiederzuerkennen. Madame de la Vallière ist nur noch ein Schatten, die imposante Montespan eine weißhaarige Greisin mit roter Haut und einem Gesicht wie zerknittertes Papier.

Wer zu altern versteht, sieht die Jahre ohne Bedauern dahinschwinden. Elisabeth Charlotte erlebt das Alter wie all die Menschen, die in sich selbst genügend Kraft haben, um die Zeit nie als Last zu empfinden. Der kleine Freundeskreis, der sie umgibt, hat gelernt, ihr Bedürfnis nach Alleinsein zu achten. Frau von Rathsamhausen, die Freundin aus der Kindheit mit dem unaussprechlichen Namen, verbringt das Jahr zwischen ihren Gütern am Rhein und ihren Gemächern in Versailles. »Wenn sie zu Haus ist, kann sie sich auch mit ihren guten Freunden lustig machen, wenn sie will, und wenn sie hier aus Freundschaft für mich Langeweile aussteht, kann sie es doch wieder den Winter zu Haus ersetzen.«

Aber die liebenswerte »Lenor« (Eleonore) langweilt sich nicht, die Traurigkeit hält sich bei ihr nicht. Eine andere angenehme Gefährtin ist die Marschallin von Clérembault, wenn sie geruht, aus ihrer üblichen Reserve herauszugehen und an der Unterhaltung teilzunehmen. Ihr Humor, ihre Gelassenheit, ihre Weissagungen, die sich auf Zahlen und »Pünktchen« gründen, machen sie zu einer originellen Persönlichkeit und ihre Leidenschaft fürs Spiel zur unauffälligsten Gesellschafterin: Ein Tisch, Karten, Spielpartner, mehr verlangt Madame de Clérembault nicht; sie verbringt den Tag mit Spielen, ohne auszugehen, fast ohne zu essen, und hört erst um zwei Uhr morgens, in ihren Augen viel zu früh, auf.

Zu dieser späten Stunde sitzt Madame oft noch an ihrem Schreibtisch in dem an ihr Schlafgemach angrenzenden Kabinett, unter den Augen ihrer pfälzischen Ahnen, deren Porträts die Wände schmücken, zu ihren Füßen die schlafenden Lieblingshunde. Badine und Charmille, Candace, die Robe genannt wird, weil sie auf dem Rock ihres Frauchens geboren wurde, die kluge Mionne und die dumme Tilliette, die allen Leuten nachläuft und schließlich entführt wird – alles Spaniels, ihre Lieblingsrasse, alle vom selben Stamm; Madame pflegt sie liebevoll. Die Rechnungsbücher erwähnen unter der Rubrik »Sonderausgaben« Lieferungen von Brennholz »für die Hündinnen, die werfen«, und eines Tages, als ihr Wagen im Wald von Fontainebleau in den Graben gefahren ist, notiert sie mit der gleichen Befriedigung, daß niemand ernsthaft verletzt worden ist und daß die sieben Hunde heil davongekommen sind.

Es macht nichts, wenn Robe oder Charmille morgens beim Aufwachen auf das Papier springen und das Tintenfaß umstoßen! Der Brief wird abgehen, wie er ist, mit den Klecksen, denn sie hat keine Zeit, noch einmal von vorn anzufangen. »Die Tage sind zu kurz«, selbst wenn sie sie bis spät in die Nacht hinein verlängert, und man kann es sich nicht leisten, die Post zu verpassen oder, seltener, den vertraulichen Boten, mit dessen Hilfe man die Zensur umgehen kann. Der Wochenplan für die regelmäßige Korrespondenz ist fast immer der gleiche: Montag ist der Tag der Herzogin von Savoyen und der Königin von Spanien. Dienstag, Freitag und Sonntag: Post nach Lothringen. Mittwochs schreibt Madame an ihre Cousine in Modena. Donnerstags nach Deutschland an die Raugräfin Luise und die Herzogin von Hannover, die auch Anspruch auf den Sonntag hat. Der Samstag ist ohne besondere Bestimmung und dient dazu, alles das zu erledigen, was an den anderen Tagen liegengeblieben ist.

Über viertausend Briefe sind heute bekannt, und hier und da tauchen von Zeit zu Zeit noch neue auf. Viele aber sind für immer verschwunden, unter anderem alle Briefe von Madame an ihre Tochter, die Herzogin von Lothringen, ein unersetzlicher Verlust, der uns vielleicht einer zweiten Sévigné beraubt, wenn man einmal von der Verblendung einer übergroßen Mutterliebe absieht. Viertausend Briefe, sehr ungleich verteilt über etwa siebzig Adressaten; dreitausend stammen aus den zwanzig Jahren, die zwischen Monsieurs und Madames Tod liegen. Ein solches Mißverhältnis ist nicht dem Zufall des Verlorengehens zuzuschreiben: Als Witwe hat Madame sehr viel mehr geschrieben als zu Lebzeiten ihres Mannes. Hat sie vielleicht mit zunehmendem Alter ein wachsendes Bedürfnis, die Verbindung zur Familie aufrechtzuerhalten, auch wenn es sich um ganz entfernte Cousins handelt, die sie nie gesehen hat und niemals sehen wird? Ist es eine Möglichkeit, dem Hof zu entkommen, der sie nicht mehr beachtet, seitdem sie sozusagen nichts mehr gilt, und dessen steife Atmosphäre immer weniger zu ihrer Spontaneität passen will?

Da sie bei Hofe zurückgewiesen wird, vertraut Elisabeth Charlotte alles, was sie in und auf dem Herzen hat, ihren Briefen an. Nichts »Literarisches«, Gesuchtes, Gelehrtes. Kein geschliffener Stil (»Ich schreibe, was mir in Kopf kommt«), sondern eine saftige, von Leben überschäumende Schreibe, die munter vom Hundertsten ins Tausendste kommt und sich nicht vor Wörtern fürchtet. Unbarmherzige, treffende Porträts, phantastische Geschichten (das Phantastische hat sie immer fasziniert), komische oder tragische Szenen, die sie mit einem Federstrich hinwirft. Sie ist neugierig auf alles, von schreiender Ungerechtigkeit, wenn sie von Menschen spricht, die sie nicht mag, voller Zärtlichkeit für Kinder, für die Erniedrigten und Unglücklichen, sie zeigt aber alle Krallen, wenn man ihr nicht den Respekt zollt, der ihrer Geburt und ihrem Rang zukommt: ungeschickt und großzügig, wohltätig und mürrisch – Madame offenbart sich ganz und gar in ihren Briefen.

Die Unverblümtheit ihres Vokabulars war mehr als einem Herausgeber peinlich (diese Wörter, die züchtig durch Pünktchen ersetzt wurden!), und ihre abenteuerliche französische Orthographie hat ihr mehr als einen ironischen oder entrüsteten Kommentar eingetragen. Was, eine Fürstin, die mit zwanzig Jahren nach Frankreich gekommen ist, erlaubt sich »vous voulles« zu schreiben anstatt »vous voulez«, »pour veü« anstatt »pourvu« und »Malheureusse« oder »Missericorde«, ohne mit den »S« zu sparen? Welche Ignoranz! Und welch entsetzlicher deutscher Akzent, der da von den Versailler Wänden widerhallt!

Von ihrem Akzent wissen wir nichts aus dem einfachen Grund, weil die Zeitgenossen nichts darüber sagen. Jedenfalls konnte er nicht schlimmer sein als der

der Königin Marie-Thérèse, die ihre Andacht vor der »Santa Biergen« verrichtete und »una serbilietta« verlangte, um sich die Hände abzutrocknen! Ihre Orthographie ist eher besser als die der gebildeten Deutschen ihrer Zeit: Wer würde in dem erstaunlichen »Wunschur«, das in der guten Gesellschaft jenseits des Rheins sehr in Mode war, das französische »bonjour« erkennen? Orthographie und Bildung sind zwei verschiedene Dinge in diesem 17. Jahrhundert, in dem es durchaus vorkommt, daß ein Pariser Gerichtsschreiber *»pallet«* [Palais] *de justice* schreibt.

Ein phonetisches Französisch, »wörtlich« aufgezeichnet von einer ungenierten und eiligen großen Dame, der es genausowenig wie einem Gerichtsschreiber einfällt, im Wörterbuch nachzuschlagen. »Es ist nicht schwer, französisch zu schreiben: man braucht nur schreiben wie man spricht, ganz natürlich«: Elisabeth Charlotte enthüllt das Geheimnis ihrer orthographischen Phantasie in einem Brief an die Herzogin von Hannover, eine Intellektuelle, die Leibniz entdeckte und Montaigne und Rabelais im Original las . . .

Intellektuelle – ein Wort, das Madame für ihre Person energisch zurückgewiesen hätte. Warum nicht gleich »gelehrte Frau«! Ja, Lesen ist eine ihrer Lieblingsbeschäftigungen, aber sie deshalb als Intellektuelle zu bezeichnen . . . So gern sie von ihrer Sammlung antiker Münzen und ihren Gemmen spricht, so verschwiegen ist sie in bezug auf ihre Bücher, die sie nebenbei erwähnt, ohne Einzelheiten, unter anderen Dingen ihres Lebens: »Habe viel Blumen vor meinem Fenster, viel Hündcher, so ich recht lieb habe, gegrabene Steincher, viel Bücher.« Die Bücher als letztes, nach den Blumen, den Hunden, den Steinen!

Sie ahnte nicht, daß ihre Bücher eines Tages sprechen und ihr Geheimnis preisgeben würden. Als nach ihrem Tod der Pariser Buchhändler Le Breton beauf-

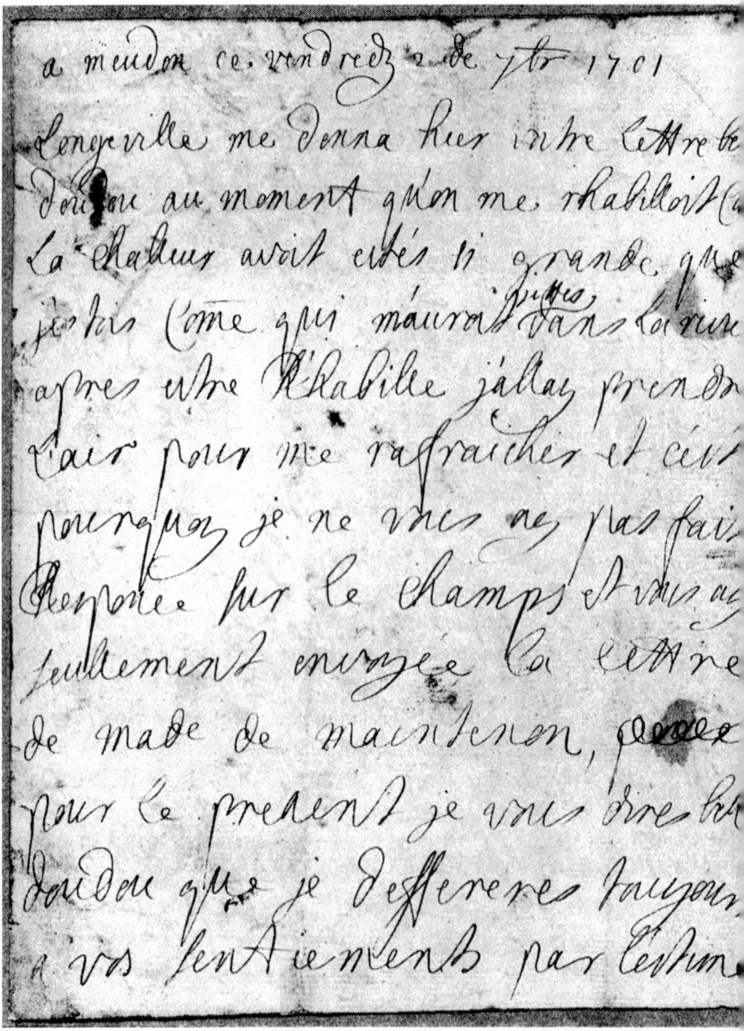
a meudon ce. vendredy 2 de 7br 1701

Longeville me donna hier votre lettre be
doudou au moment qu'on me rhabilloit ca
la chaleur avoit estés si grande que
je sortis come qui m'auroit tirées dans la rivie
apres estre rhabillé j'allay prendre
l'air pour me rafraicher et c'est
pourquoy je ne vous ay pas fait
reponce sur le champs et vous ay
seullement envoyée la lettre
de made de maintenon,
pour le present je vous dire bo
doudou que je defferere toujours
a vos sentiements par l'estim

Eigenhändiger Brief Liselottes,
Meudon am 2. September 1701.

tragt wird, zwei Verzeichnisse ihrer Bücher aufzustellen, eines für ihre Bibliothek in Saint-Cloud, das andere für Versailles und das Palais-Royal, zählt er mehr als 1300 Titel, die eine erheblich größere Zahl von Bänden umfassen, da es sich um Werke von 5, 6, 12, ja 20 Bänden handelt.

Nichts ist aufschlußreicher als ein Bibliotheksinventar. »Sag mir, was du liest...« – vorausgesetzt, man sieht die Dinge richtig und kann zwischen Vorzeigebüchern und wirklich gelesenen Büchern unterscheiden. Bei Madame sind die lateinischen Autoren offensichtlich nur da, weil sie dazusein haben: Sie hat oft gesagt, sie könne keine drei Worte Latein, und die Gottesdienste der katholischen Kirche hätten sie zu sehr gelangweilt, um ihr Lust zu machen, es zu lernen. Aber es ist zu ihrer Zeit unerläßlich, Cicero, Virgil, Horaz und die anderen zu besitzen: Der Bürger Chrysale in Molières *Gelehrten Frauen* hat einen »dicken Plutarch«, und sei es nur, um seine Kragen zwischen die Seiten zu legen!

Die religiösen Werke haben schon mehr zu bedeuten. Wenn man auch nicht davon ausgehen kann, ihre Besitzerin habe alle fünf Bände der Predigten des Pater Bourdaloue oder das Gesamtwerk Bossuets gelesen, so bezeugen doch die Sammlungen »neu in Musik gesetzter« Psalmen, *Das hugenottische Neue Testament* und die deutschen Bibeln ihre Treue zum reformierten Glauben, die übrigens auch ihre Briefe bestätigen. Als gute Christin ohne Scheuklappen hat Madame auch ein Exemplar des Korans in Paris, zwei in Saint-Cloud und ein »Leben Mohammeds«.

Heraldik und Genealogie, Numismatik, Theater, Oper, Ballett: Wer ihre Vorlieben kennt, den überrascht nur die Menge der aufgelisteten Werke – sie besaß so gut wie alles, was damals auf diesen verschiedenen Gebieten erschienen war. Dazu kommen noch die deutschen Titel, die vom Verfasser des Inventars derartig entstellt notiert worden sind, daß eine langwierige Dechiffrierarbeit nötig sein wird, um sie zu identifizieren.

Dann die literarischen Werke, französische und ausländische, ernste oder unterhaltende; historische Studien, Bücher über Pflanzen, Tiere, Blumen, medizinische, arithmetische, astronomische Abhandlungen, die zwanzig Bände *Astrologische Beobachtungen* ... Elisabeth Charlottes Bibliothek ist eine Enzyklopädie des Wissens ihrer Zeit, die im Lauf der Jahre immer umfangreicher wird und von einer weitgespannten Neugier zeugt, nicht aber von dem Wunsch, etwas darzustellen: Den *Einsamen Gärtner,* die *Beschreibung des Mikroskops* oder den *Deutschen Apotheker* kauft man nicht, um das Bücherregal damit zu schmücken.

Das Bild wäre unvollständig, wenn man nicht die zahllosen Reiseberichte und Beschreibungen ferner Länder erwähnte: Afrika, wie Dapper es sieht, das Persien Chardins, die Entdeckungen von Thévenot und Tournefort. *Die Wunder Ägyptens,* Indien, Guinea, die Inseln »Formosat« und »Malacascar« (die den Schreiber des Buchhändlers sicher sehr in Verlegenheit gebracht haben!), Mexiko, Ceylon, Japan... Sie, die Versailles nur verläßt, um sich nach Marly oder Fontainebleau zu begeben, hat Fluchtwege gefunden.

Unglück hat auch sein Gutes. Der Tod Monsieurs, den sie so sehr beweinte, hat sie von den Zwängen des Hofes und den Schikanen einer Umgebung befreit, die ihr die Jugend verdorben hatten. Madame kann sich jetzt ein Leben nach ihrer Vorstellung einrichten und kann dem Herbst in aller Ruhe entgegensehen: Was auch geschehen mag, sie wird es meistern.

15

Die schwarzen Jahre

»Man sieht nichts als betrübte Menschen, welches recht erbärmlich ist. Der Krieg ist eine abscheuliche Sache.« Der 13. August 1704, die Niederlage von Höchstädt in Bayern, wo im Jahr zuvor Villars die Kaiserlichen geschlagen hatte, bringt die schreckliche Wirklichkeit des Spanischen Erbfolgekrieges so recht zu Bewußtsein. Wieder einmal steht Frankreich allein oder beinahe allein gegen das übrige verbündete Europa. Drei Jahre schon geht das gegenseitige Töten in Flandern, in Deutschland, in Italien – ohne endgültiges Ergebnis. Die Niederlage von Höchstädt, die den Bayern unter Marschall Tallard vom Prinzen Eugen und dem Herzog von Marlborough beigebracht worden war, ist übrigens nur der Auftakt zu einer dramatischen Folge von Rückschlägen, die das Königreich an den Rand der Katastrophe führen.

Es gibt nur wenige Familien bei Hofe, die nicht einen gefallenen oder vermißten Angehörigen beweinen. Die Prinzessin von Conti hat ihren jüngsten Cousin verloren, die Marquise de Béthune das älteste ihrer Kinder, den Patensohn von Madame, deren erste Kammerzofe ebenfalls ihren ältesten Sohn verloren hat. Aber wer ihr am meisten Kummer macht, ist die Marschallin von Clérembault. Nach zehn Tagen sorgenvollen Wartens und sich widersprechender Nachrichten hat sie erfahren, daß der Marquis von Clérembault, ihr Sohn, Generalleutnant in den Armeen des Königs, in der Donau ertrunken ist, als er versuchte, sie mit seinem Pferd zu durchschwimmen. Ein wenig rühmliches Ende für einen so hohen Offizier, von dem man sogar munkelt, daß er vom Schlachtfeld geflohen war, als sein Pferd in der Mitte des Flusses scheute. Stoisch behielt die alte Marschallin ihren Schmerz und ihre Scham für sich und umgab sich mit einer Mauer des Schweigens. Nie mehr wird der Name ihres Sohnes über ihre Lippen kommen.

Ironie des Schicksals: Die Nachricht von der Höchstädter Katastrophe erreichte ein freudig erregtes Versailles, das das seit langem glücklichste Ereignis in der königlichen Familie feiert – die Geburt des Herzogs von Bretagne, des ersten Kindes des Herzogs und der Herzogin von Burgund. Vor Ludwig XIV. hatte in der ganzen Geschichte der französischen Monarchie noch nie ein König die Freude erlebt, Urgroßvater zu werden.

Wie hatte man ihn ersehnt, diesen kleinen Herzog! Seine Eltern, die mit zwölf und fünfzehn Jahren verheiratet worden waren, hatten erst zwei Jahre später miteinander schlafen dürfen, »da der Herzog von Burgund von sehr schwacher Konstitution und die Herzogin sehr klein und sehr zart für ihr Alter war«. Doch man hatte noch mehr als achtzehn Monate warten müssen, bis eines Morgens die Hofdame der Prinzessin dem König mitteilen konnte – Prüderie ist fehl am Platze, wenn es um die Zukunft der Dynastie geht –, »daß man beim Erwachen der Herzogin von Burgund feststellen konnte, daß sie nunmehr imstande ist, Kinder zu bekommen«.

Endlich gebärfähig und bald schwanger, hatte die junge Frau sich wiederholt »blessiert«, und man begann, Madame als erste, zu bezweifeln, ob sie der Krone eines Tages einen Erben schenken würde. Auch dieses Mal, trotz aller Maßnahmen, die man während ihrer Schwangerschaft ergriffen hatte, hatte man bis zur letzten Minute gebangt. Aber Ende gut, alles gut! Versailles erstrahlt in Freudenfeuern, die Kuriere galoppieren mit der frohen Botschaft nach Paris, die königliche Familie beglückwünscht sich, und der König ist selig.

Nur Madame wird wie gewöhnlich abseits gehalten. Als sie sich dem Bett der jungen Mutter näherte, um ihr zu gratulieren, schloß diese die Augen, wandte sich ab und nahm die Glückwünsche entgegen, ohne ein Wort zu sagen. Einige Augenblicke später machte sie Madame de Maintenon ein Zeichen, an ihr Bett zu kommen, und nahm sie zärtlich bei der Hand. Madame wird immer noch nicht in Gnaden aufgenommen von der »alten Zott« und ihrem Schützling.

Das wäre ihr ganz egal, wenn ihr Sohn bei Hof nicht so schlecht angesehen wäre. Bei jedem Feldzug bittet er Ludwig XIV. vergeblich, ihn in der Armee dienen zu lassen. Im April 1701, kurz vor Ausbruch des Krieges, hatte der König eingewilligt unter der Bedingung, daß Monsieur einverstanden wäre, wobei er fest damit rechnete, daß er es nicht wäre. Monsieur hatte ja gesagt. Daraufhin hatte der König seine Erlaubnis zurückgenommen mit der Begründung, »daß es in keiner Weise seinen Interessen entspräche«. Daher der heftige Streit, in dem die beiden Brüder wenige Stunden vor Monsieurs Tod aneinandergeraten waren. Daß ein Mann vom Alter und Rang des Herzogs von Orléans zur Untätigkeit verurteilt ist, während der Krieg alle großen Familien dezimiert, ist ein Zeichen von Ungnade, das nicht übersehen werden kann. Ludwig XIV. stattet seinen Schwiegersohn fürstlich aus (über eine Million Pfund im Jahr), behandelt ihn aber wie einen Taugenichts oder Schwachsinnigen. Im Herbst 1705 bettelt der Herzog wieder einmal um die Erlaubnis, dienen zu dürfen, auf eigene Kosten. Er könnte vier Regimenter, die beiden seines Vaters, die der König

Die Schlacht bei Höchstedt;

Kupferstich von Jan Huchtenberg, 1729.

ihm erlaubt hatte zu behalten, und seine eigenen nach Katalonien führen, wo die Dinge für Philipp V. von Spanien sehr schlecht stehen. »Wir wollen sehen«, antwortet Ludwig XIV., seinen Lieblingsausdruck gebrauchend. Der Herzog beharrt und läßt nicht locker. Immer das berühmte »Wir wollen sehen«, auf das ein Offizier, der um eine Invalidenrente nachgesucht hatte, eines Tages entgegnete: »Aber Sire, wenn ich meinem General ›Wir wollen sehen‹ geantwortet hätte, als er mich dahin schickte, wo ich meinen Arm verloren habe, dann hätte ich ihn noch und brauchte Sie um nichts zu bitten!«

Erst am Ende des Jahres erhält der Herzog von Orléans dank seiner Beharrlichkeit Genugtuung im Sommerfeldzug 1706, bei dem er die italienische Armee befehligt. »Meines Sohns Freude kann ich Euer Liebden nicht aussprechen, er hält sich stracker und scheint drei Finger höher als zuvor.« In Paris, wo der Prinz sehr beliebt ist, jubelt man ihm zu und freut sich, daß er endlich seinen Wert unter Beweis stellen darf. Doch seine Mutter ist gespalten: »Das ist eine Freude, die mir noch viel Herzleid machen wird.« Etwas später: »Mein Sohn ist nun bei seiner Armee, also fangen meine Sorgen an.«

Zuerst mißglückt die Belagerung von Turin wegen der Unentschlossenheit des Marschalls von Marsin, der ohne offizielle Ordre des Hofes nichts zu unternehmen wagt, und der Unbesonnenheit des Herzogs la Feuillade, eines leichtsinnigen Menschen, der sich für einen großen Strategen hält und dessen größtes Verdienst es ist, die Tochter des Oberfinanzaufsehers, Michel Chamillard, geheiratet zu haben. Ergebnis: Die Aktionen des Herzogs von Orléans werden von seinem Generalstab hartnäckig bekämpft; vernichtende Niederlage vor Turin; der Marschall von Marsin wird im Kampf getötet. Der Herzog selbst wurde am Arm schwer verwundet, zwischen Handgelenk und Ellbogen sind zwei Sehnen durchtrennt, und eine Lähmung der Finger ist zu befürchten. Die Ärzte befürchteten sogar zeitweise, den Arm amputieren zu müssen.

»Ich bin drei Tage so in Sorge gewesen, daß ich glaube, ich hätte den Kopf verloren, wenn es noch länger gedauert.«

Alles wird immer schlimmer. Der kleine Herzog von Bretagne, dessen Geburt den Hof mit Sonnenschein erfüllt hatte, hat das erste Lebensjahr nicht überstanden. Eine Erkältung, drei heftige Krämpfe, ein Aderlaß und Brechmittel: Nach vierundzwanzig Stunden stirbt der kleine Prinz im Alter von neun Monaten – »Erstikkungskatarrh«, sagen die Ärzte. Bei der Autopsie fand man »zuviel Gehirn, so daß, wenn er überlebt hätte, er nur mit Mühe hätte Gedanken formen können«. Ein armseliger Trost für den König, der sich mit seinem Kummer in Marly vergräbt.

»Unglücklichere Zeiten, als nun sein, habe ich nicht erlebt in den fünfunddreißig Jahren, daß ich nun in Frankreich bin.« Der Krieg, die Toten, die täglich zu beklagen sind... Madame hat schon viele, die sie kannte, sterben sehen. Der Chevalier de Lorraine, der alte Feind, dem sie verziehen hatte, hat Monsieur nicht lange überlebt. Ein Herzanfall streckte ihn, den leichtlebigen Grandseigneur, am Spieltisch nieder, und er hinterließ trotz seines beachtlichen Vermögens riesige Schulden, so daß seine Freunde zusammenlegen mußten, um sein Begräbnis zu bezahlen. Im Abstand von sechs Monaten starben die beiden rivalisierenden englischen Könige Jakob II. und Wilhelm III., die beide mit Elisabeth Charlotte verwandt waren; letzterer war so alt wie sie und ihr Spielgefährte während ihrer Kinderzeit. Aufwühlender noch die Nachricht vom Hinscheiden ihrer jungen Cousine Sophie Charlotte, Tochter der Herzogin von Hannover und Gemahlin des Königs

Friedrich I. von Preußen. Sophie Charlotte, ihre Patentochter, die sie so sehr geliebt hat und aus der sie eine französische Kronprinzessin machen wollte – mit siebenunddreißig Jahren von der Schwindsucht hinweggerafft! »Meine Augen tun mir so weh, daß ich nicht mehr schreiben kann; ich muß immerzu weinen.« Es bedarf all ihrer Ergebenheit in den Willen Gottes, um sie zu überzeugen, daß ihrer Cousine, die »christlich und ohne Todesfurcht gestorben ist«, »ewige Seligkeit« und ein »Glück ohne Ende« beschieden sind. Wie in den mittelalterlichen Totentänzen führt der Tod den Zug aus Wiegenkindern, gekrönten Häuptern, jungen Frauen an. Wann ist sie an der Reihe? An jenem Samstag, dem 21. August 1706, in Saint-Cloud, schreibt Madame mit ihrer großen, nachlässigen Schrift, die sich um Kleckse und Streichungen nicht kümmert, ihr Testament nieder.

Sie beginnt in der ihr eigenen Weise: »Da ich nicht weiß, wann es Gott gefallen wird, mich aus dieser Welt abzuberufen, da mir aber bei meiner allzu guten Gesundheit auch ein ganz plötzlicher Tod beschieden sein kann, habe ich beschlossen, meinen letzten Willen schriftlich und eigenhändig niederzulegen.« Allzu gute Gesundheit? Es ist wohl eher so, daß sie ihre Krankheiten nicht beachtet hat. Sie dramatisiert nicht wie die Hofdamen die kleinsten Unpäßlichkeiten... Stürze vom Pferd, »Fieber«, Hals- und Kopfschmerzen, »Durchfälle«, »Cholera« – Madame ist bisher nicht verschont worden. Aber sie kümmert sich zuwenig um sich selbst, als daß sie ihrer Person eine große Bedeutung zumessen würde, und sie hat zuviel Würde, als daß sie sich gern bedauern ließe. Was sie nicht hindert, selbstkritisch zu sein und ihrem eigenen Optimismus zu mißtrauen. In ihrem Testament bleibt sie sich von Anfang bis Ende treu. Für ihre Seelenruhe stiftet sie nicht Hunderte, ja Tausende von Messen als Versicherung auf das Jenseits; als gute Hugenottin braucht Elisabeth Charlotte nur zu beten: Eine bloße Anrufung der »unendlichen Wohltaten unseres Herrn Jesus Christus« und der Barmherzigkeit Gottes genügt.

Einige mildtätige Gaben im Rahmen ihrer begrenzten Mittel, zahlreiche Belohnungen für die Dienerschaft. Eine von der Dankbarkeit diktierte symbolische Rente für »Monsieur de Pollier, einen Schweizer Edelmann aus Lausanne, der sich um meine Erziehung gekümmert hat« – er ist damals sechsundachtzig Jahre alt! –, und sechstausend Livre lebenslänglicher Rente für Mademoiselle de Châteautiers, die ebenso arm wie selbstlos ist. Die Herzogin von Hannover soll ihren schönsten Ring bekommen, »den gelben Diamanten, den ich von der Dauphine bekam, weil ich wünsche, daß dieser Ring, den eine so teure Hand mir gegeben hat, von der Hand getragen werde, die mir die teuerste war«. Welch treue Anhänglichkeit!

Schließlich die inständige Bitte an ihren Sohn, die Sammlung von Münzen und Gemmen, an der sie viel mehr hängt als an ihrem goldenen Eßgeschirr oder an ihrem »Plunder« von Ringen, niemals zu teilen und stets zusammenzuhalten. Und ein scherzhaftes Vermächtnis für die Marschallin von Clérembault. Madame hinterläßt ihrer alten Freundin, die reich ist wie Krösus, geizig wie Harpagon und – ihre einzige Schwäche – verrückt nach Juwelen, »alle Juwelen und Edelsteine, die sich in den Taschen meiner Kleider befinden«. Wertloser Kleinkram, vergessen zwischen Taschentuch und Pillendose! Man kann sich das spitzbübische Lächeln ausmalen, mit dem sie diese Worte schrieb.

In den kommenden Jahren wird sie ihren Humor bitter nötig haben. Nach dem Italienfeldzug wird der Herzog von Orléans nach Spanien geschickt, von wo er reizende Briefe schreibt, die von Orangenbäumen, Jasmin und Granatäpfeln erzählen und in denen er über die Mißgeschicke des Krieges und seine eigenen Sorgen berichtet; es sind zärtliche, vergnügte, respektvolle Briefe, deren gewandte Schrift an die seiner Mutter erinnert. War es beim Lesen dieser Briefe, daß sie eines Abends in Marly fast bei lebendigem Leibe verbrannt wäre, als eine Kerze ihren Toilettentisch in Brand setzte und einen Teil ihrer Haare, Wimpern und Brauen versengte? Ein kleiner Zwischenfall, der sie nicht daran hindert, mit dem König zu Abend zu speisen, trotz ihrer versengten Locken und der Verbrennungen an den Händen, mit denen sie das Feuer gelöscht hatte. Was ist das schon, verglichen mit den Gefahren, denen ihr Sohn ausgesetzt ist?

Zum Glück steht am Ende des Wegs der Ruhm, wie ein Astrologe es Madame im vergangenen Jahr vorausgesagt hatte. Nur ihrem Sohn war es zu verdanken, daß die Belagerung von Lérida erfolgreich verlief; er ist ein mutiger und begabter Heerführer und steckt selber 800 000 Livre aus seinem privaten Vermögen in diesen Feldzug; um seine völlig abgebrannte Armee mit Proviant zu versorgen, benutzt er seine eigenen Equipagen. Der König war davon so beeindruckt, daß er Madame und die Herzogin von Orléans mitten in der Nacht wecken ließ, um ihnen die Einnahme von Lérida mitzuteilen.

Ein Jahr danach wird Tortosa eingenommen, was die Prinzen von Geblüt und die Bastarde vor Ärger platzen läßt, um so mehr, als diese Herren Tortosa für uneinnehmbar erklärt hatten. Sie waren in ihrer Bosheit sogar so weit gegangen, den Marquis de Dangeau vorzuschicken, daß er Madame zur Übergabe der Stadt gratuliere, an die keiner glaubte, um nachher ihre Enttäuschung zu genießen, wenn die Nachricht dementiert würde. Aber sie hatten kein Glück: Am Abend kam ein offizieller Bote nach Fontainebleau und meldete die

Prinz Eugen von Savoyen; Gemälde von Jacob van Schuppen.

Kapitulation von Tortosa. »Ihr hättet die wütende Miene von Monsieur le Duc und dem Prinzen von Conti sehen sollen. Sie hätten kein ärgeres Gesicht machen können, wenn man ihnen gesagt hätte, daß sie sterben müssen.« Und der dicke Dangeau, zu dumm, um zu begreifen, welche Rolle die beiden Komplizen ihn hatten spielen lassen, notiert gutmütig in seinem *Tagebuch:* »Der Herzog von Orléans hat viel Ehre erworben bei dieser Belagerung, und der König ist überaus zufrieden damit.«

Spanien ist eine glückliche Ausnahme; ansonsten häufen sich die militärischen Niederlagen. In Flandern steht es sehr schlecht. In Audenarde siegen Marlborough und der Prinz Eugen über den Herzog von Vendôme; Lille wird eingenommen trotz des heldenhaften Widerstands des Marschalls von Boufflers. Es ist verboten, darüber zu sprechen, doch der Hof ist in Aufregung. Der Herzog von Burgund soll als Oberbefehlshaber der flandrischen Armeen anstatt einzugreifen zugesehen haben, wie Vendôme und seine Truppen in Audenarde aufgerieben wurden; als die Übergabe von Lille gemeldet wurde, soll der *petit-fils de France* seelenruhig Federball gespielt und sein Spiel deswegen nicht unterbrochen haben; alles scheint ihm egal zu sein, wenn er nur so schnell wie möglich wieder bei seiner Frau ist.

Klug hält sich Madame aus den Kabalen heraus; es ist schlimm genug, daß die Herzogin von Burgund ihr eine solche Antipathie bezeugt und daß die Erfolge ihres Sohnes die Eifersucht der Prinzen erregen. Was wäre, wenn der König, der um die Anschuldigungen gegen den Herzog von Burgund wissen muß, sich über die Siege des Herzogs von Orléans ärgerte!

Eine Zeitlang werden Niederlagen und Siege in den Hintergrund treten. Am Dreikönigstag, dem 6. Januar 1709, »zwischen drei und vier Uhr nachmittags«, so ein zeitgenössischer Bericht, bricht eine Welle polarer Kälte über das Königreich herein. Innerhalb von vier Tagen sind die Seine und die Hauptflüsse zugefroren, entlang den Küsten hat das Meer eine Eisschicht. Seit über hundert Jahren war das nicht vorgekommen, nicht einmal 1695, als an der Tafel des Königs der Wein in den Gläsern gefror, wie Madame berichtet.

Eine grausame Kälte, die sich ausbreitet und nicht endet, die Mensch und Tier tötet, Bäume und Saaten erfrieren läßt. Wolfsrudel dringen bis an den Rand der Städte vor. Das Leben ist paralysiert, die Kuriere verkehren nicht mehr, die Gerichtshöfe stehen leer, die Theater sind geschlossen. Am 1. Februar liegt in Versailles der Schnee vor dem Schloß so hoch, daß man auf die Zeremonie der Wachablösung verzichten muß. Der Dauphin hat eiligst Meudon verlassen, das nicht heizbar ist und wo seine Leute sich weigerten zu bleiben. Der Hof und die königliche Familie leben ganz abgeschlossen, der König verläßt kaum mehr die Gemächer der Madame de Maintenon. Niemand geht aus. Als der Herzog von Berry es eines Tages vor Langeweile nicht mehr aushielt und auf die Jagd ging, kam der Page, der sein Gewehr trug, mit einer erfrorenen rechten Hand zurück, und man mußte ihm die Finger amputieren.

»Es sollen seit dem 6. Januari allein zu Paris vierundzwanzigtausend Menschen gestorben sein«, schreibt Madame Anfang Februar. Die Zahl ist sicherlich übertrieben. Aber Tatsache ist, daß die Leute in den Städten und auf dem Land wie die Fliegen sterben. Da die Mühlen durch das Eis blockiert sind, wird das Brot knapp, zur Kälte kommt der Hunger, die Tragödie wird zur Katastrophe. Madame ist den Tränen nahe, als sie am 2. März die »erbärmliche Historie« einer armen Frau erzählt, die in Paris ein Brot vom Ladentisch eines Bäckers gestohlen hatte:

»Der Bäcker lief dem Weib nach, sie fing an zu weinen und sagte: ›Wenn man mein Elend wüßte, man nähme mir das Brot nicht. Ich habe drei kleine Kinder, ganz nackend ohne Feuer noch Brot, sie rufen nach Brot, ich kanns nicht mehr ausstehen, habe derowegen das Brot gestohlen.‹ Der Commissarius, vor dem man sie geführt hatte, sagte: ›Seht zu, was Ihr sagt! Denn ich will mit Euch in Euer Haus‹, ging auch mit. Wie er in die Kammer trat, sah er drei kleine nackende Kinder, in alten Lumpen gewickelt, in einem Eck sitzen; die zitterten vor Kälte, als wenn man das Fieber hat. Er fragte das älteste: ›Ou est vostre pere?‹ [Wo ist euer Vater?] ›Derriere la porte‹ [Hinter der Tür], sagte das Kind. Der Commissarius wollte sehen, was der Vater hinter der Tür täte; der hatte sich verzweifelt und gehängt hinter der Tür.«

Die Hungersnot wütet mehrere Monate, nicht nur in Paris, auch in der Dauphiné, in der Provence, im Languedoc. Wucher und Spekulation haben wie gewöhnlich das Elend noch verschärft. In den Armeemagazinen von Bordeaux, Beauvais, Nogent-sur-Seine, Orléans wird geplündert. Im Bourbonnais überfallen mehr als achthundert bewaffnete Männer die Intendantur und schießen auf den Stellvertreter des Königs. In Paris wird ein Kommissar von den Marktweibern zusammengeschlagen, der Polizeikommandant verhöhnt und bedroht. Am 4. Mai umzingeln etwa hundert mit Äxten und Enterhaken bewaffnete Flußschiffer den Markt von Saint-Germain, der durch das Garderegiment befreit werden muß. Drei Rädelsführer, die verhaftet worden waren, mußten vom Gefängnis der Abtei in die Conciergerie des Châtelet überführt werden, weil ihre Kumpane geschworen hatten, das Gefängnis anzuzünden, um sie zu befreien. »Mein Leben hab ich keine so traurige Zeiten gesehen.« Weder die gelegentlichen Brotverteilungen noch die Prozession der Staatsorgane, bei der die Reliquien der heiligen Genoveva mitgetragen werden, können daran viel ändern.

In dieser Zeit der Prüfungen fühlt sich Madame ganz als Französin und empört sich über die unannehmbaren Friedensbedingungen der Alliierten. Der König soll sich der Koalition anschließen, um Philipp V. zu entthronen? »Wenn ich schon Krieg führen muß«, hatte er geantwortet, »führe ich ihn lieber gegen meine Feinde als gegen meine Kinder!« Madame stimmt ihm bei: »Einen Großvater gegen seinen leiblichen Enkel [...] zu hetzen wollen, ist etwas barbarisch und unchristlich; ich kanns nicht leiden und bin gewiß, daß die, so es erdacht haben, drüber von Gott dem Allmächtigen gestraft werden werden.« So möge Er auch die Frechheit Marlboroughs und den Verrat des Prinzen Eugen bestrafen: Als Sohn des Grafen Soissons und einer Nichte von Mazarin sollte er »sich erinnern, daß dies Land sein Vaterland und er als des Königs Untertan geboren ist«.

Als im August ein Aufruhr an die vierzig Tote auf dem Pflaster von Paris zurückgelassen hatte, ruft sie aus: »Es seind doch gute Leute, die Pariser, sich sogleich wieder zu besänftigen.« Es genügte in der Tat, daß die Marschälle Boufflers und Gramont, die zufällig vorbeikamen, mitten in der Menge aus der Kutsche stiegen, ein wenig Geld verteilten und versprachen, dem König davon zu berichten, damit die Hüte in die Luft flogen mit dem Schrei: »Es lebe der König! Brot!« Gute Leute, die Pariser, die ihren König so sehr lieben und die sie unter ihren Fenstern im Palais-Royal gegen Madame de Maintenon hetzen hörte. »Sie sagten platt heraus, sie möchten sie haben, um sie zu zerreißen oder als eine Hex zu verbrennen.« Trotz der Sommerhitze und den fröhlich grüßenden Zurufen machte Madame würdevoll ihr Fenster wieder zu. Mit welch heimlicher Freude...

Das goldene Geschirr des Königs und das des Dauphins sind in die Münze gewandert, die silbernen Geschirre von Prinzen und Adligen ebenfalls, man hat sich »auf Fayence verlegt«, und der Krieg geht weiter. Eine neue Niederlage in Malplaquet bei Mons, bei der Marschall Villars gleichwohl seine Artillerie und einen Teil seiner Armee – der letzten des Königreichs – rettet, nachdem er Marlborough und dem Prinzen Eugen schwere Verluste zugefügt hat. Noch über ein Jahr des Wartens, bis der Sieg wieder ins französische Lager zurückkehrt, mehr als drei, bis die eines Tages unterbrochenen, eines Tages wiederaufgenommenen Verhandlungen zum Frieden führen.

Der Hof versinkt in der Dämmerung der allzu langen Regierungszeit. Wo sind die prächtigen Feste, die glänzenden Karnevals früherer Zeiten? Die Jungen können nicht einmal mehr tanzen: Man schickt sie so früh in den Krieg, daß sie kaum Zeit haben, irgend etwas zu lernen. Wer hätte im übrigen das Herz, sich zu amüsieren? So viele Familien haben Angehörige im Krieg verloren, daß der König verbieten mußte, in Trauerkleidung nach Marly zu kommen, es war zu trist. Er selbst hat aus Sparsamkeit entschieden, in Marly so zu leben wie in Versailles, das heißt, allein zu speisen und beim Souper nur die nächsten Angehörigen der königlichen Familie zu bewirten – eine einzige Tafel mit zwölf Gedecken –, und jeder mußte für sein Gefolge selbst aufkommen. »Wenn der König befiehlt, muß man gehorchen«, bemerkt Madame seufzend.

Vorbei ist es auch mit den berühmten und ständig neuen Kunstschöpfungen. Die großen Namen sind verschwunden, und niemand ist da, um sie zu ersetzen. Man begnügt sich damit, die Erfolge von einst aufzuwärmen, die alten Opern von Lully, die Elisabeth Charlotte auswendig kennt, *Bérénice,* die ihr etwas auf die Nerven geht – nichts als Geheul um einen Mann,

Der französische Komponist Jean-Baptist Lully; Gemälde von Paul Mignard.

der sie nicht mehr liebt und sie einem anderen in die Arme treibt! –, oder *Der eingebildete Kranke,* für dessen Komik sie nie viel übrig hatte. Wie viele *Pourceaugnac* und *Bürger als Edelmann* gäbe sie für eine neue Komödie! Aber man muß ja versuchen, sich zu zerstreuen.

Wie kommt es, daß Madame in dieser trübsinnigen Umgebung fröhlich sein kann? An einem Junimorgen 1710 fragt Ludwig XIV. sie nach dem Grund. Er kennt sie so gut wie sie sich selbst, und der Dialog, der sich entspinnt, ist reines Hoftheater:

»Ihr kamt mir gestern recht vergnügt vor, Madame!« »Monsieur, ich hatte guten Grund dazu, denn mein Sohn sprach zu mir im Auftrag Eurer Majestät.« »Ich bin entzückt, etwas getan zu haben, das Euch angenehm ist, Madame, und ich hoffe, daß diese Heirat uns noch näher zusammenbringen wird.« Eine Heirat, die sie mit Freude erfüllt: Der Herzog von Berry, ihr lieber Berry, »der Berry von Madame«, wie ihn seine Mutter, die Dauphine, nannte, heiratet Mademoiselle, die älteste Tochter des Herzogs von Orléans.

Das war nicht ohne Schwierigkeiten gegangen. Über ein Jahr lang intrigierten die zahlreichen Feinde des Herzogs von Orléans, die erbittert darüber waren, daß seine Tochter *petite-fille de France* werden würde, und er hatte nur wenig Unterstützung bei Hof. Zumal er beinahe alles verpfuscht hätte, indem er den König und Madame de Maintenon durch ein Galadiner für den Kurfürsten von Bayern brüskierte. Bei diesem Diner hatte Madame d'Argenton, die offizielle Mätresse des Herzogs, den Ehrenplatz inne. Eine Menge Neugieriger war zum Schloß von Saint-Cloud geströmt, dessen Türen weit offenstanden: Sie wollten einen Fürsten sehen, der sich ihnen inmitten einer Art Harem präsentierte und dessen Favoritin zwischen anderen Schönheiten thronte, die ebensowenig schüchtern waren wie sie. Der König war wütend und außer sich über die Schmach, die damit der Herzogin von Orléans, seiner Tochter, angetan worden war. Er hätte dem Herzog diese Provokation nie verziehen und die Heirat von Mademoiselle verhindert, hätte der Herzog von Saint-Simon den Provokateur nicht drei Tage lang ununterbrochen bearbeitet, damit er zum Zeichen der Reue seine Liaison mit Madame d'Argenton abbräche. Schließlich hatte der Herzog von Orléans, betäubt von Vorhaltungen und Bitten, widerstrebenden Herzens nachgegeben.

Allzu gutgläubig schreibt Madame, »daß mein Sohn mit sein braun Schätzchen endlich von sich selber gebrochen hat«. Sie weiß genausowenig von dem Skandal in Saint-Cloud wie von dem verbalen Marathon Saint-Simons und freut sich über die Klugheit ihres Sohnes! Diese Argenton, eine ihrer früheren Hoffräulein, trieb die Schamlosigkeit wirklich zu weit, »denn erstlich, so war sie abscheulich interessiert, er konnt ihr nie genug geben, zum andern so traktiert sie ihn wie einen Sklaven [...]. Sie brachte ihn in die schlimmste Compagnie [...]. Ganz Paris war skandalisiert darüber.«

Paris wird noch ganz anderes sehen. Vorerst genügte das Opfer der Madame d'Argenton nicht, die so sehr gewünschte Heirat zustande zu bringen. Madame la Duchesse, die feindliche Schwester der Herzogin von Orléans, hat ein Auge auf den Herzog von Berry geworfen als Gemahl für ihre älteste Tochter, Mademoiselle de Bourbon. Nun übt Madame la Duchesse aber einen allmächtigen Einfluß auf den Dauphin, ihren Halbbruder, aus, der wiederum seinen Haß auf den Herzog von Orléans »bis zur Unanständigkeit« treibt, wie Saint-Simon sagt.

Der scheinbar neutrale König, der aber nichts ohne Madame de Maintenon entscheidet, hat sich darauf beschränkt, zu sagen, daß Mademoiselle so dick ist, daß sie vielleicht gar keine Kinder bekommen kann. Daran soll es nicht liegen! Mademoiselle unterzieht sich sofort einer drakonischen Diät, unter der sie sichtlich abmagert, und schnürt sich in ihr Korsett.

Der sicherste Weg, den Herzog von Berry zu bekommen, ist immer noch, die Herzogin von Burgund zu gewinnen und durch sie Madame de Maintenon. Worum sich die Eltern von Mademoiselle, deren Freunde und die Feinde ihrer Feinde so bemüht haben, daß an jenem 1. Juni 1710 Ludwig XIV. Madame mitteilen kann, was sie schon seit vierundzwanzig Stunden weiß: daß ihre beiderseitigen Enkel heiraten werden. Der abgeblitzten Kandidatin, Mademoiselle de Bourbon, wird nichts anderes übrigbleiben, als einen gefährlichen Irren, ihren Cousin Louis-Armand de Conti, zu heiraten. In jeder Generation heiratet so ein Conti eine Condé, ein Condé eine Conti, und die erbliche Belastung der Nachkommenschaft wird auf diese Weise immer unübersehbarer.

Die Zeiten sind so schwer, daß die Hochzeit Berry-Orléans mit größter Einfachheit gefeiert wird. Ohne die Diamanten, die den schwarzen Anzug des Bräutigams schmücken, und den großen goldgewirkten Mantel, den Mademoiselle über der Robe trägt, würde man meinen, man wäre auf der Hochzeit irgendwelcher junger Leute aus guter Familie. Noch am selben Abend, während die Neuvermählten fröhlich mit der ganzen königlichen Familie bei der Herzogin von Burgund speisten, hauchte im Karmel der Rue Saint-Jacques Schwester Louise de la Miséricorde, ehemals Mademoiselle de la Vallière, ihr Leben aus, nachdem sie sechsunddreißig Jahre lang Buße getan hatte für die Sünde, den König geliebt zu haben.

Madame hatte immer eine Schwäche für den Herzog von Berry, den schönsten und besten der Enkel des Königs. Sie wünschte ihn sich nur weniger schüchtern, vor allem gebildeter, und beklagte, daß man ihn nie in der Gesellschaft von »Generälen oder Gelehrten« sähe. Mit vierundzwanzig Jahren tut er »nichts, als im Ballhaus spielen, *en vollant* schießen, wohl essen und trinken«. Wie sollte er dabei etwas lernen? Er ist ein Sportsmann, der kaum lesen kann, ein leidenschaftlicher Jäger, der, ohne mit der Wimper zu zucken, die schlimmsten Stürze vom Pferd einsteckt, und ein Lebemann, der schon Fett ansetzt; von seinem Vater hat er eine unüberwindliche Abneigung gegen geistige Aktivitäten geerbt. Das mindert weder seine Qualität als *petit-fils de France* noch die Liebe zu seiner Frau. »Man hat ihn als gar kurz gehalten«, schreibt Madame, »er hat nun eine Frau, da er mit machen kann und darf, was er will, das charmiert ihn und er meint, daß nichts in der Welt so schön ist.«

Marie-Louise Elisabeth, Herzogin von Berry, ist fünfzehn Jahre alt. Eine betörende Schönheit mit einem Kindergesicht und Porzellanaugen, umrahmt von blondem Haar, und dem Körper einer Heranwachsenden mit weichen Rundungen. Mit ihren vollen Lippen, ihrer treuherzigen Miene, ihrer Pfirsichhaut strahlt sie eine naive Sinnlichkeit aus, die ganz dazu angetan ist, einen jungen, vor Vitalität strotzenden Ehemann, der allzu lange von einer zu strengen Erziehung gezügelt wurde, zu bezaubern. Man wird schnell, aber zu spät bemerken, daß die engelsgleiche Herzogin durchtrieben ist und durch und durch falsch, irrsinnig dünkelhaft und den schlimmsten Lastern ergeben.

Kurze Zeit nach ihrer Hochzeit wird sie von einem Souper bei der Herzogin von Burgund, zu dem auch ihre Eltern und ihr Mann geladen waren, volltrunken nach Hause gebracht. Madame war auch dabei und glaubte, wie der Herzog von Berry, an die Version von dem verdorbenen Magen, oder sie tat zumindest so: »Mit ihrem dollen Fressen wird sie sich doch einmal brav krank machen.« Wenn sie sich damit begnügt hätte, sich vor der Mahlzeit mit Süßigkeiten vollzustopfen, wie Madame vorgibt! Für diesmal gelingt es der Herzogin von Burgund, die Sache zu vertuschen, und der König erfährt nichts davon. Bald jedoch wird Madame de Maintenon auf Veranlassung von Ludwig XIV. Madame bitten, ihrer Enkelin ernstere Unannehmlichkeiten in Aussicht zu stellen, wenn sie sich weiterhin derartig aufführte.

Als gäbe es nicht schon genug Unglück im Königreich Frankreich! Eine erschreckende Anzahl von Todesfällen kennzeichnet die letzten Jahre der Regierungszeit, die ein endloser Trauermarsch begleitet bis zum Schlußakkord des 1. September 1715.

Ostern 1711. Auf dem Weg nach Meudon begegnet der Dauphin einem Priester, der einem Kranken die

Sterbesakramente bringt. Er erkundigt sich nach der Krankheit: die Blattern, die damals fast überall wüteten. Leicht beunruhigt erreicht der Dauphin Meudon, wo er seinem Leibarzt anvertraut, »daß er nicht überrascht wäre, wenn er sie hätte«. Am nächsten Morgen, als er sich zur Jagd ankleidet: Fieber, heftige Kopfschmerzen, Schwindel. Die Krankheit bricht aus, aber der Ausschlag ist normal, der Puls regelmäßig, das Fieber sinkt. Alles in allem geht es gut. So gut, daß die Marktweiber, die wie vor zehn Jahren gekommen waren, um ihm ihre Genesungswünsche auszusprechen, vergnügt wieder fortgingen und gelobten, in Paris ein Tedeum singen zu lassen, um Gott zu danken. »Es ist noch nicht so weit, Ihr armen Frauen«, hatte der Kranke geantwortet. Am Abend war er tot. »Ihr könnt Euch denken, was für einen schrecklichen Effekt diese Nachricht hatte.« Madame, der es noch in der Nacht mitgeteilt wurde, kleidete sich in aller Eile wieder an, wobei sie in Gedanken die Hofrobe anlegte, was die anderen Damen, die ihre übliche Hauskleidung trugen, erstaunte. Der König fuhr nach Marly. In Versailles nichts als Tränen und Seufzen. Der Herzog von Berry, der seinen Vater anbetete, erstickt in Tränen, man hört ihn »drei Zimmer weit« weinen. Sie sieht den Herzog und die Herzogin von Burgund, »erschüttert, blaß wie der Tod, sprechen kein Wort«. Ihr Sohn und ihre Schwiegertochter weinen mit Anstand, nicht zuviel und nicht zuwenig, und versuchen, den Herzog von Berry zu beruhigen, dessen Frau sich verpflichtet fühlt, ebenfalls heftig zu weinen.

Der ganze Hof ist da und umschwirrt bereits den neuen Dauphin. Während im verlassenen Meudon nur ein oder zwei Diener und einige Kapuziner bei dem Verstorbenen geblieben sind, dessen Leichnam jetzt einen solchen Gestank verbreitet, daß die Gebetswache auf die Terrasse verlegt wird.

Elisabeth Charlotte ist ehrlich genug, um zuzugeben, daß dieser Tod, nachdem der erste Schock vorüber ist, sie gleichgültig läßt. Der Dauphin, zwanzig Jahre lang ihr Jagdgefährte, hatte von dem Tag an, da Madame la Duchesse ihn mit Beschlag belegt hatte, alle Beziehungen zu ihr abgebrochen. Er sprach kaum noch mit ihr. »Monsieur le Dauphin jammert mich zwar, allein ich kann nicht so betrübt über jemand sein, so mich gar nicht lieb hatte und mich ganz verlassen, als über jemand, so allezeit mein Freund geblieben.« All ihre Sorge gilt dem König, der »in einer Betrübnis [ist], die ein Stein erbarmen möcht«. Gott gebe, daß er nicht krank wird, er sieht so schlecht aus!

Kaum hatte sie Zeit, sich wieder zu beruhigen, als schreckliche Nachrichten aus Lothringen sie erreichen. Auch dort wüten die Blattern: In wenigen Tagen sind drei Kinder ihrer Tochter gestorben, eine hübsche kleine Zehnjährige, ein Mädchen von sieben und ein Knabe von acht Jahren. Der unglücklichen Herzogin, die zum zehntenmal schwanger ist und bereits vier Kinder in zartem Alter verloren hat, bleiben nur noch zwei Söhne, die selbst so krank sind, daß man sie schon aufgegeben hat. Eine Trauerzeit folgt der anderen. Der König hat entschieden, daß sie für die jungen lothringischen Prinzen einen Monat dauern soll, und in Versailles sieht man nur schwarze Umhänge und Trauermäntel, die still die Gänge entlanghuschen, Beileidsbesuche, die sich mit Dankesbesuchen kreuzen, Trauergottesdienste und schwarze Draperien.

Der neue Dauphin ist ein Heiliger. Ein bißchen zu devot für Elisabeth Charlottes Geschmack, »aber wenigstens predigt er nicht«. Er ist höchst intelligent, ernsthaft, gerecht, erleuchtet durch seinen Glauben an Gott und seine Nächstenliebe. Vor langer Zeit schon hat er heimlich seine Juwelen verkauft, um das Geld an die Armen zu verteilen. Seine Frau, die er leidenschaftlich liebt, hätte ihn sich wahrscheinlich weniger streng gewünscht.

Doch seit sie Dauphine ist, ist sie viel vernünftiger geworden und hat die Launen und Kindereien abgelegt, die ihren fünfundzwanzig Jahren und erst recht ihrer neuen Würde nicht mehr angemessen waren. Das Paar hat zwei Söhne, die nach dem Tod des ältesten geboren wurden, und hätte sicher noch mehr, wenn die junge Frau nicht so zart wäre.

Am 6. Februar 1712 hat die Dauphine Fieber, vielleicht, wie die Ärzte meinen, auf Grund »einiger italienischer Ragouts, von denen sie am Vortag gegessen hatte«. Sie klagt über heftige Kopfschmerzen, die weder Aderlaß noch Opium lindern können, und auf ihrer Haut bilden sich rötliche Flecken. Madame läßt ihr Kenter Pulver bringen, und es scheint ihr etwas besserzugehen, jedenfalls gut genug, um die Letzte Ölung zu empfangen. Der König ist verzweifelt, der Dauphin vollkommen niedergeschlagen.

Sieben Ärzte, die besten des Königreichs, halten Rat: Soll man bei einer so geschwächten Patientin einen fünften Aderlaß vornehmen? Außer sich, beschwört Madame sie, es nicht zu tun, und legt sich mit Madame de Maintenon an, die ihr vorwirft, sich für klüger zu halten als die Fakultät. Am 11. Februar läßt der fünfte Aderlaß die Prinzessin sanft ins Nichts gleiten, aus dem sie weder die drei Gläser Brechmittel noch das verabreichte *lilium paracelsi* zurückholen werden. Sechs Tage später stirbt auch der Dauphin, der aus seiner Benommenheit nur noch einmal erwacht war, um von einer so heftigen Nervenkrise geschüttelt zu werden, daß »acht Männer ihn nur mit Mühe festhalten konnten«. Und am 8. März wird der König benachrichtigt, daß der kleine Dauphin, der fünf Jahre alt war, den Blattern erlegen ist. Die Symptome der Blattern waren auch bei seinen Eltern aufgetreten.

Die Fama wartete nicht auf den Tod des königlichen Kindes, um von Gift zu sprechen. Die Autopsie der Dauphine hat keinen Anhaltspunkt für eine bekannte Krankheit ergeben, keine organische Veränderung, nur das Blut war »ganz verbrannt«. Wodurch, wenn nicht durch Gift? Der Dauphin war »vom Kopf bis zu den Füßen brandig [...], das Herz verdorrt und eine Lungenseite verfault«. Wieder das Gift! Genauso beim kleinen Dauphin! Wer aber zieht Nutzen aus dieser Serie von verdächtigen Todesfällen? Der Herzog von Orléans. Alles spricht gegen ihn. Zwischen ihm und dem Thron steht nur noch der kleine Herzog von Anjou, ein zweijähriges Kind, das man leicht beseitigen kann, und sein Schwiegersohn, der Herzog von Berry. Ein doppelt störender Schwiegersohn in Anbetracht der inzestuösen Beziehung, die der Herzog von Orléans zu seiner Tochter unterhält: Seine eifersüchtigen Bemühungen um sie, die Orgien im Palais-Royal, deren schönste Zierde sie ist, die Arroganz, mit der sie ihn behandelt, all das nährt den Verdacht. Ein weiteres verdächtiges Indiz ist sein Laboratorium, in dem er zusammen mit einem bekannten Chemiker Versuche anstellt. Von der Chemie zum Gift ist es nur ein kleiner Schritt... Schließlich – der Apfel fällt nicht weit vom Stamm – ist der Herzog ein Sohn von Monsieur, dessen erste Frau gestorben ist, nachdem sie das tödliche Glas Zichorienwasser getrunken hatte.

Das genügt, um die Stimmung aufzuheizen. Der Hof behandelt ihn wie einen Aussätzigen; der König beachtet ihn kaum, wenn er darum fleht, sich rechtfertigen zu dürfen; wo er erscheint, wird es leer um ihn. Allein der Herzog von Saint-Simon ist mutig genug, sich in seiner Gesellschaft zu zeigen. In der Stadt hagelt es Drohungen und Verwünschungen, die Menge brüllt »Tötet ihn!« und wirft Steine nach seiner Kutsche, beleidigende Sprüche bedecken die Mauern des Palais-

Royal. Madame, die Höllenqualen leidet, wendet ihre ganze Überzeugungskraft auf, um ihren Sohn zu verteidigen – doch niemand hört ihr zu.

Zweifellos hat sie nicht unrecht, die Quelle dieser Gerüchte beim Herzog von Maine und seiner Frau zu vermuten, der ehrgeizigen Tochter des Prinzen von Condé, die die Orléans haßt und nur glücklich ist, wenn sie einen bösen Streich aushecken kann. Von seiner Frau angestachelt, von Madame de Maintenon unterstützt, bemüht sich der Herzog von Maine, den Weg zu ebnen, der zum Thron führt. Wenn auch noch die beiden einzigen legitimen Erben, die dem König in direkter Linie bleiben, ausfielen, hätte der legitimierte Bastard große Chancen gegenüber einem entehrten Herzog von Orléans.

Noch einmal schlägt das Unglück zu. Im April 1714 stirbt der Herzog von Berry an den Folgen eines Jagdunfalls, und die Vergiftungsgerüchte leben wieder auf. Wann wird der kleine Dauphin sterben? Seine vier Jahre wiegen nicht schwer in den Kabalen, die den alten König umgeben. Kurz darauf fegt ein königliches Edikt die Grundprinzipien der französischen Monarchie hinweg und erklärt den Herzog von Maine oder seinen Bruder, den Grafen von Toulouse, für regierungsfähig, falls der König ohne Erben sterben sollte.

Im Jahr zuvor war in Utrecht endlich der Friedensvertrag unterzeichnet worden, doch das Königreich ist vollständig ausgeblutet und finanziell am Rand des Zusammenbruchs. Ludwig XIV. überlebt sich selbst, unbeirrbar übt er bis zum Schluß seinen »Königsberuf« aus inmitten eines Hofs, der nur mehr eine Farce ist, die erstarrte Dekoration eines abgedroschenen Stücks. Marly, Fontainebleau, Versailles, ein paar Tage in Rambouillet beim Grafen von Toulouse und wiederum Marly, Versailles, Fontainebleau. Messe, Jagd, Komödie, Spiel, jeden Abend Musik bei Madame de Maintenon, das Ritual geht weiter. Beim Souper des Königs kein Wort. Nach dem Souper kurze Zusammenkunft der königlichen Familie (oder dessen, was davon übrig ist) im »Allerheiligsten«, wo Madame jetzt die Ehre hat dabeizusein. Man spricht über alles und nichts, nur nicht von den Verstorbenen, der Dauphine und den drei Dauphins. »Der König tut mir auch die Gnade, sich wegen meiner Gesundheit zu informieren, wovon ich Rechenschaft gebe. Etlichmal rede ich auch so davon, daß ich Ihro Majestät lachen mache.«

Die Gesundheit des Königs allerdings ist nicht zum Lachen.

Seit einigen Jahren hat er sehr abgebaut. Als er sich an einem Oktobertag 1712 ankleidete, wußte er nicht mehr, was er tat, verwechselte die Sachen und redete unzusammenhängende Sätze. Diese Störungen hatten den ganzen Tag angehalten. In den folgenden Tagen war er »sehr verändert« erschienen und sagte selbst, daß er sich sehr schwach fühle. Allerdings hatte Fagon, sein Leibarzt, ihn zweimal hintereinander zur Ader gelassen und ihm zwei »Medizinen« verabreicht, jene entsetzlichen Abführmittel, die einen Ochsen töten können und von denen Fagon überreichlich Gebrauch machte.

Aber der 76jährige, vom Leben verbraucht und von Kummer verzehrt, hat den eisernen Willen, sich selbst gleichzubleiben. Er bewahrt seine königliche Haltung auch noch, als ihn seine Kräfte schon im Stich lassen – wie in der peinlichen Affäre der persischen Gesandtschaft.

Im Februar 1715 wird in Versailles ein »außerordentlicher Gesandter« empfangen, von dem unklar ist, wer ihn gesandt hat und warum, der aber Ludwig XIV. als offizieller Vertreter des persischen Herrschers vorgestellt wird. War es, wie Saint-Simon behauptet, ein einfacher Provinzbeamter, der von seinem Vorgesetzten

»mit irgendwelchen speziellen Verhandlungen« beauftragt war und sich in Versailles als Gesandter ausgab?

Der Gesandte und sein Gefolge machten jedenfalls einen mehr als seltsamen Eindruck, auch auf jene, die Persien kannten, weil sie dort gewesen waren. »Das ist das possierlichste Corps, so man sehen kann«, schreibt Madame, und selbst Dangeau, der nicht gerade kritisch ist, meint, daß diese Leute »keine große Beachtung verdienten«.

Doch Ludwig XIV., geschmeichelt, daß ein so ferner, so märchenhafter Monarch die Initiative zu einer außerordentlichen Gesandtschaft ergreift, wollte, daß der Empfang großartig würde. Mehr als vierhundert Personen in großer Aufmachung, behangen mit kostbaren Geschmeiden, in einem wie in früheren Zeiten prachtvoll herausgeputzten Versailles. Der König in Schwarz und Gold, geschmückt mit den schönsten Diamanten der Krone, »beugte sich unter dem Gewicht [der Juwelen] und schien sehr gebrechlich«. Als die Audienz vorüber ist, ist der König total erschöpft, »ein schwächlicher, über seine Jahre hinaus gealterter Greis«.

»Unser König ist nicht wohl«, schreibt Madame am 15. August. »Ich bin halb krank vor Angst, ich verliere den Appetit darüber und den Schlaf.« Er hat zunächst über »Ischias« geklagt, doch bald erschienen schwarze Flecken auf seinen Beinen: Brand. Bei der letzten Mahlzeit in der Öffentlichkeit am 24. kann er nur noch flüssige Nahrung zu sich nehmen. Sein Gesicht verkrampft sich, als er sich in diesem Zustand vom ganzen Hof beobachtet fühlt.

Am 26. August, nachdem er die Messe gehört und die Sakramente empfangen hat, nimmt der König Abschied von seiner Familie. Madame nähert sich ihm unter Tränen. Er wendet sich zu ihr: »Ich habe Euch immer geliebt, Madame, mehr, als Ihr selbst glaubtet, und es tut mir leid, wenn ich Euch manchmal Kummer gemacht habe.« So *tendre* Worte... Sie glaubt, ohnmächtig zu werden. »Erinnert Euch meiner manchmal«, fährt der Sterbende fort, »ich glaube, daß Ihr es tun werdet, denn ich bin überzeugt, daß Ihr mich immer geliebt habt. Gott segne Euch, Madame, und gebe Euch ein langes und glückliches Leben!«

Elisabeth Charlotte wirft sich auf die Knie, küßt die alte Hand, die auf der Bettdecke liegt. Der König entzieht sie ihr, umarmt sie. Sie hört, wie er sagt: »Ich be-

›Der König nimmt Abschied vom Dauphin. 26. August 1715‹; Farblithographie von Maurice Leloir, 1904.

fehle Euch Einigkeit.« »Ach, Sire, in diesem und all mein Leben werde ich Ihrer Majestät gehorsam sein!« »Ich sage Euch dies nicht«, erwidert der König lächelnd, »ich weiß, daß Ihr es nicht vonnöten habt und zu räsonnabel dazu seid; ich sage es an die anderen Prinzessinnen.«

Sie wird ihn nicht mehr sehen. »Vergangenen Sonntag ist unser seliger König gestorben um halb neun morgens.«

16

Die Mutter des Regenten

Auf dem Balkon des königlichen Gemachs ist ein Hofbeamter erschienen. Sein Hut ist mit einer schwarzen Feder geschmückt. Er hat sich langsam nach vorn bewegt und mit lauter Stimme verkündet: »Der König ist tot!« Er zieht sich zurück, kehrt einige Augenblicke später mit einer weißen Feder wieder und ruft dreimal: »Es lebe König Ludwig XV.!« So wird feierlich, über die physische Person des Königs hinaus, die Kontinuität der Monarchie bestätigt.

Frankreich betet seinen neuen Herrn an, einen Waisenknaben von fünf Jahren, so hübsch, so blond und so anrührend in seiner Zerbrechlichkeit. Dieses Kind, das ist der Frühling nach dem endlosen Winter der Trauer und der Niederlagen, die Morgenröte nach der Nacht, die Freude, die Freiheit, die Hoffnung ... Gott lasse ihn leben!

»Gott lasse ihn leben«, murmelt wie ein Echo seine Gouvernante, die ihn aus den Klauen der Ärzte gerissen hat, als seine Eltern und sein Bruder starben, und seither mit nie ermüdender Ergebenheit über ihn wacht. Diese großherzige Erzieherin, die der kleine Knabe zärtlich »Mama Adour« nennt, ist niemand anderes als Madame de Ventadour, die ehemalige Hofdame von Madame, die von Ludwig XIV. zur »Erzieherin der *enfants de France*« ernannt worden war. Von den »Kindern Frankreichs« ist nur dieses eine übriggebliebene, das sie in Vincennes, weit weg von der »schlech-

Ludwig XV., König von Frankreich – der fünfjährige König im Krönungsornat bei seiner Thronbesteigung im Jahre 1715; Gemälde von Hyacinthe Rigaud, 1715.

ten Luft« des Hofes, aufgezogen hat. Und der Hof hat sich aufgelöst.

Sobald der König nach Saint-Denis überführt worden war, ist »das ganze königliche Haus zerstreuet wie Staren«, und man kehrte in sein Haus in Paris oder Versailles oder in sein Schloß in der Ile-de-France zurück. Als erste hat sich Madame de Maintenon nach Saint-Cyr zurückgezogen, wo Madame, im *grand habit,* sie besucht. Sie tauschen die üblichen Höflichkeitsformeln aus. Welche Flut von Erinnerungen verbindet diese beiden so ungleichen Frauen, die vielleicht als einzige um den König trauern und die ihr gemeinsamer Schmerz doch einander nicht näherbringen kann!

Der Herzog und die Herzogin von Orléans richten sich im Palais-Royal ein. Saint-Cloud mit seinen prächtigen Gebäuden und dem Charme seiner Gärten ist nur eine Sommerresidenz und im Winter unbewohnbar. Und die Jahreszeit schreitet voran. Wenn es nach ihr ginge, würde Madame, die weder Kälte noch Hitze fürchtet, tausendmal lieber in Saint-Cloud frieren als in diesem »verfluchten Paris«, dieser traurigen, lärmenden, stinkenden, vollgestopften Stadt, wo man keinen Fuß vor die Tür setzen kann, ohne damit rechnen zu müssen, daß man von der Menge erdrückt wird. Aber was würde aus ihren Leuten in den ungeheizten Zimmern von Saint-Cloud? Es ist unnütz, sich zu beklagen, am besten, man versucht, sich abzufinden.

Der Herzog von Orléans ist nicht nur aus Gründen der Bequemlichkeit in Paris, noch ehe die Seinen dort wieder mit ihm zusammentreffen. In diesem Augenblick entscheidet sich seine Zukunft, und jede Stunde zählt. Das Kind, das König ist, braucht einen Regenten, der in seinem Namen regiert, und die Tradition will, daß, wenn der junge König keine Mutter mehr hat, der erste Prinz von Geblüt die Regentschaft ausübt. Ludwig XIV. hatte dies Amt kurz vor seinem Tod dem Neffen offiziell übertragen. Durch Anordnungen in letzter Minute jedoch, die trotz Geheimhaltung nach außen gedrungen waren, ging die ganze Macht in Wirklichkeit an den Herzog von Maine über.

Dem legitimierten Prinzen, der bereits einen Rechtsanspruch auf die Krone hatte, falls die Erbfolge unterbrochen werden sollte, wurde unter anderem die Befehlsgewalt über den gesamten zivilen und militärischen Hofstaat des neuen Königs übertragen, und er wurde zum einzigen Herrn über dessen Person und Umgebung, so daß, wie Saint-Simon sagt, »der Regent nicht mehr den leisesten Schimmer von Autorität besaß und sich in ständiger Gefahr befand, verhaftet zu werden, wann immer es dem Herzog von Maine gefiel«. Und das um so mehr, als dieser Generaloberst der Schweizergarde war, was ihm die blinde Gefolgschaft dieser Elitetruppe sicherte. Gegen eine solche Bedrohung gab es nur ein Mittel: den Staatsstreich.

Er fand am 2. September 1715, einen Tag nach Ludwigs XIV. Tod, während einer historischen Sitzung im Parlement, dem obersten Gerichtshof von Paris, statt, sorgfältig geplant von einer Handvoll Anhängern des Herzogs von Orléans, die sich darüber entrüsten, daß unter Umgehung der grundlegenden Gesetze des Königreichs »der große Schwarm der Bastarde« sich jetzt bis zu den Stufen des Throns emporschwingt. Um die Zustimmung des Parlements zu erlangen, war es weder nötig, das um das Parlementsgebäude postierte Regiment der französischen Garden in Marsch zu setzen, noch die in den Räumen und Gängen verteilten Hofbeamten eingreifen zu lassen. Es war nicht das erstemal, daß das Parlement den Letzten Willen eines Königs aufhob, doch nie zuvor war der Preis dafür so hoch gewesen: Als Gegenleistung gab der Regent dem souveränen Gerichtshof sein Einspruchsrecht zurück, die Kontrolle über die Legislative, die Ludwig XIV., im Gedenken an die Fronde, ihm in den ersten Jahren seiner Regierungszeit entzogen hatte.

Madame bleibt diesen Umständen gegenüber gleichgültig; sie sieht nur eins: Ihr Sohn ist Regent von Frankreich, der Bastard gedemütigt, die Intrigen der »alten Hexe« vereitelt. Ist sie wirklich so naiv, wie sie vorgibt, wenn sie schreibt: »Das Parlement hat meinem Sohn beigestimmt, als er öffentlich sein Recht nach seiner Geburt gefordert, welches er desto mehr recht hat zu begehren, als ihm der König vor seinem End gesagt, er hätte zwar ein Testament, allein daß, wofern mein Sohn was drinnen finden sollte, so ihm nicht anständig wäre, so sollte er es nach seinem Sinn ändern«?

Ihre Handlungsweise steht jedenfalls fest: Niemals wird sie versuchen, auch nur den geringsten politischen Einfluß auf den Regenten auszuüben. Sie hat Madame de Maintenon zu sehr kritisiert, um es ihr jetzt gleichzutun! In ihrer Antwort auf einen Brief von Leibniz, der ihr einige nützliche Ratschläge für ihren Sohn gegeben hatte, die sich sowohl auf die Verwaltung des Königreichs als auch auf die Entwicklung der wissenschaftlichen Forschung erstreckten, betont sie mit Nachdruck ihren Entschluß, sich aus allem herauszuhalten: »Es ist mir so angst, daß man glauben möchte, daß mein Sohn sich auch durch Weiber regieren läßt, [...] daß ich mich in nichts in der Welt mischen will.« Wie könnte sie es? »Man kann nicht ungelehrter noch ignoranter sein als ich bin.«

Die einzige Ausnahme von der Regel, an die sie sich halten will, ist ein Versprechen, das sie ihrem Sohn in der Euphorie des 2. September abgerungen hat, nachdem er ihr die frohe Botschaft überbracht hatte. Das Versprechen, daß er nie auch nur die geringste Verantwortung seinem lieben Freund, dem Abbé Dubois, überträgt, diesem Taugenichts, von dem sie seit langem Beweise des Verrats anhäuft, Dubois, ohne den

Philipp sich geweigert hätte, eine Mesalliance einzugehen, Dubois, der den Staat und den Regenten verkaufen würde, wenn es zu seinem Vorteil wäre! Der Regent küßte seine Mutter zärtlich und versprach alles, was sie wollte. Vor Ablauf von drei Jahren wird Dubois im Auswärtigen Amt sein, um schließlich Erster Minister zu werden...

Nach der Freude der ersten Tage kommen die Sorgen. Kaum hat der Herzog von Orléans die Regentschaft übernommen, machen sich die Unzufriedenen auch schon bemerkbar. Mehr als vierzig Spottverse, einer beleidigender als der andere, sind überall in der Stadt angeschlagen; im Parlement bildet sich eine Kabale aus Mitgliedern des Hochadels, die dem Herzog von Maine nahestehen. Gar nicht zu reden von der drückenden Last, die es bedeutet, die Regierung auf neuen Grundlagen zu reorganisieren und sich dem ungeheuren Defizit der öffentlichen Finanzen zu stellen. »Man hat ihm das Königreich in einem erbärmlicheren, abscheulicheren Zustand hinterlassen, als man vorstellen kann.« Der Regent arbeitet sich zu Tode, von sechs Uhr morgens bis Mitternacht, ohne indes auf seine gewohnten Vergnügungen zu verzichten, vor denen ihn seine Mutter vergeblich warnt. Nichts bringt ihn davon ab, weder die Gefahr für seine Gesundheit noch sein Alter, das ihn von solchen Ausschweifungen fernhalten sollte. Da sie es leid ist, ihm Vorhaltungen zu machen, scherzt sie mit ihm: »Wollt Ihr mich verjüngen, indem Ihr die Rolle eines Sohnes spielt, der mich durch Dummheiten, die nur der Jugend angemessen sind, glauben macht, ich hätte einen ganz jungen Mann zum Kind?« »Ja, Mutter, ich habe unrecht, ich gebe es zu! Aber so bin ich nun einmal!« Niemals wird er böse, aber niemals wird sie etwas anderes erreichen.

Zum Glück ist der Regent der beste Sohn der Welt, respektvoll, liebevoll, aufmerksam. Das ganze Gegen-

Philipp II., Herzog von Orléans,
Regent für den minderjährigen Ludwig XV.;
nach einem Gemälde aus der Schule von Hyacinthe Rigaud,
um 1690.

teil seiner Frau, die nur mit sich selbst beschäftigt ist und ihr Leben im Bett oder auf der Chaiselongue verbringt. »Seit des Königs Tod«, stellt Madame im Januar 1716 fest, »hat sie kein Wort zu mir gesagt.« Was auch immer ihre Fehler sein mögen, die Herzogin von Orléans gibt wenigstens keinen Anlaß zu Skandalen, was Madame immer dankbar anerkannt hat.

Aber die Herzogin von Berry! Solange Ludwig XIV. lebte, gelang es ihr noch, einigermaßen den Schein zu wahren. Nicht ohne Eklats, wie im Winter 1712, wo man sie mit aufgelöstem Gesicht aus dem Kabinett des Königs hatte kommen sehen. Am nächsten Abend war es an Madame de Maintenon, sie zurechtzuweisen. Sie war darüber so außer sich, daß sie die Tür verwechselte und in der Dunkelheit umherirrte, ihr Gesicht mit den Händen bedeckte und nach ihren Fackelträgern rief. Als das Gewitter vorüber war, führte sie ihr gewohntes Leben weiter, trieb ihren Mann zum Äußersten, hetzte ihre Eltern gegeneinander auf, ihren Vater gegen ihren Mann, war widerwärtig und grob zu aller Welt einschließlich Madames, die sie unverschämt abfahren ließ, als sie es wagte, sie zu ermahnen.

Der plötzliche Tod des Herzogs von Berry und dann der des Königs ließen die letzten Schranken fallen. Der Regent begibt sich in die Sklaverei dieses Mädchens, dem er alles durchgehen läßt und das ihn behandelt wie den letzten Knecht. Wie soll man diese völlig aus dem Gleichgewicht geratene, fette, der Völlerei und dem Alkohol verfallene Zwanzigjährige aus dem Sumpf ziehen? Wie kann man die Gerüchte von Inzest zwischen ihr und dem Regenten zum Verstummen bringen – bei ihrem Lebenswandel!

Madame gibt es auf: »Ich bin alt, habe mehr Ruhe vonnöten [...]. Ich begehre nichts als Friede und Ruhe.« In ihrem Alter ist es Zeit, sich auf die letzte Prüfung vorzubereiten, »einen Abstand zwischen Leben und Tod zu schaffen«, wie ein zeitgenössischer Ausdruck lautet. Ihre nächsten Verwandten aus Deutschland sind verstorben, ihre Tante, die Äbtissin von Maubuisson, ihre Schwester, die Raugräfin Amalie, die Herzogin von Hannover, über deren Verlust sie untröstlich ist: »Alle die meinigen sind tot.« Ganz zu schweigen von Ludwig XIV., den sie nicht vergessen kann. Eines Sonntags in Saint-Germain-l'Auxerrois wollte man ihr eine Freude machen und ließ die Musikanten des Königs eine Motette singen. Es war das erstemal, daß sie sie wieder hörte, und sie zerfloß in Tränen.

Sobald die Jahreszeit es erlaubt, fährt Madame für mehrere Monate nach Saint-Cloud, bis die Herbstfröste sie zwingen, nach Paris zurückzukehren. Hier fühlt sie sich zu Hause, seit ihr Sohn und ihre Schwiegertochter im Palais-Royal wohnen. »Saint-Cloud ist ein Ort, so mir lieb und wert ist, denn es ist der schönste Ort von der Welt.«

Ein sehr einfacher Rahmen – Madame hat sich um das Dekor nie viel Gedanken gemacht. In ihrem Zimmer ein alter Schrank mit kupfernen Beschlägen und Vorhänge, gefüttert mit fadenscheinigem Taft, ein paar Nippsachen, zwei kleine Nußbaumtische, einer davon als Spieltisch mit grünem Tuch bespannt. Im angrenzenden Kabinett bewahrt sie alle ihre in Gold gefaßten Gemmen und die schönsten Medaillen ihrer Sammlung in einer mit rotem Leder bezogenen Truhe. Hier schreibt sie, auf einem der wertlosen Tischchen (die fünf werden zusammen auf 70 Livre geschätzt werden), die im Zimmer verteilt sind inmitten eines Durcheinanders von Schachteln, Kästen und Kästchen, Etuis, Flakons und Schatullen. Eine sympathische und anheimelnde Unordnung mit ihren Weidenkörben, in denen die Hunde schlafen, dem Nähkästchen, ihrem Fernrohr für das unendlich Große – Madame steht in Verbindung mit Jacques Cassini, dem Sohn und Nachfolger des berühmten Astronomen – und ihren Mikroskopen für das unendlich Kleine: Als sie eines Tages entdeckt, daß die Motten ihre Pelze zerfressen haben, ruft sie: »A quelque chose malheur est bon [Zu etwas ist das Unglück gut]; denn es hat mich sehr divertiert, denn ich habe die Würm ins Mikroskop getan.«

Keinerlei Luxus, eine bescheidene Garderobe, die Schlafzimmermöbel alle mit dunkelrotem Samt (ihre Lieblingsfarbe) bezogen und in der Küche ein Sammelsurium von angeschlagenem, gesprungenem und geflicktem Geschirr, »das Ganze zum größten Teil sehr alt« nach Ansicht des Notars, der nach ihrem Tod ein Verzeichnis ihrer Hinterlassenschaft anlegt. Mehr braucht sie nicht, um glücklich zu sein. In Saint-Cloud ist die schöne Jahreszeit mild, die Wälder und Seen spenden Kühle. Die Gesellschaft ihrer Damen, die Besuche ihres Sohnes und einiger Freunde, das Herumtollen von zwei oder drei ihrer Enkelinnen, die das Schloß und die Gärten mit ihren Spielen beleben, das genügt, um das Gespenst der Einsamkeit zu vertreiben. Madame lebt nicht wie eine alte Dame zwischen Hunden, Katzen und Papageien.

Paris ist nicht weit. Wenn sie es auch verabscheut, in der Stadt zu leben, so ist sie doch häufig tagsüber dort, um ins Theater, in die italienische Komödie, die Oper oder die komische Oper (die sie »Oper der Seiltänzer« nennt) zu gehen. An diesen Tagen speist sie zusammen mit ihrem Sohn im Palais-Royal, geht nach Möglichkeit den lästigen Besuchern aus dem Weg, die sie belagern, seit sie Mutter des Regenten ist, und verbringt einen Moment bei ihren guten Freundinnen, den Karmeliterinnen. Sie sind nicht bigott, stellt Madame fest. Wenn sie ihr Ordenskleid nicht trügen, könnte man sie für weltliche Personen halten: Sie sprechen und räsonieren *»sans façon«* über alles.

Sans façon [zwanglos], so möchte sie leben, auf die Gefahr hin, hie und da ein paar konformistische Gemüter zu schockieren. Als sie beim Verlassen einer Theatervorstellung im Jesuitenkolleg eine Stufe verfehlt und, alle viere von sich gestreckt, hinfällt, lacht sie den guten Patres ins Gesicht, die sich, ohne eine Miene zu verziehen, beeilen, ihr aufzuhelfen. Noch schlimmer: An dem Tag, da einer der unehelichen Söhne des Regenten, der für den geistlichen Stand bestimmt ist, an der Sorbonne seine Dissertation verteidigt, beschließt Madame, die ihm sehr zugeneigt ist, an der Sitzung teilzunehmen. Skandal! Noch nie war es einer Frau erlaubt worden, diesen erhabenen Ort zu betreten. Und wenn schon, dann ist sie eben die erste!

Mag dieser kleine Abbé de Saint-Albin auch der Sohn einer Tänzerin von der Oper sein – er ist bezaubernd. Warum sollte sie sich nicht das Vergnügen gönnen, bei seiner Disputation dabeizusein? Wegen einer solchen Kleinigkeit werden nicht gleich die Mauern der Sorbonne einstürzen!

Die Briefe aus dieser Zeit offenbaren bei Madame eine Art Spaltung, deren Beginn mit dem Tod Ludwigs XIV. zusammenfällt. Der 1. September 1715 ist ein Bruch, der ihr Leben in zwei Hälften spaltet: Plötzlich sind über vierzig Jahre ihres Lebens Vergangenheit geworden, und diese Vergangenheit ist unentwirrbar mit der Gegenwart verflochten und wird nicht aufhören, sie umzutreiben. Es ist, als lebte sie, indem sie den Bruch leugnet, sowohl in der Welt, die sie umgibt, als auch zwischen den umherirrenden Schatten, die sie durch ihr Schreiben beschwört.

Da ist die Königin Marie-Thérèse, eine kleine Kugel aus weißem, fettem Fleisch, die wie ein pickender Vogel dauernd an irgend etwas knabbert und sich spitzbübisch lachend die Hände reibt, wenn der König mit ihr geschlafen hat. Madame de Montespan, schillernd vor Schönheit, Geist, Unverschämtheit, böse wie der Teufel und unwiderstehlich. Die arme La Vallière, der der König, als sie in Ungnade gefallen ist, ihren Spaniel in die Arme wirft und sagt: »Hier, Madame, er soll Euch Gesellschaft leisten, das genügt!« Alle sind da, als seien sie lebendig, sogar Henriette-Anne, deren Geist bei den Wasserspielen im Park von Saint-Cloud umherirren soll. Monsieur, heldenhaft und zimperlich, steht im Krieg in vorderster Linie, aber glaubt, an drei Staubkörnern und einem Sonnenstrahl zu sterben. Der Dauphin setzt seine Mätresse während der Fastenzeit auf trockenes Brot und erklärt: »Ich will gern eine Sünde begehen, aber nicht zwei«, und die Herzogin von Burgund treibt nachts in den Gärten von Marly ihr schamloses Spiel mit der Jeunesse dorée des Hofes. Was den ewig jungen, schönen, wohlgestalteten »guten König« angeht, so gibt es ihm nichts vorzuwerfen: Er war nur das Opfer einer perversen Umgebung, die ihn bis zum letzten Atemzug gequält hat.

Es ist eine revidierte Vergangenheit, die mehr mit dem Herzen als mit dem Gedächtnis zu tun hat und die mit Anekdoten ausgeschmückt ist, deren Heiterkeit die schlechte Laune Lügen straft, die Madame gewöhnlich zur Schau trägt. Sie empört sich schnell, wettert wie ein Kanzelredner gegen die Scheinheiligkeit, die Ausschweifung und den Tanz ums Goldene Kalb, findet aber schnell ihr Lächeln wieder, wenn ihr irgendeine komische Begebenheit unter die Feder kommt. Da sind die beiden jungen Herzoginnen, die unter dem Deckmantel der Wohltätigkeit in einem Kloster ihre als Bettelmönche verkleideten Liebhaber treffen und die Unterhaltung so lange ausdehnen, bis die Mutter Oberin, der die Audienz ein bißchen lange vorkommt, an die Zimmertür klopft. Da ist der Gelehrte Baudelot, der Direktor des Medaillenkabinetts von Madame, der sich bemüht, die Aufmerksamkeit eines betrogenen Ehemanns auf die Hörner zu lenken, die das Bildnis des Generals Cornificius schmücken: »Dies ist eine der schönsten Medaillen, die Madame besitzt. Der Triumph von Cornificius. Er hat alle Arten von Hörnern. Er war ein großer General wie Ihr, Monseigneur...« Oder der beleibte junge Mönch, der in der Gastwirtschaft, in der er ißt, plötzlich von heftigen Schmerzen heimgesucht wird und kurze Zeit später niederkommt.

Vergnügliche Geschichten, erschreckende Berichte, außergewöhnliche Begebenheiten – nichts entgeht ihrer Neugier. Genausowenig die Heiraten und Mesalliancen der Könige, Prinzen, Erzherzöge, Markgrafen und Landgrafen, die alle nähere oder fernere Verwandte von ihr sind. Das höfische Europa zieht geschlossen vorüber mit seinen Familiendramen, seinen Verschwörungen und Konflikten. Aus London, Hannover oder Modena, Berlin, Madrid und Frankfurt strömen die Informationen zu dem kleinen Schreibpult aus Palisanderholz mit Bleiverzierung im Kabinett von Saint-Cloud und verlassen es wieder, täglich, auch sonntags.

Müde? Niemals! »Schreiben schad mir nichts, ich müßte längst tot sein, wenn das schaden sollte.« Einen Sekretär hat sie nicht: Es war ärgerlich genug, als ihr rechter Arm wegen Rheumatismus ausfiel und sie auf die Dienste von Frau von Rathsamhausen angewiesen war. Deren Orthographie, großer Gott! Was müssen ihre Briefpartner gedacht haben!

Vor allem ist das Schreiben wohl, wie früher die Jagd, ein Ventil, nicht mehr für die körperliche Vitalität der Jugend, sondern für die überschäumende Aktivität eines Geistes, dem die Jahre nichts anhaben können und den die Gegenwart ebenso beschäftigt wie die Vergangenheit. Seit der Regentschaft des Herzogs von Orléans beobachtet Madame, ihrem Vorsatz treu, sich in nichts einzumischen, das politische Leben in Frankreich. Sie sieht es zunächst mit den Augen der Mutter, die darunter leidet, daß ihr Sohn soviel arbeitet, um zu »reparieren, was der König [Ludwig XIV.] oder vielmehr seine schlechten Minister verdorben haben«; außerdem ist sie besorgt über die Unvorsichtigkeit, mit der er die öffentliche Meinung herausfordert: Man könne ihm in Paris nicht verzeihen, daß er auf dem Ball den Frauen nachlaufe wie ein Tollkopf, während er alle Geschäfte des Königreichs am Hals habe. Wenn sie ihm gut zureden will, antwortet er: »Von sechs Uhr morgens bis in die Nacht muß ich mich zu langer und anstrengender Arbeit zwingen. Wenn ich mich danach nicht ein bißchen amüsierte, würde ich es nicht aushalten und vor Melancholie sterben.«

Die Melancholie ist nicht die größte Gefahr, die ihm droht. Die Herzogin von Maine, die sich nicht damit abfinden kann, daß ihr Schwager Regent ist, brüstet sich, sie werde ihm »einen Nagel ins Gehirn jagen«. Man könnte über diese kindliche Äußerung der überspannten Herzogin lachen, wenn man nicht wüßte, daß die Partei des Herzogs von Maine die Unruhe im Parlement schürt. Das Ziel: Eine Fronde entstehen zu lassen, die von Volksaufständen unterstützt würde; Schmähschriften, Pamphlete und Gazetten tun alles, um solche zu provozieren. Das Gespenst des Bürgerkriegs taucht auf, zum Entsetzen von Madame, die ihren Sohn bei einer seiner nächtlichen Eskapaden bereits ermordet sieht. Sie erhält anonyme Briefe, in denen ihr angekündigt wird, daß der Regent durch das Schwert oder Gift umkommen und das Palais-Royal verwüstet würde. Und als sie an einem Julitag 1718 dies Gedicht findet, ist sie erschrocken über den Haß, der aus ihm spricht:

Madame sind nicht die Mutter des Regenten,
Dieser infame Schuft ist nicht von Ihrem Blut
Die Hölle hat das Ungeheuer ausgespien
Ein gräßlicher Tyrann, der sich zuviel erlaubt . . .

Der Betroffene macht sich nichts aus den Angriffen gegen seine Person und mokiert sich liebevoll über die Ängste seiner Mutter. Vielleicht spürte die Herzogin von Maine, daß ihre Anhänger zu weit gingen, oder sie wollte den Widerstand des Feindes auf die Probe stellen, jedenfalls hielt sie es für richtig, um eine Audienz zu bitten. »Das Krötgen«, wie Madame sie nennt, schwor, nichts mit der Verleumdungskampagne zu tun zu haben: Eine Prinzessin von Geblüt ließe sich nicht dazu herab, Schmähschriften zu schreiben oder schreiben zu lassen! Im übrigen sei sie nur mit der Erziehung

Der Herzog von Saint-Simon;
Kupferstich nach einem Gemälde von Vanloo.

ihrer Kinder beschäftigt; sie sollten der hohen Stellung gemäß erzogen werden, die ihnen gebühre, ihnen aber vorenthalten werde durch das Unrecht, das ihrem Vater zugefügt worden sei. Ungerührt ließ der Regent sie reden; schließlich beendete er die Unterhaltung mit dem Satz: »Ich habe Anlaß zu glauben, Madame, daß diese Schmähschriften bei Ihnen und für Sie verfaßt wurden.« Worauf »das böse Hexgen« sich überall damit brüstete, daß sie ihren Gesprächspartner habe zappeln lassen. Im Parlement geht es um so turbulenter zu. Der König soll für volljährig erklärt werden, obwohl er erst elf ist (nach den Erbfolgebestimmungen der Krone muß er das dreizehnte Jahr vollendet haben). Also keine Regentschaft mehr! Man werde eine Regierung aus Mitgliedern des Parlements bilden, mit dem Herzog von Maine an der Spitze ...

Madame ist erleichtert, als sie kurz darauf erfährt, daß ihr Sohn beschlossen hat, einen großen Schlag zu führen! Am Nachmittag des 26. August 1718 sitzt sie in Saint-Cloud in ihrem Kabinett und schreibt, als ihr der Herzog von Saint-Simon gemeldet wird, den der Regent gesandt hat. Saint-Simon hat sie immer ein wenig geärgert mit seiner Manie, die französischen Herzöge weit über die deutschen Fürsten zu stellen, doch er ist ein Ehrenmann von absoluter Loyalität und der zuverlässigste Freund ihres Sohnes. Sein Besuch bedeutet sicher etwas Wichtiges. »Er soll sofort hereinkommen!« Sie steht auf, geht auf ihn zu. »Nun, Monsieur, gibt es etwas Neues?« Aufgeregt vor Freude, faßt Saint-Simon in zwei Worten die historische Sitzung zusammen, die ihm, sagt er, den größten Genuß seines Lebens verschafft hat. Seine königliche Hoheit hat in den Tuilerien großen Gerichtstag gehalten, wo dem Parlement der Hochmut ausgetrieben, seine politischen Ansprüche zunichte gemacht und der Herzog von Maine aller ihm noch verbliebenen Vorrechte entkleidet wurde: seines Ranges als Prinz von Geblüt und der Verantwortung für die Erziehung des Königs. Verblüfft und entzückt ruft Madame aus: »Endlich! Endlich! Das hätte mein Sohn schon lange tun sollen, aber er ist zu gutmütig...« Vor Freude vergißt sie, daß sie steht trotz ihrer schlechten Beine. Nein, sie wird sich nicht vor Saint-Simon setzen, dem die Etikette verbietet, in ihrer Gegenwart Platz zu nehmen: Wer so gute Nachrichten bringt, hat ein Recht auf Höflichkeit! Ein paar Worte noch über Madame du Maine, die durch ihre Verrücktheit ihren Mann ins Verderben getrieben hat, dann: »Erzählt mir doch, Monsieur, ausführlich und in allen Einzelheiten von diesem Vormittag.«

Fast eine Stunde lang hört Madame, ohne sich zu langweilen (aber schließlich doch sitzend), dem unermüdlichen kleinen Herzog zu, der ihr bis ins kleinste die Begebenheiten des 26. August schildert. Wie das Parlement in die Tuilerien eingezogen ist, »in roten Roben, zwei und zwei, durch das große Tor, und wir, die Kinder, alle an den Fenstern«. Der Auftritt des Königs, »ernst, majestätisch und zugleich so hübsch wie nur möglich«, und der Regent, undurchdringlich, von sanfter, aber entschlossener Majestät, die man nicht an ihm kannte. Saint-Simon schildert die Reden, die Haltungen, die Wut des Ersten Präsidenten, der »mit den wenigen Zähnen knirschte, die er noch hatte«, die Räte mit gebeugtem Rücken unter ihren »wallenden Pelzen«, den Ärger der Anhänger des Herzogs von Maine wie des Marschalls Huxelles, der sich unter der breiten Krempe seines tief ins Gesichts gezogenen Hutes versteckt.

Madame frohlockt. Der Bastard und das Parlement sind gedemütigt . . ., ihr Sohn hat endlich Entschlossenheit bewiesen!

In Paris ist »ein schrecklich Lärmen«, schreibt sie ein paar Tage später. Die Herzogin von Maine wäre fast geplatzt vor Wut. Manche behaupten, sie habe ihren Mann verprügelt und in seinem Zimmer alles zerschlagen: Spiegel, Porzellan, nichts sei mehr übrig. Andere sagen, sie hätte kein Wort herausgebracht und nur geweint. Da sieht man jedenfalls, »daß von solchen Leuten das Schlimmste zu fürchten ist, insonderheit wenn sie einen solchen großen Anhang haben«.

Dieser Anhang wird von Spanien unterstützt, und der spanische König, so wird behauptet, wäre bereit, unter Mißachtung der Bestimmungen des Vertrags von Utrecht, Madrid zugunsten von Paris aufzugeben, wenn der junge König von Frankreich sterben sollte. Als erster Prinz von Geblüt und Thronerbe ist der Regent also mehr denn je der Mann, den es zu beseitigen gilt. »Mein Sohn ist gewiß nicht in Sicherheit und das ängstigt mich.«

Die Angst ist berechtigt, denn es dauert nicht lange, und ein phantastisches Komplott wird aufgedeckt, an dem der Herzog von Maine, seine Frau und der spanische Gesandte Cellamare beteiligt sind. Es sollte ein Generalaufstand der Parlements und des ganzen Königreichs provoziert und damit das Eingreifen Philipps V. gerechtfertigt werden, der die Regentschaft dem Herzog von Maine übertragen würde. Das Schicksal des Herzogs von Orléans war nicht näher bestimmt; fürs erste würde man sich seiner bemächtigen und ihn nach Spanien bringen. Und danach? ... Es gab kein Danach. Die Verschwörung wurde aufgedeckt, die Hauptbeteiligten verhaftet, der Herzog von Maine in der Festung von Doulens und die Herzogin im Schloß von Dijon gefangengesetzt.

Neue Machenschaften sind deshalb nicht weniger zu befürchten. »Man sieht und hört nur Undank, Täuschung, Verrat.« In diesen Stunden vertraut Madame ihre Nöte der alten Freundin Madame de Ludres an. »Wenn Ihr wüßtet, wer alles gegen meinen Sohn ist und ihn verderben will, so wärt Ihr entsetzt. Ihr könnt Euch vorstellen, in welchem Zustand ich mich befinde. Wenn ich meinen Sohn ausgehen sehe, bin ich nicht sicher, ihn lebendig wiederzusehen.«

Leider geht er viel aus. Zu erlesenen Soupers an geheimgehaltenen Orten, wohin er sich ohne Begleitung begibt, wenn es nicht bei der Herzogin von Berry im Château de la Muette ist – ein gefährlicher Weg, auf dem er beinahe von einem ehemaligen Kavallerieoffizier, dem Oberst de la Jonquière, entführt worden wäre, der ihm im Wald von Boulogne einen Hinterhalt gelegt hatte. Nur um eine Viertelstunde verfehlte er die Falle. Doch wenn Madame den Regenten anfleht, vorsichtig zu sein, behauptet die Herzogin von Berry, daß dieses Altweibergeschwätz in Wirklichkeit von dem Willen eingegeben sei, »ihn allein zu gouvernieren«

und »daß es tort an sein Reputation täte, Furcht des Lebens zu erweisen«.

Madame hatte freilich Anfang des Jahres 1718 ein paar Monate lang geglaubt, die Herzogin von Berry hätte zu einem besseren Lebenswandel zurückgefunden und sich entschlossen, mit ihrer Vergangenheit zu brechen. Gute Vorsätze, ungewöhnliche Sanftheit und Demut, eine unerwartete Rückkehr zur Religion – alles schien zu dieser Hoffnung zu berechtigen. Die Karmeliterinnen des Faubourg Saint-Germain, bei denen sie eine Wohnung hatte, verwunderten sich über ihre Frömmigkeit und den Eifer, mit dem sie an den Gottesdiensten teilnahm, und Madame schrieb ganz glücklich: »Drum hoffe ich, daß sich Gott auch über sie erbarmen und sie ganz bekehren wird.«

Aber auch ihr Verhalten in der Öffentlichkeit hatte sich offensichtlich sehr verändert. Das wurde besonders augenfällig während des Besuchs der Herzogin von Lothringen, der Tochter von Madame, die mit ihrem Gemahl für zwei Monate nach Paris gekommen war. Im Palais-Royal erwartete sie ein Überraschungsgeschenk ihrer Nichte, eine wertvolle Kommode, deren Schubladen randvoll waren von den hübschesten Pariser Modeartikeln: Halstücher, Muffs, Bänder, Seidenschals, Négligés und ... *palatines,* die nach dem alten Zobel der »Pfälzerin« so benannten Pelzkragen. Dann gab es ein nächtliches Fest im Palais du Luxembourg, das ganz Paris erlebte wie ein Feenmärchen: ein Souper für zweihundertfünfzig Personen im hell erleuchteten Palais, dessen Gärten ebenfalls im Lichterglanz erstrahlten. Vor dem Souper ein Konzert. Danach großer Maskenball. Die Herzogin von Berry war sogar so zartfühlend gewesen, die Damen, die unlängst einen Angehörigen verloren hatten, zu bitten, an jenem Abend die Trauerkleidung abzulegen, damit das Fest um so glänzender würde.

Lange war Madame nicht mehr so glücklich gewesen. Über achtzehn Jahre hatte sie ihre Tochter nicht gesehen! Und jetzt hat sie sie wieder, fast unverändert, abgesehen von den tiefer liegenden Augen und dem von der Jagd und den Spaziergängen an der frischen Luft verdorbenen Teint. Ihre Tochter ist häßlicher als früher, findet sie. Doch trotz ihrer zahlreichen Schwangerschaften hat die Herzogin von Lothringen ihre Jungmädchenfigur behalten und strahlt eine natürliche Vornehmheit aus, auf die ihre Mutter sehr stolz ist. Im übrigen ist es ihr lieber, ihre Tochter ist tugendhaft und nicht so schön als schön und liederlich wie so viele andere.

Leider ist der Herzog von Lothringen, für den Madame soviel Achtung empfindet, nicht der gleichen Ansicht. Nachdem er seiner tugendhaften Herzogin dreizehn oder vierzehn Kinder gemacht hatte, verliebte er sich in ihre verführerische Hofdame, Madame de Craon, die fünfzehn Jahre jünger ist und einen verständnisvollen Ehemann hat.

Madame allerdings versteht es nicht: Madame de Craon muß den Herzog verhext haben! Wenn er sie nicht sieht, ist er ganz außer sich; da stimmt doch etwas nicht... Und man versuche nicht, ihr einzureden wie ihr Beichtvater, daß sich zwischen ihrem Schwiegersohn und Madame de Craon nichts abspiele! »Mon Père«, hat sie erwidert, »erzählt das Euren Mönchen im Kloster, die die Welt nur durch das Loch einer Flasche sehen! Wenn ein junger, sehr verliebter Fürst an einem Hof, wo er der Herr ist, mit einer schönen jungen Frau vierundzwanzig Stunden am Tag zusammen ist, dann nicht, um Perlen aufzufädeln, zumal wenn der Ehemann aufsteht und geht, sobald der Prinz erscheint!«

Skandal um Skandal, da ist es immer noch besser, daß ihre Tochter ihn nicht verursacht: Ergeben duldet sie die Seitensprünge eines Gatten, in den sie noch immer verliebt ist. Für Madame ist es schlimm genug, daß ihre Enkelin, die Herzogin von Berry, ihr ausschweifendes Leben wiederaufgenommen hat. Sie stopft sich voll mit Essen und Schnaps und ist wieder ungeheuer fett geworden; in ihrer Trunksucht und Obszönität macht sie sich mit dem schlimmsten Pöbel von Paris gemein. Vor allem ist sie unter den Einfluß zweier Abenteurer geraten, die es auf ihr Vermögen abgesehen haben: eine gewisse Madame de Mouchy und ihr Geliebter, Monsieur de Riom.

Die Mouchy, Enkelin eines Arztes von Monsieur und Tochter einer Hofmeisterin der Kinder des Regenten, ist zusammen mit der Herzogin von Berry erzogen worden; diese hat sie mit einem ihrer Domestiken verheiratet, ihr eine Mitgift von 100 000 Talern mitgegeben und sie zu ihrer zweiten *dame d'atour* gemacht. Riom ist ein gascognischer Edelmann aus guter Familie, ein Großneffe des Herzogs von Lauzun, von dem er sicher die Kunst erlernt hat, Prinzessinnen zu betören: Die tolle Leidenschaft, die Lauzun einst in der Grande Mademoiselle erweckt hatte, empfindet jetzt die Herzogin von Berry für Riom mit weniger Romantik, dafür mit um so mehr Schamlosigkeit. Madame de Mouchy hat in La Muette und im Palais de Luxembourg alles in ihrer Gewalt, besitzt Nachschlüssel zu allen Schlössern, schläft ab und zu mit dem Regenten und verschafft heimlich der Herzogin den Schnaps, den die Ärzte ihr verboten haben. Riom versieht seinen Dienst im Bett offenbar so gut, daß seine Mätresse ihn nicht mehr entbehren kann. Und dabei ist er weiß Gott häßlich mit seinem dicken Krötenkopf, der ihm tief zwischen den Schultern sitzt, seinem fahlen Teint und seinen Schlitzaugen! Aber, schreibt Madame unverblümt, er »soll wie ein Esel geschaffen sein«, und mehr wird von ihm auch nicht verlangt. Wenn es nach ihr ginge, hätte der

Regent ihn schon lange aus dem Fenster des Palais du Luxembourg werfen lassen!

Die Geschichte nimmt ein schlechtes Ende. Geburt eines Kindes, das nicht überlebt, geheime Heirat (?) mit Riom, furchtbare Szenen zwischen dem Regenten und seiner Tochter, die die Bekanntmachung ihrer angeblichen Heirat fordert. Sie ist seit Beginn der Schwangerschaft krank, trinkt und frißt weiter und stirbt am 22. Juli in La Muette, einen Monat vor ihrem vierundzwanzigsten Geburtstag, im letzten Augenblick zu Gott zurückgekehrt und versehen mit den Sakramenten der Kirche. Die Herzogin von Orléans hat sich nie die Mühe gemacht, ihre Tochter zu besuchen, aber Madame fuhr jeden Tag von Saint-Cloud nach La Muette und verbrachte den ganzen Nachmittag bis zum Abend im Krankenzimmer, wo sie fast vor Hitze umkam. Das arme Kind! Sie »sagte gestern, sie sterbe gern, weil sie sich ja doch mit Gott versöhnt hätte und daß, wofern sie länger leben sollte, sie vielleicht sich wieder gegen ihren Gott versündigen könnte, wollte lieber sterben. [. . .] Sie ist in der Tat ein gut Mensch; hätte die Mutter mehr Sorg vor sie gehabt und sie besser erzogen, wäre nichts als lauter Guts aus ihr geworden.« Die Autopsie ergab, daß die Herzogin von Berry erneut schwanger war und daß sie »eine Störung im Gehirn« hatte.

Spielt Madame darauf an, als sie ihrer Schwester in Deutschland anvertraut, sie habe nach ihrem Tod viele Dinge erfahren, die unmöglich zu schreiben seien? Oder hat sie ein schrecklicheres Geheimnis entdeckt, das sie sich nicht eingestehen wollte?

Die Kümmernisse mit ihren Enkeln Orléans sind noch nicht zu Ende. Der einzige Knabe, der junge Herzog von Chartres, ihr Patenkind und Liebling, ist von so zerbrechlicher Natur (»wie eine Muck«), daß sie ständig um seine Gesundheit zittert. Von den Blattern, die 1716 so viele Opfer forderten, hat er sich gut erholt, aber was soll aus ihm werden, wenn er schon mit sechzehn Jahren zum Opernball gehen darf? »Denn ins Bordell oder bei den Ball zu gehen, ist wohl all eins.« Es wird dieses schwächlichen Kleinen »Verderben an Leib und Seel sein«, wenn er jetzt das große Leben führt. Sie ist nicht die einzige, die so denkt. Saint-Simon wird dem Regenten bald vertraulich schreiben: »Ich kann nicht umhin, Eure Königliche Hoheit darauf hinzuweisen, daß, wenn Sie den Herzog von Chartres fortfahren lassen, zu trinken und zu essen etc., wie er es tut, Sie ihn unmöglich behalten werden.« Über das verschämte »etc.« Saint-Simons hätte Madame zweifellos gelächelt, doch der Ernst seiner Warnung hätte ihre Befürchtungen sicher noch verstärkt.

Mademoiselle d'Orléans ist die jüngste Schwester der Herzogin von Berry, der sie gar nicht gleicht. Sie will unbedingt Nonne werden. Nachdem sie fünf Jahre ihrer Jugend, zuerst widerwillig, im Kloster von Chelles zugebracht hatte, fühlte sie schließlich eine immer stärkere Berufung, den Schleier zu nehmen. Sie lehnte alle Heiratsanträge ab und floh aus Saint-Cloud, wo sie den Sommer 1716 bei ihrer Großmutter verbracht hatte, um sich in Chelles einzuschließen. Nichts vermochte sie wieder herauszuholen, zur Betrübnis von Madame, die sie zärtlich liebt und ihre Absicht, Nonne zu werden, nicht ernst nimmt. Es ist doch nicht möglich, daß ein so schönes Mädchen, das mit allen Talenten begabt, musikalisch und gebildet ist, das gut tanzt und singt, sich fürs ganze Leben in einem Kloster vergräbt! Oder wollte sie damit den Ränken ihrer Mutter entkommen, die sie zwingen will, den Sohn des Herzogs von Maine zu heiraten? »Sie sagt jedermann, daß es ihr um nichts leid tun wird außer um meinetwegen.« Schwester Mathilde wird eine steile Karriere machen: Mit achtzehn Jahren ist sie Novizin, mit zwanzig legt sie das Gelübde ab und wird im folgenden Jahr Äbtissin. Wenn man die Tochter des Regenten ist...

Madame, die bei der Weihe der neuen Äbtissin zugegen war, hat vor allem die Schönheit der Ausstattung, die Säulen aus schwarzem Marmor und die Standbilder aus weißem Marmor, die Oboen und Trompeten des königlichen Orchesters, den Samt mit aufgeprägten goldenen Lilien und die Prozessionen, die sie mit einem Ballett vergleicht, im Gedächtnis behalten. Man kam sich vor wie in der Oper, stellt sie boshaft fest und denkt an die große Arie aus *Atys* von Lully, die bei der Inthronisation der großen Priesterin Cybele gesungen wird... Zumindest wird Mademoiselle d'Orléans nicht die Chronique scandaleuse bereichern wie unlängst ihre älteste Schwester oder ihre andere Schwester, Mademoiselle de Valois! Die dritte Tochter des Regenten hat sich in der Tat mit einem zynischen Don Juan eingelassen, dem Herzog von Richelieu, der die glühenden Briefe der Prinzessin jedem zeigte, der sie sehen wollte. Man konnte darin lesen, »daß sie ihm hier Rendezvous gegeben hat« (in Saint-Cloud). Madame ist entrüstet. Sie wünscht sich nur eins: daß der Regent Mademoiselle de Valois so schnell wie möglich und so weit weg wie möglich verheiratet und daß man nichts mehr von ihr hört.

Sie kann sich nicht an die sorglose Ausschweifung gewöhnen, die die Regence in Mode gebracht hat, und trauert fast der »Scheinheiligkeit« der letzten Jahre Ludwigs XIV. nach, die manche zurückhielt und andere zwang, den Schein zu wahren. Das Leben in Paris vergleicht sie mit den Sündenbabeln des Alten Testaments, mit Sodom und Gomorrha.

Die Genußsucht ist um so mehr entfesselt, als dank der Spekulation mit den Aktien der Lawschen Bank von einem Tag auf den andern ungeheure Vermögen angehäuft werden. »Man hört von nichts als Millionen sprechen. Ich begreife nichts in der Welt von der Sach. Wenn ich von allem dem Reichtum höre, denke ich, daß der Gott Mammon jetzt zu Paris regiert.«

Madame hatte freilich die Entscheidung des Regenten, den schottischen Finanzmann sein berühmtes »System« einführen zu lassen, gutgeheißen. Damals sprach sie darüber im Ton mondäner Plauderei, ein bißchen in der Art einer Madame de Sévigné: »Monsieur Law ist des Lobes würdig wegen seiner Talente, aber man muß zugeben, daß er in diesem Land gehaßt wird. Mein Sohn ist entzückt von seiner Geschicklichkeit in Geschäften.« In der Tat scheint nichts sich besser auszuwirken als die Law-Bank: Die Schulden des verstorbenen Königs sind bezahlt, die Steuern gesenkt, die Lebenshaltungskosten werden geringer. »Das löst große Freude aus im Volk« (das also seine Meinung in kurzer Zeit geändert hat?), und alle drängen sich um den Zauberer. »Eine Duchesse hat ihm in der Öffentlichkeit die Hand geküßt. Wenn die Duchesse ihm die Hand küssen, was werden ihm dann die anderen Damen nicht alles küssen!«

Die Mississippi-Aktien verlieren an Wert? Das ist keine Tragödie, bestenfalls eine gute Geschichte, nämlich die des Doktor Chirac, eines Arztes des Regenten, der gerade einen Krankenbesuch machte, als man ihm mitteilte, daß die Mississippi-Aktien – er hatte ein großes Paket davon – fielen. Chirac regte sich darüber so auf, daß er, während er der Kranken den Puls fühlte, vor sich hinmurmelte: »O mein Gott! Es geht abwärts, abwärts, abwärts!« Entsetzensschrei der Dame: »Ich sterbe! Mein Puls geht ständig abwärts, Monsieur Chirac hat es dreimal gesagt!«

Die Posse wird zur Schmierenkomödie, bevor sie als Trauerspiel endet. Im Dezember 1719 schreibt Madame: »Hier wird alles abscheulich teuer, alles doppelt, was es auch sein mag [...] Alle, die so schrecklich in den Actionen gewonnen haben, kaufen alles auf ohne handeln noch marchandieren.« Was Madame am meisten schockiert, ist nicht, daß eine reich gewordene Köchin, überladen mit Diamanten, in der Oper ihre ehemalige Herrin verhöhnt (»Ja, ja, ich bin Marie, die Köchin... Ich bin reich geworden und niemandem etwas schuldig!«), sondern daß die Träger der größten Namen Frankreichs sich erniedrigen, indem sie hemmungslos spekulieren. Die Condé und die Conti weichen nicht mehr von der Rue Quincampoix, wo die Niederlassung der Bank ist. Madame la Duchesse, ihr guter Freund de Lassay und sein Sohn, Monsieur le Duc (de Bourbon), sollen 250 Millionen gewonnen haben. Der Herzog von Antin noch mehr, was ihm ermöglichte, die schönsten Stoffe von Paris aufzukaufen, die er zu einem hohen Preis wiederverkauft hat. Der Marschall von Estrées handelt mit Kaffee und Schokolade, der Herzog de la Force mit Kerzen, die er alle gekauft hat, um sie meistbietend zu versteigern, andere mit Alkohol, mit Porzellan... »Das ist aber stinkende Eier und faule Butter«, wie man in Deutschland sagt.

Auch die Ausländer sind angesteckt. Der junge Graf Horn aus einer vortrefflichen flandrischen Familie, verwandt mit dem Kaiser und mit Madame, hat mit zwei Komplizen einen Kommis der Bank ermordet, dem er in einer Schenke der Rue Quincampoix aufgelauert hatte, um ihm 1500 Livre zu stehlen. Er hatte trotz einer stattlichen Pension, die ihm sein Vater gewährte, riesige Spielschulden. Empört lehnt Madame es ab, sich beim Regenten für ihn zu verwenden, und sei es nur, um statt der öffentlichen eine heimliche Hinrichtung im Gefängnis zu erwirken. Geburt allein zählt für sie nicht, wenn keine Tugend mit ihr einhergeht, und Graf Horn ist ein ausgemachter Nichtsnutz. Er wird öffentlich gerädert, sein Pech!, und wenn Gott es für richtig hält, möge er sich seiner erbarmen!

Bald wird Paris den Zusammenbruch des berühmten »Systems« erleben, die Verzweiflung der Leute, die sich an den Bankschaltern gegenseitig zerquetschen, um ihre Geldscheine einzutauschen, im Gewühl niedergetrampelte, erstickte Menschen, eine brüllende Menge, die das Palais-Royal belagert und die Köpfe von Law und dem Regenten fordert. »Es geht keine Woche vorbei, daß ich nicht durch die Post abscheuliche Drohschreiben bekomme, wo man meinen Sohn als den boshaftigsten Tyrannen traktiert.« Die Abreise oder vielmehr die Flucht von Law wird die Gemüter besänftigen, ohne jedoch die Verbitterung zu beseitigen, die diese letzten Jahre in der Mutter des Regenten hervorgerufen haben. Am Ende des Jahres 1721 schreibt sie: »Wollte Gott, der König lebte noch! Ich hatte mehr Trost, mehr Vergnügen an einem Tag, als ich in den sechs Jahren von meines Sohns Regence habe.«

Liselotte von der Pfalz im Alter; Gemälde von Rigaud.

Epilog

»Wir verlieren eine gute Fürstin...«

Die Jahre sind vergangen. Mehr als ein halbes Jahrhundert ist es her, daß Liselotte ihrer lieben Pfalz weinend Lebewohl gesagt hat. Wo ist die kleine Amazone, die acht Stunden täglich galoppierte, die von Leben überschäumende, ein bißchen lärmige junge Frau, die den säuerlichen alten Damen Knaller unter die Röcke warf und mit ihren frechen Geschichten Ludwig XIV. zum Lachen brachte?

Nun ist sie selber eine alte Dame. Wenn der Geist auch genauso lebendig geblieben ist, der Körper ist schrecklich schwerfällig geworden, und das Herz macht nicht mehr mit – in jeder Beziehung. Seit zehn Jahren leidet Madame unter Beklemmungen, Kopfschmerzen, Erstickungsanfällen. Ihre Beine sind geschwollen (»Ich glaube, ich werde bald ein vollständiger Krüppel sein«, vertraute sie 1716 Madame de Ludres an), der kleinste Schritt bringt sie außer Atem, als hätte sie einen Hasen gejagt.

Sie hat sich schließlich mit den Aderlässen abgefunden und erkennt im Frühjahr 1717 sogar an, daß sie ihnen das Leben verdankt. Man hatte sie verloren geglaubt, nachdem sie beim heiligen Abendmahl in eine Ohnmacht gefallen war. Ausgerechnet in der Zeit, als Zar Peter der Große ihr auf der Durchreise seine Aufwartung machte (sie ist voller Bewunderung für ihn), war sie so schwach, daß sie sich nicht ankleiden konnte und ihren »Helden« in Jacke und Morgenrock empfing.

Aus dieser Periode stammt ein Bildnis, das, ganz anders als das Porträt von Rigaud, unter der Spitzenhaube ein von den Jahren sanft gewordenes Großmuttergesicht mit heiter-nachsichtigem Ausdruck zeigt.

Aber man täusche sich nicht. Die vom Leben mitgenommene, von den Aderlässen geschwächte alte Dame hat noch immer etwas von der unbezähmbaren Liselotte. »Ihr habt die Natur eines Pferdekutschers!« sagt ihr der von ihrer Widerstandskraft begeisterte Leibarzt Téray und ist sicher, daß dieses seltsame Kompliment – über das eine Bürgerliche sich schrecklich geärgert hätte – als Lob aufgenommen wird. Hat sie nicht beschlossen, daß »um sich den Magen wieder einzurenken« und das Blut, das man ihr abgenommen hat, zu ersetzen, nichts so geeignet ist wie Blutwurst und roher Schinken? Und wenn die grünen Säfte aus Kresse, Kerbel und Zichorie ihr den Appetit nehmen, ein kleiner Wermut gibt ihn ihr zurück.

Natur eines Kutschers, Sprache eines Kutschers, hätte Doktor Téray sagen können, wenn er gewußt hätte, mit welchen Worten seine Patientin den Tod Madame de Maintenons am 15. April 1719 begrüßt: »In diesem Morgen erfahre ich, daß die alte Maintenon verreckt ist, gestern zwischen vier und fünf abends.« Und als genüge die Grobheit nicht, stellt sie sich voller Bosheit vor, es müsse der »alten Vettel« am meisten Kummer gemacht haben, Madame und ihren Sohn bei guter Gesundheit zurückzulassen. Warum sollte Madame einen anderen Ton anschlagen, nur weil die Alte tot ist? Sie hätte schon vor über dreißig Jahren sterben sollen: bevor der König sie heiratete!

Noch eine letzte Pflicht und eine letzte Freude, bevor sie sich in den Willen Gottes fügt: Sie will nach Reims gehen zur Krönung des neuen Königs, wozu auch ihre Tochter aus Lothringen kommen wird, deren Kinder Madame noch nie gesehen hat.

Vom König selbst hält sie nicht allzuviel: Es sei lächerlich, anzunehmen, dieser zwölfjährige Knabe könne den Sonnenkönig ersetzen! Als er jünger war, fand sie ihn sehr schön mit seinen großen dunklen Augen und seinem goldblonden Haar, aber auch eitel, egoistisch, widerspenstig. »Die rechte Wahrheit zu sagen, so ist er ein ungezogen Kind; man läßt ihm alles zu aus Furcht, er möchte krank werden.« Freimütig und streng gegenüber ungezogenen Kindern, war Madame die einzige, die es wagte, mit ihm zu schelten: Es stehe einem großen König schlecht an, so ungehorsam und eigensinnig zu sein! Der große König sagte nichts, aber sobald er sie sah, verdunkelte sich sein Gesicht. Seit er von der allzu nachsichtigen Madame de Ventadour und den Hofdamen, die ihn alle maßlos verwöhnten, getrennt worden ist, sind die Beziehungen besser. »Ich bin nicht böse zu ihm«, schreibt sie einige Monate vor der Krönung.

Noch besser steht sie mit der kleinen Infantin, der Tochter Philipps V., die man mit Ludwig XV. verlobt hat und die Madame de Ventadour an der Grenze abholt. Eine Braut, die noch keine vier Jahre alt ist, süß zum Anbeißen, blond und rosig, sehr wach für ihr Alter und die Madame sich erobert hat. »Sie läuft mir mit offenen Armen entgegen bis in ihr Antichambre, embrassiert mich von Herzen.« Ein wahrer Sonnenschein, dieses kleine Mädchen, das vor Freude hüpft, wenn sein königlicher Verlobter (den sie kaum interessiert) geruht, mit ihm zu sprechen, und das am liebsten möchte, daß Gott es zu sich nähme und geradewegs ins Paradies führte. Madame zerfließt vor Zärtlichkeit und Bewunderung. Welche Reife bei einem so jungen Menschenkind, welch artige Manieren!

Der Herbst kommt, der Tag der Krönung nähert sich. Was tun? Sie spürt, daß ihre Kräfte von Tag zu Tag nachlassen, und fürchtet sich vor der anstrengenden Reise. Doch ihr Platz ist in Reims, im Andenken an den verstorbenen König; und sie würde nur ungern darauf verzichten, ihre Tochter und ihre Enkel aus Lothringen zu sehen! Man müßte in die Zukunft blikken können ... In die Zukunft blicken? Die Marschallin von Clérembault versteht sich darauf; mit Hilfe geheimnisvoller Berechnungen und der »Pünktchen«, die sie auf den Boden malt. Befragen wir also Madame de Clérembault! Ihre Antwort ist: »Fahren Sie in aller Ruhe, Madame, mir geht es gut.« Madame de Clérembault hat *gesehen,* daß, solange sie selbst lebt, Madame nichts zu befürchten hat. Danach ...

Am 25. Oktober wird Ludwig XV. in der Kathedrale von Reims gekrönt, Madame befindet sich auf einer Tribüne neben der Herzogin von Lothringen und ihren Kindern. »Ich glaube nicht, daß in der weiten Welt was Schöneres kann gesehen und erdacht werden, als des Königs Krönung.«

Doch der Prunk der Zeremonie ist nichts gegen die Freude, mit ihrer Tochter zusammenzusein und endlich ihre Enkel kennenzulernen. Wie schön sie alle fünf sind! Der älteste der Knaben ist groß, ein Riese von sechs Fuß Länge, der zweite hat das hübscheste Gesicht, und der jüngste ist ein lustiger Kerl, schelmisch, schwatzhaft und immer gut gelaunt. Das jüngste Mädchen ist eine Schönheit, und die »älteste ist so wohlgeschaffen, daß man sie doch auch nicht für häßlich halten kann«. Der einzige Kummer für Madame ist, daß sie ihrer Tochter ihren wahren Zustand nicht verbergen konnte. »Meine Tochter ist ein wenig verwundert gewesen, wie sie mich gesehen; denn sie hat mir nicht glauben wollen [...]. Wie sie mich aber zu Reims gesehen, ist sie so erschrocken, daß ihr die Tränen in den Augen kommen seind, hat mich gejammert.«

Sie weiß, daß sie sterben wird, daß diese letzte Anstrengung zuviel für sie gewesen ist. Wieder in Saint-

Cloud, fügt sie sich in den göttlichen Willen. Gott möge ihr einen gnädigen Tod schenken und ihrem Sohn die Hilfe gewähren, die er so nötig hat!

Die Erstickungsanfälle werden immer häufiger und schmerzhafter, trotz der Mittel, mit denen die Ärzte versuchen, ihr Erleichterung zu schaffen. Sie hat noch die Kraft, die »Empiriker« – alles Scharlatane! – wegzuschicken, die sich mit ihren Wundermitteln in Saint-Cloud drängen, und ihrer Schwester Luise zu schreiben: »Der Allmächtige verleihe mir Geduld! Ich habe es wohl hoch von nöten. Bin ich aber glücklich genug, daß mich Gott der Allmächtige aus diesen Schmerzen und Jammertal erlösen wird.«

Am 28. November entschlummert sanft mit achtundachtzig Jahren die Marschallin von Clérembault: »Es war kein Öl mehr in der Lampe.« »Solange ich lebe...«, hatte sie zu Madame gesagt und hinzugefügt: »Aber Sie werden mir in Kürze nachfolgen.«

Madame starb am 8. Dezember. Bis zum Ende klar und voller Vertrauen in die Barmherzigkeit Gottes. »Ihr könnt mich umarmen«, sagte sie zu einer ihrer Damen, die ihr die Hand küssen wollte, »ich gehe in ein Land, wo alle gleich sind.« Scherzhaft sagte sie zum Bischof von Troyes, dem Bruder von Madame de Clérembault, der ihr beistand: »Monsieur de Troyes, das war ein seltsames Spiel, das die Marschallin und ich gespielt haben!« Und ihr letztes Wort an ihren Sohn war: »Warum weint Ihr? Müssen wir denn nicht sterben?«

Ihrem Wunsch entsprechend wurde ihr Leichnam in größter Schlichtheit, »ohne jeden Trauerpomp«, nach Saint-Denis gebracht. Der Grabrede Massillons hätte sie sicher den kleinen Satz eines unbekannten Parisers, Mathieu Marais, vorgezogen, der in sein Tagebuch schrieb: »Wir verlieren eine gute Fürstin, und das ist eine Seltenheit.« Eine gute Fürstin und eine sehr große Dame.

Genealogische Übersicht

Karl I. (1600-1649)
⚭
Henriette-Marie von Frankreich

Karl II. (1630-1685)

Jakob II. (1633-1701)
⚭
X

- Anna (1664-1714) Königin von England ab 1702
- Marie (1662-1695) Gattin von Wilhelm III.

Marie-Henriette
⚭
Wilhelm II. von Oranien

- Wilhelm III. von Oranien (1651-1702) Königin von England seit 1688

Henriette-Anne (1644-1670)
⚭
Philipp von Orléa
»Monsieur«, Brud
von Ludwig XIV
(1640-1701)

- Marie-Louise Königin von Spanien (1662-1689)

Eduard
⚭
Anna Gonzaga (1614-1684)

- Benedikta
- Anna
  ⚭
  Heinrich Julius von Bourbon, Prinz von Condé
- Marie

Karl Ludwig (1617-1680) Kurfürst der Pfalz
⚭
Charlotte von Hessen-Kassel († 1686)

- Elisabeth Charlotte (1652-1722)
  ⚭
  Philipp von Orléans (1640-1701)
- Karl (1651-16
  Kurfürs
  der Pfal

ıkob I. Stuart (1566-1625)
⚭
Anne von Dänemark

Elisabeth
⚭
Friedrich V., König von Böhmen 1619-1621

upert | Eduard | Karl Ludwig Kurfürst der Pfalz (1617-1680) | Sophie Herzogin von Hannover | Luise Hollandine Äbtissin in Maubuisson | Elisabeth Äbtissin in Herford

Karl Ludwig ⚭ Charlotte von Hessen-Kassel

ınne-Marie Herzogin on Savoyen (1669-1728)

Karl Kurfürst der Pfalz (1651-1685)

Elisabeth Charlotte »Madame«, Gattin von Philipp von Orléans (1652-1722)

---

riedrich V., Pfalzgraf bei Rhein (1596-1632) König v. Böhmen v. 1619 - 1621
⚭
ılisabeth, Tochter von Jakob I. Stuart

Sophie (1630-1714) | Elisabeth (1618-1680) Äbtissin in Herford | Luise Hollandine (1622-1709) Äbtissin in Maubuisson | Rupert († 1682)

Sophie
⚭
Ernst August von Braunschweig (1620-1698) Herzog von Hannover

Georg Ludwig (1660-1727) König von England ab 1714

Sophie Charlotte († 1705)
⚭
Friedrich III.
(Friedrich I. von Preußen, ab 1700)

Zeittafel

1640	21. September: Geburt von Philipp von Orléans, »Monsieur«, Bruder Ludwigs XIV.
1644	16. Juni: Geburt von Henriette-Anne, Tochter Karls I., König von England.
1652	27. Mai: Geburt von Elisabeth Charlotte (Liselotte), Tochter des pfälzischen Kurfürsten Karl Ludwig.
1659	Liselotte wird nach Hannover geschickt zu ihrer Tante väterlicherseits, Sophie, Gemahlin des Herzogs Ernst August von Braunschweig-Lüneburg (zukünftiger Kurfürst von Hannover). Sie bleibt dort fast fünf Jahre (»die besten Jahre meines Lebens«).
1660	31. März: Heirat von Monsieur und Henriette-Anne von England.
1662	27. März: Geburt von Marie-Louise d'Orléans, Tochter von Monsieur und Henriette-Anne, künftige Königin von Spanien.
1663	Liselotte kehrt nach Heidelberg zurück.
1669	23. August: Geburt von Anne-Marie d'Orléans, Tochter von Monsieur und Henriette-Anne, spätere Herzogin von Savoyen.
1670	30. Juni: Tod von Henriette-Anne.
1671	16. November: Heirat von Monsieur und Elisabeth Charlotte.
1672	Februar: Der Chevalier de Lorraine wird aus der Verbannung zurückgerufen und Monsieur »wiedergegeben«.
1672–1679	Holländischer Krieg. Monsieur an der Seite des Königs.
1673	Juli: Geburt von Alexandre, dem ersten Kind von Elisabeth Charlotte und Monsieur; es stirbt im März 1676.

1674	Sommer: Die Pfalz wird drei Monate lang von den französischen Truppen verwüstet.
1674	2. August: Geburt von Philipp, Herzog von Chartres, zweites Kind von Elisabeth Charlotte und Monsieur.
1676	13. September: Geburt von »Mademoiselle« (Elisabeth Charlotte), drittes und letztes Kind von Madame und Monsieur.
1679	31. August: Heirat von Marie-Louise d'Orléans mit Karl II. von Spanien.
1679	September: Die Herzogin Sophie von Hannover, Tante und »Adoptivmutter« von Madame, zu Besuch am französischen Hof.
1680	25. Januar: Heirat des Dauphins, Sohn Ludwigs XIV. (geb. 1661), mit Maria Anna, Tochter des Kurfürsten von Bayern und Verwandte von Madame (geb. 1660). Madame de Maintenon wird offizielle Favoritin.
1680	28. August: Tod des Kurfürsten der Pfalz, Karl Ludwig, des Vaters von Madame.
1682	6. Mai: Ludwig XIV. läßt sich endgültig in Versailles nieder.
1682	6. August: Geburt von Louis, Herzog von Burgund, ältester Sohn des Dauphins und Maria Annas von Bayern.
1682	August–Dezember: Hofintrigen des Chevalier de Lorraine und des Marquis d'Effiat gegen Madame.
1683	30. Juli: Tod der Königin Marie-Thérèse, der Gemahlin Ludwigs XIV.
1683	19. Dezember: Geburt von Philipp, Herzog von Anjou, zweiter Sohn des Dauphins. Zukünftiger König von Spanien unter dem Namen Philipp V.
1685	Mai: Tod des Kurfürsten von der Pfalz, Karl, des Bruders von Madame.
1685	18. Oktober: Edikt von Fontainebleau, das das Edikt von Nantes widerruft.
1686	31. August: Geburt von Charles, Herzog von Berry, dritter Sohn des Dauphins und Maria Annas von Bayern.
1686	18. November: Dem König wird die »Fistel« wegoperiert.

1688	Beginn des Krieges der Augsburger Liga. Auf Befehl von Louvois wird von Oktober 1688 bis August 1689 die Pfalz systematisch zerstört.
1689	Januar: Jakob II. von England, von Wilhelm von Oranien verjagt (Wilhelm III. von England), wird vom französischen König in Saint-Germain-en-Laye aufgenommen.
1689	12. Februar: Tod der Königin von Spanien (Marie-Louise d'Orléans).
1689	März: Scheitern der Expedition Jakobs II. in Irland.
1689	Dezember – Mai 1690: Der silberne Hausrat wird eingeschmolzen – zur Finanzierung des Krieges.
1690	20. April: Tod der Dauphine Marie-Anne.
1691–1692	Monsieur und der Herzog von Chartres in Flandern (Belagerung von Mons und Namur).
1692	18. Februar: Heirat des Herzogs von Chartres mit Mademoiselle de Blois, natürliche Tochter des Königs und Madame de Montespan.
1693	Mai–August: Monsieur im Westen, »um in Abwesenheit des Königs an allen Küsten zu befehlen«.
1693	Juli: Madame hat die Blattern.
1693–1694	Hungersnot, Arbeitslosigkeit, Preiserhöhungen, Unruhen.
1697	30. Oktober: Frieden von Rijswijk, der den Krieg der Augsburger Liga beendet.
1697	16. Dezember: Heirat des Herzogs von Burgund, Enkel des Königs, mit Marie-Adélaïde von Savoyen, Enkelin Monsieurs.
1697–1698	Schwierigkeiten mit dem Kurfürsten von der Pfalz, Hans Wilhelm von Neuburg, in der Regelung der Erbfolgerechte von Madame.
1698	August–September: Scheinmanöver im Lager von Compiègne.
1698	13. Oktober: Mademoiselle, Tochter von Elisabeth Charlotte, heiratet den Herzog von Lothringen.
1699	November–Dezember: Herzog und Herzogin von Lothringen zu Besuch in Frankreich.
1700	1. November: Tod Karls II., des Königs von Spanien, ohne Erben.
1700	16. November: Der Herzog von Anjou, Enkel Ludwigs XIV., zum König von Spanien »erklärt«.

1701	9. Juni: Tod von Monsieur. Madame darf am Hof bleiben.
1701	Sommer: Beginn des Spanischen Erbfolgekriegs.
1702	8. Dezember: Tod des Chevalier de Lorraine.
1704	25. Juni: Geburt des Herzogs von Bretagne, Urgroßenkel von Ludwig XIV. Er stirbt am 17. April 1705.
1704	13. August: Niederlage von Höchstädt.
1706	Der Herzog von Orléans bei der Belagerung von Turin.
1707–1708	Derselbe in Spanien (Einnahme von Lérida, dann von Tortosa).
1707	8. Januar: Geburt des zweiten Herzogs von Bretagne, Sohn des Herzogs und der Herzogin von Burgund.
1709	Januar: Beginn des »großen Winters«.
1709	Februar: Tod der Äbtissin von Maubuisson, Tante und Vertraute von Madame.
1709	Frühling–Herbst: Unruhen in Paris und in der Provinz.
1710	15. Februar: Geburt des Herzogs von Anjou, dritter Sohn des Herzogs und der Herzogin von Burgund. Zukünftiger Ludwig XV.
1710	1. März: Davoust, Schatzmeister von Madame, nimmt sich das Leben, nachdem seine Veruntreuungen entdeckt worden waren (über 300000 Livre).
1710	6. Juli: Heirat des Herzogs von Berry, Enkel Ludwigs XIV., mit Marie-Elisabeth, »Mademoiselle«, Tochter des Herzogs und der Herzogin von Orléans, Enkelin von Madame.
1711	14. April: Tod des Dauphins.
1711	Mai: Die Herzogin von Lothringen, Madames Tochter, verliert in wenigen Tagen drei ihrer Kinder.
1712	12. Februar: Tod der Dauphine (ehemalige Herzogin von Burgund).
1712	18. Februar: Tod des Dauphins (ehemaliger Herzog von Burgund).
1712	8. März: Tod des kleinen Herzogs von Bretagne, des ältesten Sohns der obigen. Der Herzog von Orléans wird beschuldigt, sie vergiftet zu haben.
1713	Frieden von Utrecht, der den Spanischen Erbfolgekrieg beendet.

1714	4. Mai: Tod des Herzogs von Berry.
1714	9. Juni: Tod der Herzogin von Hannover.
1715	Februar: Die persischen »Gesandten« am Hof.
1715	1. September: Tod Ludwigs XIV.
1715	2. September: Der Herzog von Orléans, Regent des jungen Königs Ludwig XV., läßt vom Parlement von Paris den Letzten Willen Ludwigs XIV. für ungültig erklären.
1717	Frühjahr: Madame schwer krank.
1717	14. Mai: Der Zar Peter der Große (»mein Held«) kommt durch Paris und besucht Madame.
1718	Februar–April: Herzog und Herzogin von Lothringen in Paris.
1718	26. August: Großer Gerichtstag des Königs im Parlament, der den Sturz des Herzogs von Maine, natürlicher Sohn Ludwigs XIV., besiegelt.
1718	Ende: Verschwörung des Herzogs und der Herzogin von Maine und des spanischen Gesandten Cellamare gegen den Regenten.
1719	15. April: Tod von Madame de Maintenon in Saint-Cyr.
1719	22. Juli: Tod der Herzogin von Berry.
1720	Juli: Zusammenbruch der Lawschen Bank.
1722	März: Die spanische Infantin (vier Jahre alt), Verlobte Ludwigs XV., kommt nach Frankreich.
1722	25. Oktober: Krönung Ludwigs XV. in Reims. Die sehr kranke Madame sieht dort zum letztenmal ihre Tochter, die Herzogin von Lothringen, und zum erstenmal ihre Enkelkinder aus Lothringen.
1722	8. Dezember: Tod von Madame in Saint-Cloud.

Bibliographie

I. Handschriften

1. Privatarchiv der Familie Orléans (in den Archives nationales unter der Signatur 300 AP I zusammengefaßt):

300 AP I 108: Erbfolge der pfälzischen Kurfürsten von 1679 bis 1702 (Succession des Electeurs palatins).

- Memoranden und Kopien von einzelnen Belegen, die den Anspruch von Madame gegen den pfälzischen Kurfürsten Johann Wilhelm von Neuburg auf das Erbe der pfälzischen Kurfürsten Karl Ludwig und Karl von Simmern, ihres Vaters und ihres Bruders, stützten.
- Schriftwechsel. Abtretungen und Urkunden aus der Pfalz, die die Franzosen während des pfälzischen Erbfolgekrieges fortgeschafft und im Palais-Royal deponiert hatten, auf die aufgrund des Artikels 8 des Vertrags von Rijswijk Anspruch erhoben wurde.

300 AP I 109:

- Übersetzung des Testaments des pfälzischen Kurfürsten Karl von Simmern, des Bruders von Madame (1684).
- Memoranden zur pfälzischen Erbfolge (1695–1699).
- Der zwischen Madame und dem pfälzischen Kurfürsten Johann Wilhelm gefällte Schiedsspruch (1701). Briefe des Abbé de Thesut, der beauftragt war, die Interessen von Monsieur und Madame bei der Vollversammlung in Delft und vor dem päpstlichen Gerichtshof zu vertreten (1697–1701). Einzelne Schriftstücke, die sich auf den Vertrag von Rijswijk und Madames Ansprüche beziehen (1698–1701).

300 AP I 115:

- Ehevertrag zwischen Monsieur, dem Bruder Ludwigs XIV., und Elisabeth Charlotte, Pfalzgräfin bei Rhein (Versailles, 6. November 1671).
- Testament der Kurfürstin Charlotte, geb. Prinzessin von Hessen, der Mutter von Madame (1686).

- Inventar, erstellt nach dem Tode des pfälzischen Kurfürsten Karl, des Bruders von Madame (1686).
- Protokoll der Eröffnung des Testaments von Monsieur (14. Juni 1701).
- Regelung der Forderungen und Ansprüche von Madame auf das Erbe von Monsieur vor Maître Bellanger, Notar zu Paris (6. Februar 1702). Aufstellung der seit dem Tode von Monsieur vom Herzog von Orléans, ihrem Sohn, an Madame gezahlten Beträge (6. Februar 1702).
- Eigenhändiges Testament von Madame (Saint-Cloud, 21. August 1706).

300 AP I 746: Inventar nach dem Tode von Monsieur (begonnen am 17. Juni 1701).

300 AP I 751: Inventar ihrer beweglichen Habe nach dem Tode von Madame (begonnen am 19. Dezember 1722).

2. Archives nationales

K 539: Pfälzische Erbfolge

K 543: Zeremonie zum Empfang der Chevaliers du Saint-Esprit (Versailles, 2. Juni 1686), darunter der Herzog von Chartres, der Sohn von Madame, und der Herzog von Maine, ein legitimierter natürlicher Sohn des Königs.
- Ehevertrag zwischen François-Louis de Bourbon, Prinz von Conti, und Marie-Thérèse de Bourbon-Condé; unter den Unterschriften findet sich auch die von Madame, die als »Pfalzprinzessin bei Rhein, Herzogin von Bayern« bezeichnet ist.
- Ehevertrag zwischen Leopold, Herzog von Lothringen, und Elisabeth Charlotte, der Tochter von Monsieur und Madame (12. Oktober 1698).
- Handschriftliches Testament von Monsieur (11. April 1699).
- Königliche Patente von Ludwig XIV. Zur Legitimierung des Chevalier d'Orléans, geboren 28. Juli 1702, als natürlicher Sohn des Herzogs von Orléans und der Mademoiselle de Séry (Juli 1706).

K 557: Eheschließungen von Monsieur mit Henriette-Anne von England und mit Elisabeth Charlotte von Bayern.

K 575: Erklärung von Jean-Laurent Francini, dem Arzt der Königin von Spanien (Marie-Louise von Orléans, Tochter von Monsieur und Henriette-Anne von England), über deren letzte Krankheit und ihren Tod (1689).

KK 362: Einschmelzen silberner Gerätschaften aus den königlichen Palästen 1689–1690.
KK 388: Protokoll über den Verkauf von Diamanten und Edelsteinen von Monsieur (vom 29. Mai bis 21. Juni 1702).
KK 550: Ehevertrag zwischen dem Herzog von Chartres, dem Sohn von Monsieur und Madame, und Françoise-Marie von Bourbon, »Mademoiselle de Blois«, der Tochter von Ludwig XIV. und Madame de Montespan (17. Februar 1692).
O^1 3870: Schriftstücke betreffend das Schloß Saint-Cloud.
R^4 281–304: Eigentumsurkunden zum Palais-Royal.
R^4 829–900: Ausgaben und Einkünfte des Palais-Royal.
V^4 1511—1514: Rechnungsbelege von Davoust, dem Schatzmeister von Madame, für die Jahre 1672 bis 1710.
V^7 167: Belege, die in dem von Madame gegen die Erben von Davoust angestrengten Prozeß vorgelegt wurden (1710–1714).

II. Gedruckte Quellen

1. Ausgaben der Korrespondenz von Madame
Ältere deutsche Ausgaben

E. Bodemann, *Aus den Briefen der Herzogin Elisabeth Charlotte von Orléans an die Kurfürstin Sophie von Hannover,* Hannover 1891.
H. F. Helmolt, *Kritisches Verzeichnis der Briefe der Herzogin Elisabeth Charlotte von Orléans,* Leipzig 1909, neu aufgelegt 1969.
W. L. Holland, *Briefe der Herzogin Elisabeth Charlotte von Orléans,* Stuttgart und Tübingen 1867–1881.
W. Menzel, *Briefe der Prinzessin Elisabeth Charlotte von Orléans an die Raugräfin Luise 1676–1722,* Stuttgart 1843.
Vor kurzem von Professor J. Voss entdeckt, 47 Briefe auf französisch an ihr Exhoffräulein Madame de Ludres, herausgegeben unter dem Titel: *Die Briefe der Herzogin Elisabeth Charlotte von Orléans an die ehemalige Versailler Hofdame Madame de Ludres (1687–1722),* in »Zeitschrift für die Geschichte des Oberrheins« Nr. 129, Stuttgart 1981.*

Ältere französische Ausgaben

G. Brunet, *Correspondance complète de Madame, duchesse d'Orléans,* Paris, Charpentier, 1853, 2 Bde.

* Ich danke Professor Voss, daß er mir freundlicherweise diese Veröffentlichung übermittelt hat.

E. Jaegle, *Lettres de la princesse palatine,* Paris, Quantin, 1880.
A.-A. Rolland, *Lettres nouvelles et inédites de la princesse palatine,* Paris, Firmin-Didot et Hetzel, o. J.

Neuere französische Ausgaben

O. Amiel, Mercure de France, »Le Temps retrouvé«, Paris, 1981, Vorwort von P. Gascard. Neuauflage 1985.
M. Goudeket, Club français du Livre, Paris, 1948 und 1964.
H. Juin, Club du Meilleur Livre, Paris, 1961.

Ein sehr gutes englisches Buch

E. Forster, *A Womans' Life in the Court of the Sun King,* London und Baltimore, The Johns Hopkins University Press, 1984.

2. Briefe, Erinnerungen und Tagebücher aus dem 17. und 18. Jahrhundert

E. F. J. Barbier, *Journal (1718–1763),* Paris, Firmin-Didot, 1857.
Bussy-Rabutin (Comte de), *Correspondance,* Paris, L. Lalanne, 1859.
Caylus (Madame de), *Souvenirs,* Paris, Mercure de France, »Le Temps retrouvé«, 1965.
Choisy (Abbé de), *Mémoires pour servir à l'histoire de Louis XIV,* Paris, Mercure de France, »Le Temps retrouvé«, 1965.
Correspondance générale de Madame de Maintenon, Ed. The. Lavallée, Paris, 1865.
D. D.Cosnac, *Mémoires,* Paris, J. de Cosnac, 1852.
Dangeau (Marquis de), *Journal (1684–1720),* Paris, Ed. Soulié, Dussieux und de Chennevières, 1854–1860, 19 Bde.
Duclos (d.i. Ch. Pineau), *Mémoires secrets des règnes de Louis XIV et de Louis XV,* Nouvelle Collection des mémoires relatifs à l'histoire de France par Michaud et Poujoulat, Band 34.
N.-J. Foucault, *Mémoires,* Ed. F. Baudry, Paris, Imp. impériale, 1862 (Coll. de documents inédits sur l'histoire de France).
F. Hebert, *Mémoires,* Paris, Editions de France, 1927.
V. Jamerey-Duval, *Mémoires,* présentés par J.-M. Goulemot, Paris, Le Sycomore, 1981.
M. Marais, *Journal et Mémoires (1715–1737),* Paris 1863.
Memoiren der Herzogin Sophie, nachmals Kurfürstin von Hannover, hrsg. von E. Bodemann, Leipzig 1879.
Montpensier (Mademoiselle de), *Mémoires,* Nouvelle Collection des mémoires relatifs à l'histoire de France par Michaud et Poujoulat, Band 28.

G. Patin, *Lettres,* Paris, Réveillé-Parise, 1846.
Du Plessis (Marschall von), *Mémoires,* Nouvelle Collection des mémoires relatifs à l'histoire de France par Michaud et Poujoulat, 1866.
Portraits de la cour de Louis XIV, Archives curieuses de l'historie de France, 2. Serie, Paris, Blanchet, 1839.
Saint-Simon (Louis de Rouvroy, Herzog von), *Mémoires,* Paris, Gallimard, »La Pléiade«, 1961, 7 Bde. – Paris, Tallandier, 1981, 10 Bde.
Sévigné (Madame de), *Lettres,* Paris, Gallimard, »La Pléiade«, 1957, 3 Bde.
Sourches (Marquis de), *Mémoires sur le règne de Louis XIV,* hrsg. von G.-J. de Cosnac und E. Pontal, Paris, Hachette, 1882ff., 13 Bde.
E. Spanheim, *Relation de la Cour de France,* Paris, Mercure de France, »Le Temps retrouvé«, 1973.
Vallot, D'Aquin und Fagon, *Journal de la santé du Roi, de l'année 1647 à l'année 1711,* J.-A. Le Roi, Paris, 1862.

3. Neuere Arbeiten

M. Ashley, *James II,* London, Dent and Sons, 1978.
M. Ashley, *The House of Stuart,* London, Dent and Sons, 1980.
A. Barine, *Madame, mère du Régent,* Paris, Hachette, 1909.
Ph. Beaussant, *Versailles, opéra,* Paris, Gallimard, »Le Chemin«, 1981.
M. Benoit, *Les musiciens du roi de France, 1661–1733,* Paris, P.U.F., 1983.
J.-B. Bossuet, *Oraisons funèbres et Panégyriques,* Paris, Gallimard, »La Pléiade«, 1936.
J. Boulenger, *Le Grand Siècle,* Paris, Hachette, 1957.
A. Cabanes, *Une Allemande à la cour de France,* Paris, 1916.
F. Chandernagor, *L'Allée du Roi,* Paris, Julliard, 1982.
P. Chaunu, *La civilisation de l'Europe classique,* Paris, Arthaud, 1984.
G. Chaussinand-Nogaret, *La noblesse au XVIIIe siècle,* Paris, Hachette, »Littérature et Sciences humaines«, 1976.
J. Cordelier, *Madame de Maintenon,* Paris, Club des Editeurs et éd. du Seuil, 1959.
A. Corvisier, *La France de Louis XIV, 1643–1715,* Paris, Sedes, 1979.
M. de Decker, *Madame de Montespan, la grande sultane,* Paris, Perrin, 1985.

G.-B. Depping, *Correspondance administrative sous le règne de Louis XIV*, Paris, 1851.
D. Dessert, *Argent, pouvoir et société au Grand Siècle*, Paris, Fayard, 1984.
R. Duchene, *Madame de Sévigné ou la chance d'être femme*, Paris, Fayard, 1982.
R. Duhamel, *Le ceur fidèle de la Palatine*, in *Revue de l'Université d'Ottawa*, Bd. 46 (1976), Nr. 3.
C. Dulong, *La vie quotidienne des femmes au Grand Siècle*, Paris, Hachette, 1984.
Ph. Erlanger, *Monsieur, frère de Louis XIV*, Paris, Hachette, 1953.
Ph. Erlanger, *Philippe V d'Espagne*, Paris, Lib. acad. Perrin, 1978.
Ph. Erlanger, *Louis XIV*, Paris, Marabout, 1981.
Europäische Hof-Kultur im 16. und 17. Jahrhundert (Kongreß von Wolfenbüttel), Hamburg, Hauswedell, 1981, 3 Bde.
N. Ferrier-Gaveriviere, *L'image de Louis XIV dans la littérature française de 1660 à 1715*, Paris, P.U.F., 1981.
J. Freville, *Entre les lignes, Madame Palatine*, in *Arcadie* Nr. 147 (1966).
F. Funck-Brentano, *Liselotte, duchesse d'Orléans*, Paris, *La Nouvelle Revue critique*, 1937.
F. Funck-Brentano, *La cour du Roi-Soleil*, Paris, Grasset, 1937.
F. Funck-Brentano, *Le Drame des Poisons*, Paris, Tallandier, 1977.
P. Goubert, *Louis XIV et vingt millions de Français*, Paris, Fayard, 1966.
P. Goubert et D. Roche, *Les Français et l'Ancien Régime*, Paris, A. Colin, 1984.
B. Gracian, *L'homme de cour*, Paris, éd. Champ libre, 1972.
P. Grenaud, *La Palatine, mère du Régent, commère du Grand Siècle*, Paris, Les Lettres libres, 1984.
P.-K. Hartmann, *Zwei Wittelsbacher Prinzessinnen am Hof Ludwigs XIV.*, Kolloquium »Das Haus Wittelsbach«, München 1981.
E. Henderson, *A Lady of the Old Regime*, London 1909.
C. Herzlich u. J. Pierret, *Malades d'hier, malades d'aujourd'hui*, Paris, Payot, 1983.
E. Jaegle, *Madame la duchesse d'Orléans, Revue des Deux Mondes*, Januar 1879.
M. Knoop, *Madame, Liselotte von der Pfalz*, Stuttgart 1956.
G. de la Batut, *La cour de Monsieur, frère de Louis XIV*, Paris, Albin Michel, 1927.
J.-P. Labatut, *Louis XIV, roi de gloire*, Paris, Imprimerie nationale, 1984.

M. Langlois, *Louis XIV et la Cour,* Paris, Albin Michel, 1929.
J. de la Varende, *Versailles,* Paris, A. Lefebvre, 1959.
E. Lavisse, *Louis XIV*, Paris, Tallandier, 1978.
F. Lebrun, *Se soigner autrefois...*, Paris, Messidor/Temps actuels, 1983.
E. Le Nabour, *Le Régent, libéral et libertin,* Paris, Lattès, 1984.
E. Le Roy Ladurie, *Auprès du roi, la cour,* Annales E.S.C., Januar bis Februar 1983, 38. Jahrgang, Nr. 1.
E. Le Roy Ladurie, *Le territoire de l'historien,* Paris, Gallimard, 1978.
J. Longnon, *Louis XIV, Mémoires,* Paris, Tallandier, 1979.
H. Methivier, *L'Ancien Régime en France, XVI.–XVIII. siècles,* Paris, P.U.F., 1981.
J. Meyer, *La vie quotidienne en France au temps de la Régence,* Paris, Hachette, 1979.
J. Meyer, *Le Régent,* Paris, Ramsay, 1985.
G. Mongrédien, *La vie quotidienne sous Louis XIV,* Paris, Hachette, 1950.
G. Pages, *Louis XIV et l'Allemagne,* Paris, Les cours de Sorbonne.
R. Pillorget, *Die Kinder Friedrichs V. von der Pfalz in Frankreich...*, Kolloquium »Das Haus Wittelsbach«, München, 1981.
G. Poisson, *Cette curieuse famille d'Orléans,* Paris, Librairie acad. Perrin, 1976.
(La) Qualité de la vie au XVII. siècle, Actes du 7. colloque de Marseille, »Marseille« Nr. 109, 2. trim. 1977.
P. Reboux, *Une rude gaillarde,* Paris, Flammarion, 1934.
J. Russier, *La destinée de Gaspard d'Espinchal, comte de Massiac,* Clermont-Ferrand, de Bussac, 1944.
Ch.-A. Sainte-Beuve, *Causeries du Lundi,* Paris, Garnier, 1853–1862.
T. Sauvel, *Traveaux exécutés au Palais-Royal par Monsieur, frère de Louis XIV,* in *Bulletin de la Societé des Antiquaires de France,* 1945 (1963).
J. H. Shennan, *Philip, Duke of Orleans, Regent of France,* London, Thames and Hudson, 1979.
M. Soulié, *Le Régent,* Paris, Payot, 1980.
M. Strich, *Liselotte und Ludwig XIV.*, München und Berlin, Oldenbourg, 1912.
M. Strich, *Liselotte von Kurpfalz,* 1926.
D. Van der Cruysse, *Saint-Simon, le jeu et les jeux,* Cahiers Saint-Simon Nr. 3, 1975.
A. Viala, *Les âges de la vie à la cour de Louis XIV, Revue historique de Droit français et étranger,* 1980, Nr. 4.

Personenregister